예수와 목자

예수와 목자

초판 1쇄 발행_ 2009년 11월 10일
개정판 1쇄 발행_ 2016년 4월 1일

글쓴이_ 문익환·기세춘·홍근수

펴낸곳_ 바이북스
펴낸이_ 윤옥초

책임편집_ 김주범
편집팀_ 김태윤
표지디자인_ 방유선
책임디자인_ 김은빈
디자인팀_ 이정은, 이민영

ISBN_ 979-11-5877-005-1 03200

등록_ 2005. 07. 12 | 제313-2005-000148호

서울시 영등포구 선유로 49길 23 아이에스비즈타워2차 1005호
편집 02)333-0812 | 마케팅 02)333-9918 | 팩스 02)333-9960
이메일 postmaster@bybooks.co.kr
홈페이지 www.bybooks.co.kr

책값은 뒤표지에 있습니다.

책으로 아름다운 세상을 만듭니다. - 바이북스

일러두기

1. 본문에서 기세춘 선생이 인용한 성경은 가톨릭과 개신교가 공동으로 번역한 '공동번역 개정판'을 사용했습니다. 그 외 문익환·홍근수 목사의 표현은 저자의 원문을 그대로 살려 표기했습니다.
2. 2부 「문익환 목사의 옥중편지」에 기록된 표현들은 유가족의 요청에 따라 외래어표기법에 맞지 않더라도 원문의 표현을 그대로 살렸습니다.

문익환 · 기세춘 · 홍근수 지음

바이북스
ByBooks

개정판을 내면서

묵자는 하느님의 사도다. 그런 인연으로 문익환 목사님께서 『묵자』를 읽으시고 옥중편지로 나와 토론한 것을 묶어 펴낸 것이 『예수와 묵자』다. 그러나 이 책은 1년 만에 절판되었다. 그리고 15년 동안 잊혀졌는데 다시 복간한다고 하니 독자들의 성원에 깊이 감사드린다. 하지만 세월의 무게에도 불구하고 그때나 지금이나 기독교에 대한 나의 생각은 별로 변하지 않았다.

인천에 살다가 귀향한답시고 고향으로는 가지도 못하고 기껏 대전으로 내려온 지도 벌써 5년째가 된다. 가난에 밀려 서울에서 인천으로 옮겨온 후로도 재야운동의 일로 거의 날마다 서울로 출근했다. 전철역은 어디나 번잡하지만 특히 신도림은 어깨를 부딪치지 않으면 걸어갈 수 없을 정도로 붐비는 곳이다. 사람이 몰리는 곳이면 으레 난장이 서게 마련이라 신도림역에는 날이면 날마다 기괴한 광경이 벌어진다. 한 손으로는 '예수천국 불신지옥'이라는 팻말을 들고, 한 손으로는 확성기를 들고 "예수 믿고 천당 갑시다"를 외쳐댄다. 이것은 일인 시위지만 그룹들도 있다. 어깨에는 띠를 두르고, 가슴과 등에는 간판을 달고, 팔에는 완장을 찬 샌드위치 전도사들이 몇 명씩 모여 장타령을 하듯 찬송가를 부르기도 한다.

잡상인들은 이리저리 쫓겨 다니지만 예수상인들은 권력을 등에 업은 때문인지 아무도 토를 달 수 없는 모양이다. 그뿐 아니다. 전차 안에서는 거리의 목사들이 교대로 들고 나며 설교를 한다. 설교의 요지는 모두가 판에 박은 듯이 동일하다. 첫째는 예수를 믿지 않으면 지옥 불에 떨어지는 심판을 받을 것이라는 위협이고, 둘째는 기독교를 믿어야 복을 받아 개인도 나라도 부자가 된다는 당근이고, 셋째는 너희와 조상들은 모두 무지몽매하여 하느님을 믿지 않아 하느님의 진노를 사고 있으니 아브라함의 자손인 예수의 말씀을 믿고 회개하라는 채찍이다.

짜증이 나지만 전철을 타지 않을 수도 없으니 낯모르는 목사들의 판박이 같은 설교를 억지로 들어야만 한다. 사실 나는 스스로를 반쯤은 예수 신자라고 생각한다. 나는 예수를 하느님의 외아들이라고 믿거나 육신의 부활을 확신하지는 않지만 인류를 구원하시려 했던 성인의 한 분으로 생각하기 때문이다. 그래서 가끔 성인들 중에서 누구를 제일 좋아하느냐는 질문을 받으면 머뭇거리지 않고 부처도 공자도 묵자도 아닌 예수라고 대답하곤 한다. 나는 고등학교 시절에는 예배당을 정말 열심히 나갔고, 교편을 잡을 때는 함석헌 선생님의 글에 감격하여 선생의 글이 실린 《사상계》를 보배처럼 가슴에 안고 눈물을 흘린 적도 있다. 이처럼 예수 마니아인 나도 짜증이 나는데 다른 사람은 오죽할까?

나는 지친 마음으로 설교를 듣지 않으려고 눈을 감고 다른 생각을 해보기도 한다. 저들 전도사들은 행복한 광인[표시]일까? 옛날에는 속세와 동떨어진 삶을 살아가는 기인과 은자를 광인이라 했다. 그러나 요즘은 거꾸로 축구 야구에 미치거나 명품에 미치거나 열광적으로 세속에 휩쓸리는 것을 마니아라 한다. 정반대가 된 것이다. 어찌 되었든 그들은 어느 모로 보나 마니아임이 분명하다. 하지만 세상을 고뇌했고 고통 받는 민중을 사랑했으며 그래서 성전을 헐라 외치고 제사장들을 비난했으며 그래서 광인으로 따돌림을 당한 예수와는 너무도 거리가 멀다. 저들은 정신병자이지 묵자·예수·장자와 같은 진정한 광인이 아니다. 광인은 고뇌하지만 정신병자는 고뇌하지 않는다. 광인은 슬퍼하지만 정신병자는 마냥 즐거워한다.

옛 선인들은 안심입명|安心立命|의 방도가 두 길이 있었다. 하나는 전심전력으로 자기를 수양하는 것이요 또 하나는 세속을 초탈하여 허심으로 자연에 사는 것이다. 그러나 지금은 온 세상이 미쳤으니 이제 나도 저들처럼 세속적인 무엇에 미쳐버리는 마니아로 사는 것이 행복하지 않을까? 그런데 왜 나는 고뇌가 운명처럼, 아니 꿈속의 가위눌림처럼 떨쳐지지 않을까? 장자의 말이 생각난다. 문둥이는 아이를 낳으면 황급히 촛불을 들고 달려가 들여다본다고 한다. 혹시 자기를 닮은 것은 아닌지 걱정되기 때문이다. 왜 나는 문둥이처럼 제 몸도 잘 건사하지 못하면서 이리도 다음 세대까지 걱정해야 하는가? 아! 나는 오래전부터 문둥이로 살아가고 있는데도 왜 그 사실을 애써 잊으려 하지 않은가? 이런저런 생각에 젖다 보면 짜증을 잊을 수 있었다.

그렇지만 무엇보다 우리 조상들이 무지몽매하여 하느님을 믿지 않았다는 그들의 설교는 도저히 용납할 수 없는 거짓말이다. 울분을 삭일 수 없어 전차를 내려버린 적도 한두 번이 아니다. 과연 우리의 조상들은 하느님을 믿지 않았는가? 결코 그렇지 않다. 우리 조상들은 수천 년 동안 하느님을 믿고 섬겨왔다. 우리 민족은 자고이래로 남녀노소 할 것 없이 사람마다 급박한 난관에 부닥치면 "오! 하느님 맙소사!"라고 외친다. 엊그제까지만 해도 시골의 할배 할미와 아줌마들은 무슨 일이 좋게 결말이 나면 "원형이정이여! 그렇고말고 원형이정|元亨利貞|이여!"라고 되뇌곤 했다. 원형이정은 하느님과 땅님의 생명살림의 마음이란다. 그리고 사람이 태어나서 맨 처음 글자를 배울 때 천지현황|天地玄黃 하늘은 이치이기에 현묘하고, 땅은 생산이기에 누렇다| 우주홍황|宇宙洪荒 공간적인 우주는 넓고, 시간적인 우주는 황당하다|을 가르쳤다. 이것은 기원후 6세기경에 양나라 주흥사가 『주역』과 『묵자』의 글을 옮겨놓은 것이다.

천|天|이란 글자는 인격신 하느님|上帝|이라는 뜻 외에도 비슷한 여러 뜻으로 쓰인다. 천은 다섯 가지 호칭이 있어 각각의 효용에 마땅하게 불렀던 것이다. 존경스럽고 군주 같다고 할 때는 황천|皇天|이라 하고, 원기가 광대

함을 말할 때는 호천昊天이요, 불쌍한 백성을 사랑으로 덮어주는 것을 말할 때는 민천旻天이요, 위에서 아래를 감시하는 것을 말할 때는 상천上天이요, 멀리 보면 푸르니 그것을 말할 때는 창천蒼天이라 불렀다. 우리는 부모님의 한없는 은혜를 호천망극昊天罔極이라 말하고, '하늘에 죄를 지으면 빌 곳이 없다'면서 하느님을 경외하며 살아왔다.

그런데도 저들 목사님들은 수천 년 동안 선조들의 하느님 신앙을 폄하하고, 200여 년 전에 서양인들이 수입한 미스터 야훼만을 진짜라고 외쳐댄다. 그들은 서양인의 조상숭배는 문명이고 우리의 조상제사는 미신이고 야만이라고 매도한다. 선조들의 영혼이 있다면 얼마나 원통해할 것인가? 만약 하느님이 그 누군가에 의해 만들어진 신이 아니라 진정 한 분뿐인 실재한 창조주라면 종족마다 말과 환경이 다르므로 표현은 다르지만, 유대족의 하느님도 조선족의 하느님도 똑같은 하느님이 아닐까?

유교의 창립자인 동중서는 "사람이 사람인 것은 하느님을 닮았기 때문이며 그러기에 하느님을 먼 조상으로 알고 제사로써 효도를 다하는 것"이라고 말했다. 인간이 동물과 다른 특성은 하느님께 제사를 드리는 데 있다는 것이다. 그의 말대로라면 하느님께 제사를 드리지 않는 사람은 인간이라고 말할 수 없을 것이다. 이처럼 동양의 하느님 제사는 하느님 아버지에 대한 효도라고 생각했을 뿐 종말과 심판의 두려움 때문이거나 천당의 복록을 위한 것은 아니었다. 그래서 유교에서의 하느님 신앙은 인간됨의 당연한 도리라는 소박한 것이었다. 그렇다고 그들의 하느님을 가짜이고 미신이라고 욕할 수 있겠는가?

다만 유교의 하느님 종교는 정치제도와 밀접하게 관련되어 있다. 하느님제사와 조상제사는 국가를 한 몸처럼, 천하를 한 가족처럼 만들기 위한 혈연공동체적 통치 의식이기도 했기 때문이다. 이것은 이른바 제정일치 시대의 유습이긴 하지만 온 인류가 한 형제처럼 더불어 살기 위한 공동체 의식이었던 것이다.

그러나 만약 오늘날처럼 종교의 존재 의의는 오로지 개인의 위안에 있다고 한다면, 세상이 죽을 쑤든 말든 사회와 제도와 전쟁에 대해서는 침묵하고 오로지 증명할 수 없는 내세와 복주머니를 팔면 그만일 것이다. 오히려 세상의 죄악이 깊어질수록 민중의 고통이 깊어질수록 위안을 찾는 사람이 많아질 것이며 천당과 극락 장사도 잘될 것이기 때문이다.

그렇다고 나는 기복을 무조건 죄악으로 단죄하거나 위안을 파는 종교인을 무당굿이라고 비난하지는 않는다. 어린아이에게 쓴 약을 먹이기 위한 당의정이라서가 아니라 우리 조상들의 간절하고 소박하고 착한 기복은 너무나 청결하고 아름답지 않은가? 그들은 신에게 과분한 것을 빌면 죄가 된다고 생각했다. 일찍이 맹자는 "활을 만드는 장인은 사람이 상할 수 있기를 바라고, 반대로 방패를 만드는 장인은 사람이 상하지 않기를 바라며, 관을 만드는 목수는 사람이 죽기를 바라고, 반대로 무당은 사람의 병이 낫기를 바란다. 하지만 그 누구도 본성이 본래 악한 것은 아니다."라고 말한 바 있다. 위안을 파는 종교인이 어찌 고통이 많기를 바라겠으며, 분쟁을 해결하는 변호사가 어찌 분쟁이 많아지기를 바라겠는가? 그러나 과분한 사욕이 끼면 악한 마음을 품기 십상이라는 점을 경계할 뿐이다.

그러나 오늘날 포스트모던 시대는 신도 죽었고 인간도 죽었다고들 한다. 오늘날 세계는 물신物神 또는 전신錢神이란 것이 인간의 동물적 욕망을 한없이 부추기므로 광란의 아수라장이 되었다. 그런데도 절간과 예배당은 면죄부를 팔고 복을 파는, 번성한 시장바닥이 되었다. 죽었다는 신이 물신의 하수인으로 되살아난 것이다. 절간과 예배당뿐만 아니라 학교도 가정도 마음까지도 시장市場이라는 우상이 지배한다. 그러나 그것은 광란의 사육제일 뿐이다. 인간의 문제에 대해 전반적인 반성이 요구되는 것도 그 때문이다. 오늘의 사상계는 이에 부응하여 21세기 인류 전체의 생존 조건과 인간의 존재 의미, 그리고 사회문화가 직면한 위기와 미래의 전망 등에 대해 각자의 종교와 문화전통에 대한 반성과 평가를 통해 새로운 담론과 차축axle을 모색하고 있는 중이다. 이러한 문제는 생존을 선택하느냐 아니면 멸종으로 나아가느냐는 인간의 운명에 관한 절체절명의 과제이기 때문이다.

　여기서 한 가지 분명한 것은 이처럼 인간성을 타락시키는 문명이 자본주의와 시장주의 토양에서만 창궐할 수 있는 물신 또는 전신이라는 우상을 그들의 패권적 지배를 위해 사활을 걸고 강요하고 있다는 엄연한 현실이다. 그것에 대한 반성 없이는 오늘 우리의 주제인 하느님 사상도 공허한 담론일 뿐이다. 인간은 사회적 동물이라는 말은 그래서 더욱 적실한 것 같다. 그러기에 우리는 종교인이 아니라도 우리가 지금 어떤 사회를 지향하고 있는지를 스스로에게 반문해야 하는 것이다.

　물론 종교인은 그것으로 끝나는 것이 아니다. 종교는 인간을 죽음으로 소멸하지 않는 영원하며 초월적인 영성의 체현이 가능한 존재로 믿기 때문이다. 그러므로 인도人道와 천도天道를 어떻게 결합할 것인가에 대한 철학적 인간학을 세우는 것은 이미 철학의 문제를 넘어 종교 신학의 과제다. 특히 유교와 성리학은 이러한 과제에 대해 하나의 방안을 제시하고 있으며 지금 수많은 신학자들은 이에 주목하고 심층적으로 탐색하고 있다.

　특히 이 책에는 문익환 목사님의 간절한 소망이 담긴 옥중편지를 수록하고 있다. 목사님은 "석가·묵자·예수는 한 뿌리에서 나온 세 가지"라고 선언하셨다. 목사님은 묵자야말로 기독교 갱신에 촛불이 될 것으로 기대하셨다. 나는 초판 서문에서 진정한 하느님의 부활과 인간의 회생과 현대 문명의 일대 회심을 소망했다. 이 책이 기독교의 갱신과 토착화 문제를 고민하는 분들께 귀중한 자료가 되기를 기대한다.

　독자님들께 일러둔다. 제1부 '공자와 묵자의 하느님 사상'은 초판 제1부 '묵자의 사상과 교리'를 다시 고쳐 쓴 것이다. 이것은 묵자를 처음 대하는 독자들을 위해 묵자 사상을 간략하게 해설한 것인데 그 후로『동양고전 산책』과『묵자』개정판을 이미 출간했기에 삭제할까도 생각했다. 그러나 문익환 목사님의 묵자에 대한 편지글을 이해하려면 반드시 묵자의 하느님 사상을 알아야 하고, 묵자의 하느님을 알기 위해서는 요순과 공자의 하느님을 알아야 하므로 다시 고쳐 쓰기로 한 것이다. 이는 목사님께서 나에게 주신 편지글의 주제가 동양의 하느님이었으며 나의 견해에 대해 격려하고 한편 비판 교정하기 위한 토론이었으므로 독자들의 이해를 돕기 위해 토론의 발단이 된 내 글을 첨부한 것이다.

 나의 예수 공부도 체계적인 것이 아니고 조직신학을 시작으로 닥치는 대로 여러 신학서적을 탐독했을 뿐이며 더구나 묵자와 예수의 차이점을 강조하려다 보니 편향된 점이 없지 않았다. 오히려 문 목사님께서는 묵자와 예수의 하느님이 같다고 보셨으므로 이를 바로잡고자 편지를 쓰신 것으로 생각된다. 나아가 『묵자』가 기독교계에 널리 읽혀 예수를 곡해하는 독자들에게 바른 예수상을 되찾는 계기가 되기를 바라셨을 것이다. 나는 목사님의 편지를 읽으면서 감탄하여 혼자 박수를 치기도 했다. 그리고 묵자에 대한 나의 이해가 오히려 목사님보다 뒤떨어진 것을 깨닫게 되었다.

 다만 문익환 목사님의 편지글은 공간과 지면이 극도로 제한된 감옥이라는 엄혹한 환경에서 쓰신 단문들이므로 당신의 뜻을 다 말씀하시지 못했을 것이라는 점은 안타깝다. 그렇지만 이 짧은 글은 세계 신학자들이 미처 발견하지 못한 중대한 내용들을 그 안에 담고 있어 기념비적 사초로 기억될 것이다. 목사님의 다른 글들을 함께 읽어 옥중편지글의 행간에 함의된 깊은 뜻을 탐색하면 좋을 것이다. 이미 문익환 목사님의 전집이 나와 있으므로 참고하시기 바란다.

 나는 대전에 내려온 후 쫓기는 듯한 분주함에서 벗어나 마음이 한결 한가해졌다. 그러나 이 글을 쓰려니 목사님의 사자후가 다시 그립고, 요즘 세태가 거꾸로 돌아가고 있어 기가 막히고 죄송한 생각에 가슴이 무겁다. 독자들께서도 이 책을 통해 목사님의 간곡한 목소리를 다시 들으시기 바란다. 끝으로 저에게 큰 스승이셨던 문익환 목사님에게 누가 되지 않기를 바란다.

2009년 10월 5일
불초 기세춘 올림

개정판을 내면서

제1부
공자의 하느님 묵자의 하느님

제1장 요순과 공자의 하느님 신앙
1절 | 하느님天帝·上帝 · 20
2절 | 제정일치 · 32
3절 | 전란의 참상과 제정의 문란 · 38
4절 | 유물론과 인본주의 · 44
5절 | 경신敬神하되 원신遠神하라 · 55
6절 | 지신地神·농신農神·여신女神 · 59
지신 · 59 | 사제 · 62 | 고수레 · 63 | 여왜 · 65

제2장 묵자의 해방신 하느님
1절 | 묵자는 누구인가?
진보노동주의 시조 · 70 | 백이숙제와 묵자는 고려인 · 78 | 묵가는 종교적 협객집단 · 87

2절 | 묵자의 정치사상과 사회사상
겸애설 · 93 | 민주평등사상 · 96 | 천지天志는 인민의 뜻天命론 반대 · 101 | 삼표론 · 105 | 정의론대취와 소취 · 110

3절 | 묵자의 지상천국
안생생사회 · 115 | 『예기』의 대동사회와 소강사회 · 118 | 대동사회론의 수난 · 120 | 대동사회는 곧 안생생사회 · 124 | 소강사회는 공자의 이상사회 · 126

4절 | 묵자의 하느님 모습
민중해방의 구세주 · 130 | 조물주 · 133 | 유일신 · 134 | 인격신 · 137 | 인간을 자주하게 하는 신 · 138 | 강림하는 신 · 140 | 사랑의 신 · 141 | 정의의 신 · 143 | 가치의 근원 · 145 | 평등의 신 · 146 | 평화의 신 · 147 | 기복신앙 반대 · 149

5절 | 묵자와 예수
하느님의 아들天子 · 151 | 예수의 하늘나라, 묵자의 땅의 나라 · 154 | 구원의 주체가 민중인가, 신인가? · 156 | 전쟁신인가? 자비의 신인가? · 156 | 심판인가? 선택인가? · 163 | 해방투쟁인가? 기다림인가? · 163 | 오염되지 않은 해방의 말씀 · 167 08 | 동방박사는 누구일까? · 168

제2부

문익환 목사의 옥중편지

1절 | 예수와 묵자는 쌍둥이 같다

01 | 석가, 묵자, 예수의 평등사상의 뿌리 · 172　02 | 수멜족과 동이족은 한 혈족 · 173　03 | 아브라함은 수멜인 · 174　04 | 예수는 수멜의 전통을 이었다 · 175　05 | 묵자와 예수는 한 뿌리에서 뻗은 두 가지 · 176　06 | 묵자와 예수의 하느님은 똑같은 유일신 · 176　07 | 유일신은 수멜 전통 · 178　08 | 묵자와 예수의 하느님은 하나 · 179　09 | 묵자와 예수의 인성론 · 180　10 | 묵자와 예수는 계급해방론자 · 181　11 | 묵자와 예수의 하느님은 온 인류의 하느님 · 182　12 | 예수에게는 원수가 없다 · 183　13 | 계약의 하느님과 아버지 하느님은 같다 · 184　14 | 사랑의 사회적 실천은 의義 · 185　15 | 묵자와 예수는 평화주의자 · 186　16 | 묵자와 예수는 똑같이 민주·평등주의자 · 186　17 | 묵자와 예수는 똑같이 말했다 · 187

2절 | 평등·평화사상의 뿌리

18 | 민주·평등사상은 유목민의 전통에서 나왔다 · 188　19 | 묵자와 예수의 민족민중해방운동 · 189　20 | 묵자의 평화운동 · 190　21 | 평화의 누룩이 되는 가르침 · 191　22 | 수멜과 우리는 한 뿌리 · 192　23 | 한국의 열두 지파와 이스라엘의 열두 지파 · 193　24 | 동이족은 수멜의 한 지파 · 194　25 | 동이족 문화에는 유목전통이 있다 · 195

3절 | 전쟁신과 평화의 신

26 | 유목민의 신은 평화의 신 · 197　27 | 약자를 지켜주는 유목민의 전쟁신 · 199　28 | 전쟁신 야훼는 약자의 해방신 · 200　29 | 모세의 전쟁신과 예수의 평화의 신 · 202

4절 | 선악과와 생명나무

30 | 평화에 몸을 바친 사람들 · 204　31 | 평화의 길은 의義요, 의는 이利다 · 206　32 | 의의 본질은 생명 사랑 · 207　33 | 묵자의 성선설 거부는 모순 · 209　34 | 선악과를 따먹은 것은 원죄인가 해방인가 · 211　35 | 에덴동산의 선악과와 생명나무는 다르다 · 212　36 | 도덕과 지혜는 생명에서 만나야 한다 · 214　37 | 관념적인 하느님, 인간적인 하느님 · 215　38 | 기 선생은 야훼에 대한 편견으로 닫혀 있다 · 217

제3부

존경하는 문익환 목사님께

1절 | 묵자와 예수의 하느님은 동이족의 하느님이다
01 | 선생님의 옥중서신은 큰 사건입니다 • 222   02 | 인간해방과 평등을 담보하는 신관 • 224

2절 | 동이족과 수메르족은 한 뿌리다
03 | 하느님은 동이족이 발견한 유일신 • 227   04 | 여호와의 여왜 신화는 농경문화의 소산 • 229

3절 | 인성은 선도 악도 아닌 백지이다
05 | 묵자 당시는 하느님을 천자가 독점했다 • 232   06 | 묵자에게는 선악은 선험적 관념이 아니었다 • 234   07 | 선악과를 따먹은 것은 원죄가 아니라 인간의 해방이다 • 235

4절 | 예수는 노예제도에 대해 침묵했다
08 | 묵자의 성선설 반대는 노예해방을 위한 것이다 • 237   09 | 예수는 민족해방에 침묵했다 • 238   10 | 대노예 소유주로 전락한 야훼 • 239   11 | 하느님 부활운동, 예수 부활운동이 필요한 때다 • 240

5절 | 하느님은 질투와 전쟁신이 아니다
12 | 계약의 신과 아버지 하느님은 다르다 • 242   13 | 예수의 신은 유목민에게 멸망한 수메르의 신 • 244   14 | 예수에 의해 복원된 수메르의 유일신 • 244

6절 | 묵자는 민중해방 투사였다
15 | 묵자의 생명사랑 • 247   16 | 묵자는 종교적 신념으로 투쟁했다 • 249   17 | 묵자는 민중혁명가였고 예수는 종교적 순교자였다 • 250

7절 | 묵자의 반전운동은 하느님 나라 운동
18 | 묵자는 인류 최초의 평화운동가였다 • 252   19 | 묵자의 반전운동은 문명개조운동 • 253   20 | 묵자의 반전운동은 하느님 운동 • 255

8절 | 평등·평화사상은 수메르의 전통이다
21 | 서양문명의 뿌리는 동물문화 • 257   22 | 누구는 옳고 누구는 그른 것이 아니다 • 258   23 | 유목의 기원 • 259   24 | 유목은 역사적인 발전단계가 아니다 • 260   25 | 유목민은 전사와 시인의 얼굴이 있다 • 262   26 | 평등, 평화의 연원은 유목 전통이 아니다 • 262   27 | 평등, 평화사상은 수메르의 전통이다 • 265

9절 | 예수는 평화의 하느님을 부활시키러 오셨다
28 | 유목과 평화사상은 직접적인 관계가 없다 • 266   29 | 서양화된 유목적인 예수 • 267   30 | 예수는 평화의 하느님을 부활시키려고 오신 것이다 • 268   31 | 신의 이름으로 수백만 명씩 죽이는 전쟁과 전쟁신을 증오합니다 • 269   32 | 인류적 평등만이 평화입니다 • 270   33 | 광기의 낭비문화는 지구를 파괴합니다 • 271

제4부

홍근수 목사의 옥중편지

1절 | 진보적 사상가, 운동가인 목자
01 | 동양사상에 단절되어 온 빈자리가 늘 부끄러웠습니다 • 274   02 | 기 선생의 역사 해석은 다소 어긋납니다 • 275

2절 | 오늘의 교회는 반통일 세력이다
03 | 우리는 사회악과 불의에 둔감해져 있다 • 276   04 | 오늘의 교회는 그 어느 세력보다 반통일적이다 • 277

제5부

존경하는 홍근수 목사님께

1절 | 종말론적인 회개가 요구되고 있다
01 | 신은 아직 부활하지 못하고 있다 • 280   02 | 이 깊은 밤 한없이 울고 싶습니다 • 281

2절 | 우리 조상들도 하늘나라에 갔을 것이다
03 | 교도소 학교 졸업을 축하합니다 • 283   04 | 목사님의 편지와 보프 신부님의 편지를 읽고 • 284   05 | 나는 지옥에 떨어져 그곳의 민중들과 함께하겠습니다 • 285   06 | 육신으로 부활한 예수님도 승천하신 예수님도 부인하지 않습니다 • 286

3절 | 현대문명은 종교개혁을 요구한다
07 | 홍 목사님의 신학적 경향에 감동했습니다 • 288   08 | 제 무식한 점을 지적해 주시기 바랍니다 • 289

제6부

홍근수 목사의 반론

1절 | **시작하는 말** · 292

2절 | **묵자와 예수의 유사점**
    민중 묵자와 예수 · 294 ㅣ통치 이데올로기에 도전한 혁명가 · 295 ㅣ평화의 투사 · 297 ㅣ묵자와 예수는 같은 뿌리 · 298

제3절 | **기세춘 선생의 예수론에 대한 비판**
1 머리말
    묵자와 같이 예수도 현실변혁의 메시지 선포 · 299 ㅣ묵자와 예수는 목숨보다 의가 더 귀중하다고 했다 · 301 03ㅣ기 선생이 보는 묵자와 예수의 차이점 · 302

2 예수와 정치권력
    예수의 민족애 · 305 ㅣ예수와 헤롯 정권의 관계 · 306 ㅣ예수와 로마 정권과의 관계 · 307 ㅣ황제의 것과 하느님의 것 · 310

3 예수와 평화
    예수는 평화주의자였는가 · 319 ㅣ예수와 민족해방전선젤롯당 · 321 ㅣ진정한 평화와 가짜 평화 · 323 ㅣ예수, 평화의 메시아 · 326

4 예수와 평등사회
    예수의 메시아 취임사 · 330 ㅣ총체적 해방과 대희년 평등공동체의 선포 · 331 ㅣ갈릴리 공동체의 창설 · 333 ㅣ사랑의 공산주의 공동체의 출현 · 335

5 예수와 민족
    예수의 민중해방운동 · 338 ㅣ예수의 민족해방운동 · 339 ㅣ귀신 축출운동, 예수의 민족해방운동의 구체적인 형태 · 341 ㅣ예수는 체제에 위협적인 혁명가 · 343 ㅣ종교적 권위에 대한 도전은 곧 로마제국에 대한 도전 · 347

6 예수의 하느님과 심판
    묵자의 하느님과 예수의 하느님 · 350 ㅣ심판에 대한 예수의 가르침 · 357

공자의 하느님 묵자의 하느님

묵자는 하느님의 사도다. 그런데 하느님 신앙은 요순 때부터 있어왔는데 굳이 왜 새삼스럽게 다시 들고 나왔을까? 또 왜 우리는 묵자의 하느님을 주목하는가? 이를 알기 위해서는 요순과 공자의 하느님을 먼저 알아야 한다.

제1장

요순과 공자의
하느님 신앙

1절
하느님 天帝·上帝

1 묵자|墨子, BC 480~390|는 하느님의 사도다. 그런데 하느님 신앙은 요순|堯舜| 때부터 있어 왔는데 굳이 왜 새삼스럽게 다시 들고 나왔을까? 또 왜 우리는 묵자의 하느님을 주목하는가? 이를 알기 위해서는 요순과 공자|孔子, BC 552~479|의 하느님을 먼저 알아야 한다.

하기야 하느님 신앙을 서양 기독교가 우리에게 처음으로 전해 주었다고 믿는 맹목|盲目|들에게는 묵자는 이상한 사람이다. 또한 그들에게는 예수보다 400~500년 먼저 예수와 똑같은 말을 한 묵자가 괘씸하기까지 할 것이다. 그러나 묵자가 동양에서 처음으로 하느님을 발견했거나 하느님을 처음으로 증언한 것은 아니다. 묵자보다 수천 년 앞서 요순 임금도 하느님을 믿었고, 묵자가 살던 주|周|나라의 시조는 하느님의 사생아라고 했으며, 묵자의 선배인 공자도 그리고 공자가 숭상하던 문왕|文王|·무왕|武王|도 하느님의 사도였다. 또한 하느님 나라인 한국|桓國|의 시조인 한님|桓因|, 한웅|桓雄|, 단군|檀君|도 하느님의 서자라고 한다. 다시 말하면 하느님을 처음 발견한 것은 묵자도 아니고 예수도 아니라는 것이다.

또한 조선의 국교였던 유교도 하느님을 믿는 종교였다. 특히 우리 민족은 모두 하느님의 자손이라고 믿는 천손(天孫) 신앙을 가지고 있었다. 그런데 200여 년 전에 서양의 야훼 하느님이 들어와 자기만이 진짜 하느님이고 이전의 하느님은 가짜라고 선전하기 시작했다. 그리고 예수만이 야훼의 외아들이므로 다른 아들이 있을 수 없고, 조선 사람이 믿어온 하느님의 아들인 천자는 가짜일 수밖에 없다는 것이다. 이때부터 우리는 하느님은 서양에서 만들어낸 것도, 동양 사람이 만들어낸 것도, 조선 사람이 만들어낸 것도 있으나 그중에서 가장 힘이 센 것이 서양에서 만들어진 야훼라고 믿게 되었다. 그래서 힘이 없어 남의 나라 식민지가 되어 노예로 살며 굶주리던 우리는 힘이 센 야훼 하느님을 따를 수밖에 없었다. 어찌 되었든 설사 하느님은 인간이 만들어낸 신이라고 할지라도 묵자나 예수가 처음으로 하느님을 만들어낸 것도 아니라는 것은 분명하다.

그러므로 묵자와 예수의 하느님을 말하려면 그 이전의 요순의 하느님과 공자와 유교의 하느님을 알아야만 한다. 그렇지 않고는 하느님을 제대로 알 수 없기 때문이다. 더구나 유교나 기독교의 하느님은 교단 권력이 그 신앙을 관리·통제하면서 하느님보다는 그 사도를 믿게 했고, 그 사도보다는 그 말씀을 믿게 함으로써 교단마다 각각 그 모습도 변해 버렸으므로 그 원형을 찾을 수도 없게 되었다. 그래서 하느님을 말하는 자들은 그 수많은 신상과 사진 중에서 자기 교단에 걸어놓는 것만을 진짜라고 우기게 마련이다. 이제 우리가 하느님을 말하려면 먼저 자기 집 신상을 잠시 밀어두고 멀리 그 원형을 더듬어보아야 한다. 이제 묵자와 예수의 하느님을 말하기 전에 먼저 공자와 그 이전의 하느님을 살펴볼 것이다. 그것이 설령 가짜라 하더라도 진짜라고 하는 야훼를 알기 위해서도 필요하다.

2 인류의 상고시대는 대체로 동서양이 모두 범신론이었다. 특히 동양에서는 일월성신(日月星辰), 풍우뢰전(風雨雷電), 산천초목(山川草木) 등 자

연의 위력에 공포감과 경외감을 품고 자연현상의 배후에는 정령 또는 신령이 있어 인간의 운명을 좌우한다고 믿고 제사 의식을 발명하여 공동체의 중요한 행사로 지켜왔다. 그러다가 각 부족을 통합하는 권력의 중앙이 생기면서 자연신앙의 범신론|汎神論|으로부터 발전하여 다신을 지배하는 상신|上神|인 천제|天帝| 또는 상제|上帝|가 나타난다.

하느님을 한문으로는 천제라고 쓴다. 천|天|은 그 공용|功用|을 표현한 말이고, 제|帝|는 주재자임을 표현한 말이다. 『이아|爾雅|』에 의하면 '제'는 본래 천을 뜻하는 글자였으나 나중에는 왕에게도 제를 붙였다고 한다.[1] 이로 볼 때 천은 본래부터 인격신이었던 것 같다.

『설문해자|說文解字|』 주|注|에 따르면 원래 '천'이라는 글자는 꼭대기라는 뜻이었다. 천은 더없이 높고 유일하고 크다는 것이다. 그리고 제라는 글자는 제|諦| 즉 심|審|의 뜻에서 유래되었다. 즉 천 혹은 천제는 꼭대기에서 천하를 두루 살피고 다스리는 것으로 이해한 것이다. 공영달|孔穎達, 574~648|의 『상서정의|尙書正義|』 소|疏|에서도 '제|帝|' 자는 하느님의 명칭이었음을 확인할 수 있다.[2] 이처럼 하느님을 표기하는 제라는 문자가 만들어졌다는 것은 문자가 있기 이전부터 천을 인격신으로 믿고 있었다는 것을 증거하고 있다.

다만 언제부터 하느님|天神|이 최고의 신으로 신앙화 되었는지 그 시기를 정확하게 고증할 수는 없으나 대체로 국가라는 것이 나타나면서부터 함께 출현한 것만은 분명한 것 같다. 왜냐하면 문자를 만드는 일은 왕이 아니고는 할 수 없었기 때문이다. 이로 본다면 대체로 적어도 요순시대 |BC 2357~2208| 이전부터 하느님이라는 상제|上帝| 신앙이 확정된 것으로 볼 수 있을 것이다. 요순시대는 이미 국가체제가 확립되었기 때문이다. 순임금은 요임금을 이어 왕위에 오르자 백우|伯禹|를 국토부장관에 해당하는 사공|司空|에 임명하고, 기|棄|를 농림부장관에 해당하는 후직|后稷|에 임명하고,

---

1_ 懿行의 爾雅疏.
2_ 言帝者天之一名.

설|契|을 문교부장관에 해당하는 사도|司徒|에 임명하고, 고요|皐陶|를 법무부장관에 해당하는 시사|士師|에 임명하고, 수|垂|를 건설부장관에 해당하는 공공|共工|에 임명하고, 익|益|을 산림수산부장관에 해당하는 우|虞|에 임명하고, 백이|伯夷|를 천신|天神|과 인귀|人鬼|와 지기|地祇|의 제사를 담당하는 질종|秩宗|에 임명하고, 기|夔|를 문예부장관에 해당하는 전악|典樂|에 임명하고, 용|龍|을 관방부장관에 해당하는 납언|納言|에 임명했다고 한다.³ 특히 눈여겨볼 것은 4,300년 전인 순임금 시대에 제례를 담당하는 장관과 함께 음악을 관장하는 장관이 있었다는 것이다. 고대에 제사와 음악은 불가분의 관계가 있었음은 이미 잘 알려진 사실이다.

『서경|書經|』「우서|虞書|」의 기록에 의하면 요임금이|BC 2300년경| 희|羲|씨와 화|和|씨에게 '흠약호천|欽若昊天|' 즉 원기 광대하신 천제님을 경순|敬順|하라고 명하고 있으며,⁴ 요임금의 어진 신하였던 고요가 "하느님은 백성의 눈과 귀를 통해서 보고 듣는다⁵"고 말하고 있다. 이로 본다면 당시의 하느님은 민중의 수호신이었음을 알 수 있다.

3 우|禹|임금|BC 2220년경|은 처음으로 천신의 주재성|主宰性|과 인격성을 직접 말하고 있다. 그는 삼묘족|三苗族|이 하늘을 공경하지 않고 백성을 돌보지 않아 하느님께서 벌을 내렸으므로 하느님을 대신하여 주벌할 것을 선언한다. 다음 글들은 우임금의 훈시다.

【우임금의 훈시】
서경書經/우서虞書/대우모大禹謨
준동하는 삼묘족은 혼미하여 공경하지 않고　　　　蠢玆有苗 昏迷不恭

3_ 書經/虞書/舜典.
4_ 書經/虞書/堯典.
5_ 書經/皐陶謨.

민중을 돌보지 않아 하느님이 벌을 내렸으므로　　　民棄不保 天降之咎
내가 너희 병사들과 함께 명령을 받들어　　　　　　肆予以爾衆士
그들의 죄를 주벌하고자 하노라!　　　　　　　　　　奉辭伐罪

서경書經/하서夏書/감서甘誓
우임금은 감 땅의 대전을 앞두고　　　　　　　　　大戰于甘
육경을 소집하여 훈시했다.　　　　　　　　　　　　乃召六卿 王曰
"오! 육군의 장병들이여!　　　　　　　　　　　　　嗟 六事之人
내 너희에게 고하노라!　　　　　　　　　　　　　　予誓告汝
유호씨有扈氏는 오행을 경멸하고　　　　　　　　　　有扈氏 威侮五行
삼정을 방기하니　　　　　　　　　　　　　　　　　怠棄三正
하느님께서 천명을 끊어버렸다!　　　　　　　　　　天用剿絶其命
지금 나는 하늘의 벌을 대신 삼가 시행하려 한다.　　今予惟恭行天之罰
명령을 따르는 자는 조상신 앞에서 상을 내리고,　　用命賞于祖
명령을 어기는 자는 토지신社 앞에서 죽일 것이며,　用不用命戮于社
나는 그들의 처자도 죽일 것이다."　　　　　　　　　予則孥戮汝.[6]

　　주나라 무왕이 장병들에게 훈시한 연설문을 읽으면 하느님이 인격신임을 말하고 있는데, 마치 오늘날 어느 장군의 연설로 착각할 정도다. 이로 보면 인류는 3천 년 전이나 지금이나 하느님에 대한 생각은 별 차이가 없는 듯하다.

《무왕의 훈시》

서경書經/주서周書/태서泰誓 상上
무왕 13년BC 1033년 봄에　　　　　　　　　　　　　惟十有三年春
맹진에 군사들이 집결하자　　　　　　　　　　　　大會于孟津
무왕은 다음과 같이 훈시했다.　　　　　　　　　　王曰

6_ 이 글은 우임금(BC 2205년 즉위)이 아니라, 우임금의 아들(啓, BC 2107년 즉위)이 유호씨와 싸울 때(BC 2105년)의 훈시라는 설도 있다.

"오! 나의 우방 군주들과 장병들은 　　嗟 我友邦冢君
내 말을 잘 들으시오! 　　我庶士明聽誓
천지는 만물의 부모요 　　惟天地萬物父母
사람은 만물의 영장이니, 　　惟人萬物之靈
진실로 총명해야 천자로 삼고 　　亶聰明作元后
천자는 민중의 부모이오. 　　元后作民父母
지금 상商나라 주왕紂王은 　　今商王受
위로 하늘을 공경하지 않고, 　　不敬上天
아래로 민중에게 재앙을 내리게 하고 있소. 　　降災下民
이처럼 상나라 죄가 넘치고 있어 　　降商罪貫盈
하늘이 벌을 주라고 명하는 것이오. 　　天命誅之
내가 하늘을 따르지 않는다면 　　予不順天
나도 똑같이 천명을 어기는 것이오. 　　厥罪惟鈞
나는 하느님께 제사하고 　　予小子 類于上帝
토지신에게도 제사를 드려 　　宜于冢土
여러분들과 함께 　　以爾有衆
하늘의 벌을 내리기로 맹세했소. 　　底天之罰
하늘은 민을 긍휼히 여기시니, 　　天矜于民
민이 하고자 하면 　　民之所欲
하늘은 반드시 따를 것이오. 　　天必從之
그대에게 바라노니 나를 도와 　　爾尙弼予一人
온 세상을 영원히 맑은 세상으로 만듭시다. 　　永淸四海
때는 왔소. 때를 놓치지 맙시다!" 　　時哉 不可失.

서경書經/주서周書/태서泰誓 중中
무왕은 무오일에 황허 북안에 진영을 구축했다. 　　惟戊午 王次于河朔
여러 제후들은 군사를 이끌고 와서 합세했다. 　　群后以師畢會
무왕은 군사를 순시한 후 다음과 같이 훈시했다. 　　王乃循師而誓曰
"오! 서방의 무리들이여! 　　嗚呼 西土有衆
지금 상나라 주왕은 무도한 일에만 힘쓰니 　　今商王受力行無度
음탕한 술주정과 방종한 포악을 일삼고 있소. 　　淫酗肆虐

이에 무고한 사람들이 울부짖으니	無辜籲天
하느님께서 그 추악한 행동을 알게 되었소.	穢德彰聞
하늘은 민에게 은혜로우시며	惟天惠民
임금은 하늘을 받들어야 하오.	惟辟奉天
그러나 하[夏]나라 걸[桀]은 하늘의 뜻을 따르지 않고	有夏桀不克若天
이웃나라에 해독만 끼치니,	有毒下國
하늘은 탕왕[湯王]에게 명을 내리고 도와	天乃佑命成湯
하나라의 천명을 끊어버렸소.	降黜夏命
오! 지금은 상나라 주왕의 죄가 포악했던 걸왕보다 더하니	惟受罪孚于桀
하늘은 나로 하여금 그 민을 보살피라 했으며,	天其以予乂民
내 꿈은 점괘와 일치하고 좋은 조짐이 겹치니	朕夢協朕卜 襲于休祥
상나라를 치면 반드시 이길 것이오.	戎商必克
하늘이 보는 것은 민을 통하여 보는 것이며	天視自我民視
하늘이 듣는 것은 민을 통하여 듣는 것이오.	天聽自我民聽
백성[百官]에 허물이 있으면	百姓有過
나에게 책임이 있는 것이니,	在予一人
나는 반드시 정벌할 것이오.	今朕必往
오! 그대들은 한마음 한 행동으로	嗚呼 乃一德一心
공을 세우시오!	立定厥功
승리하여 영원한 세상을 이룹시다!"	惟克永世.

이 유명한 연설문에서 우리는 두 가지를 주목해야 한다.

첫째는 인간의 가치기준은 하느님이라는 것이다. 인류가 수만 년을 살아오면서 발견한 보편개념인 하느님이라는 가치판단의 기준은 인류사에 획기적인 발전의 계기가 되었다. 만약 동일한 공통의 가치기준이 없다면 국가라는 집단을 만들어낼 수 없었을 것이기 때문이다. 근대 이후 하느님 대신에 인간의 이성을 내세웠지만 지금도 하느님은 여전히 유효한 가치의 기초로 남아 있다는 사실을 주목해야 한다.

둘째는 천명이 위에서 아래로 내려온다는 이른바 '상이하[上而下]'의 논리로 보면 무왕의 무력행동은 분명히 왕위찬탈이라는 것이다. 그러나 무왕은 천명이 아래 백성의 뜻으로부터 위로 올라가는 '하이상下而上'의 정치논리를 편다. 그리고 이를 내세워 자기의 역성혁명은 반역이 아니라 순리의 정치행위라고 주장한다. 즉 무왕의 연설은 역성혁명이 정당하다는 것을 선언한 것이며, 아울러 백성의 뜻이 하늘의 뜻이라는 민본주의를 강조한 것이다. 그런데 700여 년이 지난 전국시대의 맹자는 이런 해석과는 달리 왕권신수설王權神授說로 해석한다. 하느님도 이처럼 시대에 따라 민중의 수호신에서 군왕의 수호신으로 변질된다.

맹자孟子/양혜왕梁惠王 하下

『서경』「태서泰書」편에 이르기를	書曰
하느님께서 하토 민중에 강림하시고	天降下民
백성을 위해 군주와 스승을 세우셨다.	作[7]之君 作之師
그들은 이르기를 진실로 하느님의 총애하심을 받들어,	惟曰 其助上帝寵之
천하에 죄가 있고 없고를 오직 내가 살피고 있으니,	四方有罪無罪惟我在[8]
천하에 그 누가 어찌 감히 나의 뜻을 참월하겠는가?	天下曷敢有越厥志.

4 한편 부족들이 서로 쟁탈하면서 자기 부족이 특별히 위대한 종족임을 나타내기 위해 상신上神을 자기 부족의 조상신으로 모시기 시작한다. 예컨대 수렵이나 유목민족은 천신을 자기들 조상신으로 모시고, 어렵이나 농경민족은 수신水神을 자기의 조상신으로 삼는 경우가 그것이다. 천신하강신화天神下降神話나 난생설화卵生說話는 이때 만들어진 것으로 추정할 수 있을 것이다. 조선의 '단군신화'나 주나라의 '후직后稷' 신화'는 자기 조상이 하느님의 아들天子이라는 천신하강신화이며, 농경사회

7_ 作=使之也, 興起也.
8_ 在=察也.

에 널리 퍼진 용신龍神은 난생설화의 유산이다. 그런데 이들 신화의 특징은 땅에 하강한 하느님의 아들은 모두 '사생아'라는 특이한 성격이 부여된다는 점이다.

【후직신화】

시경詩經/대아大雅/생민生民

맨 처음 주나라 시조를 낳으신 분은	厥初生民
바로 강원姜嫄님이라네!	時有姜嫄
어떻게 낳으셨던가?	生民如何.
정성껏 치성을 드려 자식을 빌었더니	克禋克祀 以弗[9]無子
하느님 발자국을 밟고 큰 은총을 받아	履帝武[10]敏[11] 歆攸介攸止
잉태하시니 몰래 낳아 기르신 분이 바로 후직님이라네!	載震[12]載夙[13] 時維后稷
이윽고 달이 차서	誕[14]彌厥月
어린 양처럼 머리부터 나오니	先生如達[15]
어미 몸을 찢지 않고 태를 끊지 않고	不坼不副
고통도 아픔도 없이	無菑無害
성령으로 태어나셨으니	以赫[16]厥靈
상제님의 보살핌이 아닌가?	上帝不寧
치성을 흠향하심이 아닌가?	不康禋祀
아들을 순산했다네!	居然生子
낳자마자 거리에 버렸더니	誕置之隘巷.
소와 양이 젖을 주고,	牛羊腓[17]字之

9_ 弗=祓.
10_ 武=迹.
11_ 敏=拇.
12_ 震=娠.
13_ 夙=肅 載生載育.
14_ 誕=發語詞.
15_ 達=小羊.
16_ 赫=顯.
17_ 腓=避也, 芘(覆)也.

숲에 버렸더니 벌목꾼이	誕置之平林
나무를 베어 돌보아주고,	會[18]伐平林
찬 빙판에 버렸더니	誕置之寒氷
새들이 날개 펴 덮어주었다네!	鳥覆翼[19]之
새들이 날아가자 후직이 소리내어 우는데,	鳥乃去矣 后稷呱矣
울음소리 우렁차서 온 길에 울려 퍼졌다네!	實覃[20]實訏 厥聲載[21]路.

【한국】

한단고기|桓壇古記/삼성기三聖記 상上

우리 한국의 건국은 가장 오랜 옛날이었는데,	吾桓建國最古
북극 시베리아의 하늘에 한 신이 있었는데	有一神在斯白力之天
홀로 변화하는 신이시니,	獨化之神
밝은 빛은 온 우주를 비추고	光明照宇宙
큰 교화로 만물을 낳았다.	權化生萬物
어느 날 동남동녀 800인이	日降童女童男八白
흑수백산에 내려왔는데,	於黑水白山之地
이에 한님은 천계에 계시면서	於是桓因亦以監群
이들 무리를 감독하시고,	居于天界
부싯돌을 쳐 불을 일으켜	摇石發火
음식을 익혀 먹는 법을 가르치셨다.	始教熟食
이를 하느님 나라라 하고	謂之桓國
그분을 한님이라 불렀다.	是謂天帝桓因氏
또한 안파견|安巴堅|이라고 부르기도 했다.	亦稱安巴堅也
한님은 일곱 대를 전했는데	傳七世
그 연대는 알 수 없다.	年代不可考也.

18_ 會=値也.
19_ 翼=藉也.
20_ 覃=長也.
21_ 載=滿也.

【배달국】

한단고기桓壇古記/삼성기三聖記 상上

뒤에 한웅씨가 계속하여 일어나　　　　　後桓雄氏繼興
하느님의 뜻을 받들어　　　　　　　　　奉天神之詔
백산과 흑수 사이에 내려왔다.　　　　　降于白山黑水之間
천평에 우물을 파고　　　　　　　　　　鑿子井女井於天坪
청구에 밭을 일구었으며,　　　　　　　　劃井地於靑邱
하늘의 징표를 지니시고 오행을 주관하시며　持天符印主五事
세상을 다스리고 교화하시니,　　　　　　在世理化
인간을 크게 유익하게 했다.　　　　　　　弘益人間
이에 신시에 도읍을 세우고　　　　　　　立都神市
나라를 배달이라 부르고,　　　　　　　　國稱倍達
삼칠일을 택하여 하느님에게 제사했다.　　擇三七日祭天神.

【왕검조선】

한단고기桓壇古記/삼성기三聖記 상上

뒤에 신인왕검이　　　　　　　　　　　後神人王儉
불함산 박달나무 터에 내려오셨다.　　　　降到于不咸之山檀木之墟
그는 신의 덕과 성인의 어짊을　　　　　　其至神之德
함께 갖추었으므로,　　　　　　　　　　兼聖之仁
능히 천명을 받들어 하느님의 뜻을 이었으니,　乃能承詔繼天
나라를 세우려는 뜻이 높고 열렬했다.　　　而建極巍蕩惟烈
이에 구환의 백성들이 그에게 심복하여　　九桓之民 咸悅誠服
하느님의 화신으로 추대하고 제왕으로 모셨다.　推爲天帝化身而帝之
그가 곧 단군왕검으로　　　　　　　　　是謂檀君王儉
신시의 오랜 법통을 되찾고,　　　　　　　復神市舊規
서울을 아사달에 설치하여　　　　　　　設都阿斯達開國
나라를 열고 조선이라 했다.　　　　　　號朝鮮.

【신시】

삼국유사三國遺事/**기이**紀異 1/**고조선**古朝鮮

고기에 이르기를	古記云
옛날 하느님 나라에 제석이 계셨는데,	昔有桓國 謂帝釋也
그의 서자 한웅이 천하에 뜻을 펴고자	庶子桓雄 數意天下
인간세상을 찾았다.	貪求人世
아들의 뜻을 안 제석은	父知子意
삼위태백을 내려다보니,	下視三危太伯
가히 인간을 널리 이롭게 할 수 있는 땅이었다.	可以弘益人間
이에 천부인 세 개를 주어	乃授天符印三箇
내려가 다스리게 했다.	遣往理之
한웅은 무리 3천을 이끌고	雄率徒三千
태백산 신단수 아래로 내려왔으니,	降於太伯山頂神壇樹下
이곳을 신시라 부르고,	謂之神市
이분을 한웅천왕이라 부른다.	是謂桓雄天王也.

5 다만 후대로 갈수록 천[天]의 개념이 분화·발전한다. 벌써 주나라 때가 되면 천은 여러 이름으로 불려진다. 천은 공용[功用]에 따라 천 위에 글자를 덧붙여 불려진다.

주례周禮/**태종백**太宗伯 **소疏**

천은 다섯 가지 호칭이 있어	天有五號
각각 효용에 알맞은 이름을 부른다.	各用所宜稱之
존경스럽고, 군주 같다고 할 때는 황천이라 하고,	尊而君之則曰皇天
원기 광대함을 말할 때는 호천이라 부르고,	元氣廣大則稱昊天
백성을 사랑으로 덮어줌을 말할 때는 민천이라 부르고,	仁覆愍下則稱旻天
위에서 아래를 감시함을 말할 때는 상천이라 부르고,	自上監下則稱上天
멀리 보면 푸르다고 할 때는 창천이라 부른다.	據遠視蒼蒼然則稱蒼天.

2절 제정일치

1 그렇지만 여전히 천제의 인격성은 쇠퇴하지 않은 것 같다. 공자 당시 기론적|氣論的| 세계관의 문서인 『주역|周易|』에서도 두 곳에서 상제를 언급하고 있으며, 『예기|禮記|』에서는 열 곳에서, 사서|四書|에서는 다섯 곳에서 상제를 언급하고 있는데 모두 천은 인격신이었다. 공자가 태어나기 11년 전인 기원전 662년에 주나라 내사|內史|는 천인감응설을 말하고 있다. 이처럼 인류는 고대문명으로부터 오늘날까지도 줄곧 천신과 인간은 서로 감응한다고 믿어오고 있다. 그리스 신전의 신탁이나 중국과 조선의 제사와 점은 물론이거니와 21세기 오늘날까지 교회의 예배뿐 아니라 제사와 기타 모든 종교 의식은 모두 천인감응설에 기초하고 있는 것이다. 하늘이 인간과 감응하지 않는다면 무엇 때문에 제사와 기도를 드리겠는가? 『서경』은 순임금의 왕위 취임식 때 하느님과 여러 신들에게 고사를 올렸다고 기록하고 있다. 고사|告祀|란 신들에게 어떤 일을 보고하는 의식을 말한다. 유교도 마찬가지로 하느님과 소통의 종교다. 기원전 136년 한|漢|나라의 동중서|董仲舒, BC 170?~120?|는 이처럼 민간에 유행하는 천인감응설을 유학에 붙여

종교화했고, 한 무제(武帝, BC 156~87)로 하여금 국교로 삼게 했던 것이다.

이처럼 천인감응을 체현하는 의식이 제사다. 하느님께 제사를 올린 기록으로는 순임금이 가장 앞선 것 같다. 다음으로 우임금과 탕왕의 제사 기록엔 축문이 나오는데 대조적이어서 흥미롭다. 『묵자(墨子)』에 나오는 우임금의 축문은 민중 중심적인 데 비해 『논어(論語)』에 나오는 탕왕의 축문은 왕 중심적이다.

【 순임금의 제사 】

서경書經/우서虞書/순전舜典

순임금은 정월 초하루에 종묘에서	正月上日
요임금의 뒤를 이어 왕위를 받았다.	受終于文祖
혼천의로 일월성신의 운행을 살피시고	在璿璣玉衡 以齊七政[22]
하느님에게 제사하고	肆類于上帝
천지와 사시를 제사하고	禋于六宗
산천에 제사하고	望于山川
여러 신들에게 두루 제사를 올렸다.	徧于群神.

【 우임금의 축문 】

묵자墨子/경주耕柱

쇠솥이 이루어졌음을 하느님께 고하나이다.	曰 鼎成
쇠솥은 세 개의 발이 바르옵니다.	三足而方
청컨대 인민들이 밥을 지을 수 없거든	不爨
신께서 이 솥으로 끓여주시고,	不炊而自烹
제가 채우지 못하거든 신께서 이 솥으로 저장해 주시고,	而自行
제가 현자에게 자리를 물려주지 않거든	不遷
신께서 이 솥을 옮겨주소서!	而自臧
이에 곤오의 제단에서 제사를 올립니다. 상향.[23]	以祭於昆吾之虛 上鄕.

22_ 七政=日月과 五星.
23_ 上鄕은 尙饗이라고도 쓰고, '흠향하소서!'라는 뜻이다.

【 탕왕의 축문 】[24]

논어論語/ 요왈堯曰 1

소자 이履,탕왕가 감히 검은 소를 제물로 바치고	予小子履 敢用玄牡
감히 거룩하신 하느님께 밝히 고하나이다.	敢昭告于皇皇后帝
하늘에 죄지은 자를 감히 용서하지 않았고	有罪不敢赦
하느님의 신하를 버리지 않았으니	帝臣不蔽
가려 선택하심은 하느님의 마음에 달려 있습니다.	簡在帝心
짐이 지은 죄는 만방의 백관에 있지 않고	朕躬有罪無以萬方
만방의 백관이 지은 죄는 짐에게 책임이 있습니다.	萬方有罪罪在朕躬.

2 동서양을 막론하고 고대는 제정일치 시대였다. 천자는 제사를 지내는 제사장으로서 천하를 통치했던 것이다. '천자'란 하느님의 아들이라는 뜻이며, '왕'이라는 글자는 천·지·인의 삼재를 하나로 소통시킨다는 뜻이며, '성聖'이라는 글자는 하느님의 신탁을 듣고 이를 선포하는 제사장이라는 뜻이다. 이는 정치적으로 하느님과 소통할 수 있는 존재는 왕이 유일한 존재라는 뜻이므로 왕권전제주의를 함의하고 있다. 특히 주목을 끄는 기록은 왕이 매일 하느님께 제사를 올렸다는 내용이다.

【 천자는 제사장 】

국어國語/ 주어周語 중中

선왕께서는 천하를 평정하고 천하의 땅을 소유했으나	昔我先王之有天下也
그중에서 왕도 주위의 천 리 이내의 땅만을 전복으로 삼아	規方千里 以爲甸服
거기서 바치는 재물로 하느님과 산천의 신들을 제사 지내고	以供上帝山川百神之祀
백성들을 위해 재물을 비축하여	以備百姓兆民之用
예상치 못한 재난을 대비했소.	以待不庭不虞之患.

24_ 書經/ 商書/ 湯誥에도 같은 글이 있음.

〖 매일 천제天祭를 지냄 〗

국어國語/주어周語 상上

선왕의 제도에 의하면 도성 내 천 리를 전복이라 했고	夫先王之制 邦內甸服
방외 500리를 후복이라 했고	邦外侯服
후기侯畿를 둘러싼 곳을 빈복이라 했으며	侯衛賓服
남만과 동이 지역을 요복이라 했고	蠻夷要服
서융과 북적 지역을 황복이라 했습니다.	戎狄荒服
전복 지역에서는 매일 지내는 제에 필요한 물품을 바치고,	甸服者祭
후복 지역에서는 매일 지내는 사에 필요한 물품을 바치고,	侯服者祀
빈복에서는 계절마다 지내는 시향에 필요한 물품을 바치고,	賓服者享
요복 지역에서는 매년 조공을 바치고,	要服者貢
황복 지역에서는 자국의 군주가 바뀔 때 알현토록 했습니다.	荒服者王
이러한 일제日祭 월사月祀 시향時享 세공歲貢 종왕終王은	以備百姓兆民之用
선왕의 법도입니다.	先王之訓也.

『서경』과 『논어』에 의하면 주나라 무왕이 힘쓴 세 가지는 첫째, 민을 중히 여기는 것이요, 둘째, 민을 먹여 살리는 것이요, 셋째, 상례喪禮와 제례祭禮라고 했다.[25] 그러므로 통치제도를 뜻하는 '예'라는 글자도 제례를 의미하는 것이었다. 이처럼 당시는 제정일치의 시대였으며, 제사와 정치, 종교와 정치가 분리된 것은 근세 이후였음을 상기해야 한다.

『예기』에 의하면 "무릇 인을 다스리는 도는 예보다 긴요한 것은 없으며, 예에 오경이 있으나 제사보다 중요한 것은 없다"[26]고 말했다. 이런 전통은 근세 이전까지 2천 년 동안 이어져왔다. 그러므로 중세까지는 서양이나 중국이나 조선이나 모두가 제사가 법보다 더 중요한 정치행위였던 것이다. 특히 유교는 천하일가를 지향했으므로 천하가 태평해지는 근본은 효에 있었다. 그리고 그 효의 표현이 제사이며 그 제사 의례에는 통

25_ 書經/周書/武成, 論語/堯曰.
26_ 禮記/帝統.

치질서가 내장되어 있었던 것이다. 그러므로 유교는 백행[百行]의 근본이 효라고 말하는 것이다.

예기禮記/제통帝統
무릇 인을 다스리는 도는 예보다 긴요한 것은 없으며 凡治人之道 莫急於禮.
예에 오경이 있으나 제사보다 중요한 것은 없다. 禮有五經 莫重於祭.

논어論語/태백泰伯 22
우임금은 내가 보기엔 나무랄 데 없구나!   子曰 禹 吾無間然矣
식사는 간소했으나 귀신에게는 효를 다하고[27]   菲[28]飮食 而致孝乎鬼神
의복은 검소했으나 제사 예복은 아름다웠고   惡衣服 而致美乎黻[29]冕
궁실은 낮았으나 구혁[井田을 위한 水路] 건설에는 진력했다. 卑宮室 而盡力乎溝洫.

3 이처럼 제사는 통치행위이며 그 의식에는 통치질서가 내장되어 있으므로 신분의 등급에 따라 차별되었다. 예컨대 서인은 묘당을 세울 수도 없고 아비 제사만 방 안에서 간략히 지낼 수 있었다. 이처럼 수호계급의 수호신으로 타락한 하느님 신앙은 유물론과 천인분리설[天人分異說]의 도전을 받았고 급기야 묵자가 일어나 민중해방신으로의 개혁을 주장하게 된 것이다.[30]

〖제사의 차별〗

예기禮記/제법祭法
- 왕[王]은 칠묘[七廟] 일단[一壇] 일선[一墠]을 세우는데,
  부·조부·증조·고조·시조에 매월 제사하고,

27_ 유가의 '宇宙一家論'에 의하면 天에게도 鬼神에게도 孝를 해야 한다.
28_ 菲=芴也, 薄也, 喪服之履也.
29_ 黻=亞字形 무늬, 祭服.
30_ 졸저 『묵자』 참조.

5대조 7대조의 두 조묘에는 사철 제사하고,
그 이상의 조상은 제단과 제터를 만들어 기도할 일이 있을 때 제사한다.
- 제후는 오묘·일단·일선을 세우는데,
부·조부·증조를 매월 제사하고, 고조와 시조는 사철 제사한다.
- 대부는 삼묘 이단을 세우는데, 부·조부·증조를 사철 제사하고,
고조와 시조는 기도할 일이 있을 때 제단을 만들어 제사한다.
- 적사[31]는 이묘 이단을 세우는데,
부와 조부를 철마다 제사하고, 증조는 기도할 일 있을 때 제단을 만들어 제사한다.
- 관사[32]는 일묘를 세울 뿐인데, 부묘에서 부와 조부를 철마다 제사할 뿐이다.
- 하사 이하와 서인은 묘당을 세울 수 없다.
그 죽음은 신이 될 수 없고 귀이기 때문이다.

【 제사의 십륜十倫 】

예기禮記/제통祭統

대저 제사에는 열 가지 도리가 있으니,	夫祭有十倫焉
귀신을 섬기는 도리를 보여주고	見事鬼神之道焉
군신의 의를 보여주고	見君臣之義焉
부자의 도리를 보여주고	見父子之倫焉
귀천의 차등을 보여주고	見貴賤之等焉
친소의 가감을 보여주고	見親疏之殺焉
상작의 시행을 보여주며	見爵賞之施焉
부부의 차별을 보여주며	見夫婦之別焉
정사의 균등함을 보여주며	見政事之均焉
장유의 차례를 보여주고	見長幼之序焉
상하의 교제를 보여준다.	見上下之際焉
이것을 일러 제사의 열 가지 도리라 한다.	此之謂十倫.

31_ 천자의 上士 中士 下士와 제후의 上士.
32_ 제후의 中士 下士.

3절 전란의 참상과 제정의 문란

1 공자가 태어나 활동하던 시대를 흔히 춘추전국시대라고 부른다. 춘추시대란 주나라 유왕(幽王)이 견융(犬戎)에게 잡혀 죽고 서주(西周)가 망한 후, 진(晉) 문후(文侯)의 도움으로 평왕(平王)이 낙읍에 도읍하여 동주(東周)를 세운 기원전 770년부터 450년까지 약 300년간을 말한다. 이때는 진 문후를 시작으로 제(齊)·진(秦)·송(宋)·초(楚) 등 이른바 춘추오패가 차례로 주나라 왕(천자)을 대신해 천하를 다스리던 제후쟁패의 시대였다. 전국시대란 진나라의 경대부인 한·위·조 세 가문이 천자의 승인 없이 나라를 찢어 차지하고 독립한 기원전 450년부터 주나라가 망한 256년까지, 약 200년간을 말한다. 이때는 형식이나마 명맥을 유지하던 주 왕실의 위령이 서지 않고 초·진·연·제·조·위·한 이렇게 이른바 전국칠웅이 천하를 재패하던 가문쟁패의 시대였다.

이처럼 춘추전국시대는 주나라가 쇠미해져 정치중앙이 무너지고 군웅이 활거 쟁패하던 시대였으므로 겸병전쟁이 500여 년이나 지속되던 난세였다. 그러므로 뜻있는 학자들이 저마다 난세 극복의 처방을 들고 나왔는데 이들을 제자백가라고 부른다. 이들 백가들 중에 공자와 묵자는 보수와 진보의 쌍벽을 이루었던 현학[顯學]이었다.

『춘추좌전[春秋左傳]』을 보면 해마다 전쟁이 없는 때가 없었다. 이것은 토지와 이에 딸린 농노를 차지하기 위한 약탈전쟁이며, 천하의 패권을 차지하기 위한 겸병전쟁이었다. 이로써 농지의 균분제도인 이른바 정전제는 무너지고 민생은 파탄되었다.

거기다가 춘추전국시대에는 전쟁과 착취에 더하여 형벌이 너무 가혹했다. 『주례[周禮]』에 의하면 당시의 형벌은 얼굴에 먹물을 뜨는 묵형, 코를 베는 의형, 불알을 거세하는 궁형, 발꿈치를 자르는 월형, 목숨을 끊는 사형 등 오형이 있고, 오형의 죄목은 각각 500가지로 도합 2,500가지 죄목이 있었다고 한다.[33]

공자 당시 제나라 안자[晏子]는 엄형주의 실정을 '구천용귀[屨賤踊貴]'라는 말로 표현했다. '온 나라의 시장에서는 정상인의 온전한 신발은 값이 싸고, 죄를 지어 발꿈치를 잘린 병신들의 뒤축 없는 신발이 비싸다'는 뜻이다. 즉 형벌이 가혹하여 형벌을 받은 병신이 성한 사람보다 더 많다는 것을 풍자한 말이다.[34]

이처럼 형벌이 가혹한 데다가 관장의 자의적인 법집행으로 민중의 고통은 더욱 심했다. 『예기』와 『순자[荀子]』의 기록에 의하면 예는 서민에게는 적용되지 않고, 법은 사대부 이상에게는 적용되지 않았다고 하니, 법 위에 신분적 치외법권이 존재한 것이다.[35]

이처럼 공자와 묵자가 활동한 당시는 제나라 대부 안자와 진[晉]나라 대부 숙향[叔向]이 지적한 대로 민중이 거꾸로 매달려 신음하던 난세요 말세였다. 그러므로 오늘날 공자와 묵자를 읽으면서 우리는 그들에게 당시 어

33_ 周禮/秋官/司寇.
34_ 左傳/昭公 3年(BC 539).
35_ 禮記/曲禮/上, 荀子/富國.

떻게 하면 출세하여 호의호식할 것인가를 묻기보다는 그들이 제시한 난세를 종식시키고 민생을 안정시킬 방안이 무엇이었던가를 물어야 할 것이다. 나는 이것이야말로 양식이 있는 지성인의 고전을 읽는 올바른 태도라고 생각한다.

2 이처럼 공자 시대는 오랜 전란으로 민중이 거꾸로 매달려 살아가는 극도로 민생이 피폐한 시대였으므로 유물론이 팽배하고 인본주의가 일어나던 시대였다. 이처럼 천제 신앙이 도전을 받고 있던 시대에 공자는 어떻게 대응했는가? 더구나 서주가 망하고 동주가 들어서면서 중앙이 무너지고 이른바 춘추시대의 패도정치가 시행되자 왕권은 쇠미해지기 시작했다. 따라서 천자의 통치권의 상징인 제정|祭政|도 따라서 문란해졌다. 『논어』에도 공자가 제정의 문란을 개탄한 글이 있다.³⁶ 제후만이 지낼 수 있는 태산의 산신제를 대부인 계손씨|季孫氏|가 참람하게 올리는 것을 비난하고 그런 제사를 태산의 산신령인들 어찌 흠향하겠느냐고 편잔을 주는 내용이다.

제정의 문란을 보여준 상징적인 사건이 있다. 서주가 망하고 동주가 들어서 왕권이 불안했던 때인 기원전 635년 왕실의 난이 일어나자 진|晉|나라 문공|文公|이 이를 평정하고 양왕|襄王|을 왕위에 복위시킨 바 있다. 이에 문공은 왕에게 자기가 죽으면 '수장|隧葬|'을 할 수 있도록 윤허해 줄 것을 요구했다. '수장'이란 굴을 파서 무덤길을 만들고 그 길을 지나 깊숙한 곳에 현실을 배치하는 무덤 형식으로 천자만이 할 수 있는 것이었다. 이에 양왕은 문공에 의지해 잔명을 보존하고 있는 구차한 처지에서도 왕위를 내줄지언정 수장은 허락할 수 없다고 거부했다.³⁷ 이것은 왕권의 추

36_ 論語 / 八佾 六.
37_ 左傳 / 僖公 二十五年, 國語 / 周語 中.

락을 상징적으로 보여준 사건이며 장례가 얼마나 중요한 정치행위인지를 깨우쳐주고 있다. 또한 이 사건에서 유의할 것은 제후가 왕의 장례 의식을 치르는 것은 반역으로 간주된다는 점이다.

『논어』「팔일|八佾|」편에는 또 하나의 상징적인 사건을 말해 주고 있다. 공자가 노|魯|나라의 중대한 정치행사인 체제|禘祭|에 참석했으나 중간에 퇴장한 사건을 15글자로 간략히 기록해 놓은 것이다. 공자는 왜 도중에 퇴장했을까? 이른바 '체제'는 제후국으로서는 노나라만이 지낼 수 있는 천제|天祭|이므로 중차대한 정치 행사인데 그처럼 중요한 행사에 반발하여 제사 도중에 퇴장한다는 것은 더구나 대부 신분으로서는 보통 사건이 아니다. 그러나 『논어』의 기록은 너무도 간략하여 그 이유를 알 수 없지만 깊은 뜻이 숨어 있음은 분명하다.

그런데도 지금까지 우리 학자들은 이 중대 사건을 의식의 절차나 제수 진설이 법식에 맞지 않아서 퇴장한 것으로 추측할 뿐이다. 공자는 당대 최고의 제례|祭禮| 전문가다. 그래서 흔히 공자는 제사상 앞에서 '감 놓아라! 배 놓아라!' 시시콜콜한 것을 따지는 고지식한 사람으로 오해한다. 그러나 『논어』를 보면 여러 곳에서 그가 사소한 절차나 의식에는 관대한 사람이었음을 알 수 있다.[38] 그런 그가 어찌 사소한 잘못을 이유로 목숨을 건 행동을 하겠는가?

이 사건의 열쇠는 체|禘|라고 하는 제사에 있다. 체는 도대체 무엇인가? '체'는 조상제사에 하느님을 합사하는 것을 말한다. 공자는『논어』[39]·『중용|中庸|』[40]·『예기』[41] 등 여러 곳에서 "체를 알면 천하를 다스리는 것은 손바닥 뒤집듯 할 수 있을 것"이라고 말하고 있다. 이로 볼 때 공자에게 하늘 제사인 '체'가 얼마나 중요한 행사이었던가를 짐작할 수 있다. 그런데

38_ 論語/子罕 三.
39_ 仲尼燕居.
40_ 19장.
41_ 仲尼燕居.

『예기』의 「대전大傳」편에 의하면 "천자가 아니면 조상제사에 하느님을 배제하는 체를 지낼 수 없다"고 명기하고 있다. 체는 천자만의 특권이며 특별한 제사였던 것이다. 천자가 체를 올리는 것은 하느님이 자기 조상신임을 선포하는 것이기 때문이다. 그러므로 제후가 '체'를 지낸다는 것은 반역에 해당되는 것이다.

그런데도 천자가 아닌 제후국에 불과한 노나라가 체를 지내는 것은 무슨 까닭인가? 체란 원래 천자만이 거행할 수 있는 것이 원칙이지만, 제후국인 노나라가 그것을 거행하는 것은 주 성왕|成王|이 자기 숙부인 주공|周公|의 노나라에서는 천자의 예를 써도 좋다는 특별한 허락이 있었기 때문이다.

그러나 이것은 주례를 범하는 특혜이며 공자 자신의 신념인 '경신이원지|敬神而遠之, 신을 공경하되 멀리함|'에 배반되는 일이었기에 못마땅하게 생각한 것이다. 다만 공자로서는 제후국의 하대부의 신분인 처지로서 그것을 따지는 것도 지나친 것이라고 생각하고 참고 있었으나 끝까지 제사를 참관하기에는 마음이 편치 않았던 것이다. 그래서 죽음의 벌을 무릅쓰고 중간에 퇴장한 것이다.

논어論語/팔일八佾 10

공자가 말했다.	子曰
"체|시조신을 합제하는 天祭|의 강신예가 끝나자마자	禘自旣灌[42]
내가 퇴장한 것은	而往者
그것을 더 이상 보고 싶지 않았기 때문이다."	吾不欲觀之矣.

예기論記/대전大傳

예에 의하면 천왕이 아니면 체제|禘祭|를 올리지 못한다.	禮不王不禘.
왕은 자기 조상이 나온 하늘제사|禘祭|에	王者禘其祖之所自出

42_ 灌=降神禮.

조상을 합사한다. 以其祖配之.
제후는 조상제사의 경우 태조까지만 올라간다. 諸侯及其太祖.

중용中庸/19장章

교사의 제례는 郊[43]社[44]之禮
천제와 지신을 섬기는 것이요, 所以事上帝地祇也
종묘의 예는 宗廟之禮
선조를 제사하는 것이다. 所以祀乎其先也
교제와 사제의 예와 체|禘|와 상|嘗|의 뜻에 밝다면, 明乎郊社之禮 禘嘗[45]之
나라를 다스리는 것은 손바닥 들여다보듯 쉬우리라. 治國其如示諸掌乎.

43_ 郊=天神祭.
44_ 社=地神祭.
45_ 嘗=秋祭로 四時祭를 總稱함.

4절 유물론과 인본주의

❀ 천기론은 소박한 유물론

1 소박한 유물론은 공자 이전부터 널리 퍼져 있었다. 서주 말에 이르자 세상이 어지러워지면서 천제|天帝|에 의문을 품기 시작한 때부터 유물론이 부상하였고 춘추시대에는 천명론을 위협할 정도로 관민에게 널리 유포되었던 것이다.

기원전 780년에 경기 지방에 지진이 일어났는데 주나라 대부 백양보|白陽父|는 "양기가 올바른 자리를 잃고 음기에 눌린 탓"이라고 설명했고|國語/周語上|, 기원전 644년에 송나라에 다섯 개의 운석이 떨어졌는데 이에 대해 대부 숙흥|叔興|은 "신의 진노가 아니라 음양조화의 자연현상일 뿐"이라고 말했다|左傳/僖公 十六年|. 이는 음양론이 지배계급에게도 널리 유포되고 있었음을 말해 주고 있다.

좌전左傳/희공僖公 16년[46]

희공 16년 봄에 송나라에 다섯 개의 운석이 떨어졌는데 이것은 운성隕星이다.	十六年春 隕石于宋五 隕星也.
그때 주나라 내사인 숙흥이 송나라를 방문하고 있었다.	周內史叔興聘于宋
송나라 양공襄公이 그에게 물었다.	宋襄公問焉曰
"이것은 무슨 징조요? 길흉이 어느 나라에 있겠소?"	是何祥也 吉凶焉在.
숙흥이 대답했다.	對曰
"근자에 노나라는 자주 대상이 있을 것이며	今玆魯多大喪.
명년에 제나라에는 난리가 있을 것입니다.	明年齊有亂.
군주께서는 장차 제후를 거느릴 것이나	君將得諸侯
오래 가지는 못할 것입니다."	而不終.
숙흥이 물러나 사람들에게	退而告人曰
양공이 실없는 질문을 한다고 투덜댔다.	君失問
"이것은 음양의 일일 뿐	是陰陽之事
길흉이 생기는 것은 아니다.	非吉凶所生也
길흉은 사람에 달린 것이다.	吉凶由人.
나는 군주를 감히 거역할 수 없어서 그렇게 말한 것뿐이다."	吾不敢逆君故也.

2 관자管子, BC 725?~645|는 인류 최초의 철학자라고 불리는 희랍의 탈레스|Thales, BC 624?~546?|보다 100여 년 앞서 만물의 본원을 물이라고 주장했으며, 천지의 근원은 기氣라고 말했다. 이처럼 천天은 인격신이 아니라 음양조화에 불과하다는 생각을 천기론天氣論이라고 말한다. 또한 우리가 잘 알고 있는 『주역』도 음양이기론陰陽二氣論을 기본으로 구성된 대칭구조를 설명한 것이다. 신이란 음양의 측량할 수 없는 조화를 지칭하는 것陰陽不測之謂神뿐이라는 『주역』의 명제는 바로 천기론을 말하고 있는 것이다. 이로써 전국시대에는 이미 천기론이 천명론을 압도하고 있었음을 알 수 있다.

46_ BC 644년.

관자管子/권14/수지水地
물은 무엇인가? 　　　　　　　　　　水者何也
만물의 본원이며 　　　　　　　　　萬物之本原也
모든 생명의 종실|宗室|이다. 　　　　諸生之宗室也.

관자管子/권1/승마乘馬
춘하추동 사시는 음양의 추이이며 　　春秋冬夏 陰陽之推移也
시절의 장단은 음양의 이용이며 　　　時之短長 陰陽之利用也
낮과 밤이 바뀌는 것은 음양의 조화다. 　日夜之易 陰陽之化也.

관자管子/권2/칠법七法
천지의 기운을 뿌리로 하여 추위와 더위의 조화와 　　根天地之氣 寒暑之和
물과 흙의 성품과 　　　　　　　　　水土之性
인민·조수·초목 등 만물을 낳는다. 　　人民鳥獸草木之生物.
비록 심히 아름답다고 할 수는 없어도 　人雖不甚多
모두가 평등하게 보유하여 　　　　　皆均有焉
변함이 없는 것을 일러 자연의 법칙이라 말한다. 　而未嘗變也 謂之則.

관자管子/권16/내업內業
무릇 물질의 정기란 이것이 곧 생명을 낳는 것이다. 　凡物之精 此則爲生.
아래로 오곡을 낳고 위로 별들을 벌여놓으며, 　下生五穀 上爲列星.
천지간에 흐르면 귀신이라 말하고 　　流於天地之間 謂之鬼神
흉중에 간직하면 성인이라 한다. 　　藏於胸中 謂之聖人.

3 전국시대의 기록인 『순자』와 『주역』에서는 천을 비인격적인 자연의 기로 보는 천기론을 주장한다. 한편 유가는 아니지만 순자|荀子, BC 298?~238?|에 앞서 노자|老子|도 천기론을 주장했다. 이러한 유물론은 훗날 후한의 왕충|王充, 27~97|의 원기자연론|元氣自然論|, 진|晋|대의 범진|范縝, 450~510|의 신멸론|神滅論|으로 이어진다. 이들은 신은 물질 밖의 어떤 존재거나 또는

정기와 같은 특수한 물질이 아니며 물질의 작용에 불과하다고 주장한 유물론자들이었다.

노자/42장

| 만물은 음기와 양기를 품어 | 萬物負陰而抱陽 |
| 혼륜한 기가 조화를 이룬 것이다. | 沖[47]氣以爲和. |

주역周易/설괘說卦/6장

| 신이란 무엇인가? | 神也者 |
| 만물의 생성작용을 이름 붙인 것이다. | 妙[48]萬物而爲言者也. |

주역周易/건괘乾卦

| 맑고 가벼운 것이 올라가 하늘이 된다. | 淸輕者 爲天. |

주역周易/설괘說卦/2장

하늘의 도를 세워 음과 양이라 하고	立天之道 曰陰與陽
땅의 도를 세워 강과 유라 하고	立地之道 曰柔與剛
사람의 도를 세워 인과 의라 한다.	立人之道 曰仁與義.

주역周易/계사繫辭 상上

| 음양은 측정할 수 없어 신이라 말한 것이다. | 陰陽不測之謂神. |

주역周易/건괘乾卦

| 하늘과 땅은 음양陰陽과 형기形氣의 실체다. | 天地者 陰陽形氣之實體也. |

47_ 沖=搖 虛也.
48_ 妙=成也, 생명의 탄생.

4 『서경』「홍범(洪範)」에 의하면 음양오행설은 기자(箕子)가 처음 말한 것으로 되어 있다. 그것이 전국시대에는 크게 유행했다. 특히 추연(鄒衍, BC 305~240)은 오행(五行)의 상승상극설(相勝相克說)로 역사발전법칙을 설명하는 이른바 오덕종시설(五德終始說)을 주장한 것으로 유명하다.

백호통의白虎通義/오행五行

오행이 어째서 왕을 바꾸는 원인이 되는가?	五行所以更王何.
오행은 서로 돌아가며 상생하므로	以其轉相生
시작과 끝이 있기 때문이다.	故有終始也.
목은 화를 낳고, 화는 토를 낳고, 토는 금을 낳고,	木生火 火生土 土生金
금은 수를 낳고, 수는 목을 낳는다.	金生水 水生木.
오행이 서로 상극하는 까닭은 천지의 본성이다.	五行所以相害者 天地之性.
많음이 적음을 이긴다. 그러므로 물은 불을 이긴다.	衆勝寡 故水勝火也
정밀함은 견고함을 이긴다. 그러므로 불이 쇠를 이긴다.	精勝堅 故火勝金
강한 것은 약한 것을 이긴다.	剛勝柔
그러므로 쇠가 나무를 이긴다.	故金勝木
전일한 것은 산만한 것을 이긴다.	專勝散
그러므로 나무는 흙을 이긴다.	故木勝土
실한 것은 허한 것을 이긴다.	實勝虛
그러므로 흙은 물을 이긴다.	故土勝水也.
불은 양이며 군주의 상이고,	火陽 君之象也
물은 음이고 신하의 의이다.	水陰 臣之義也.

사기史記/역서歷書

이때 유독 추연만이	是時獨有鄒衍
오덕의 전이를 밝혀	明於五德之傳
흥망성쇠를 분별할 수 있었다.	而散消息之分.
그는 제후들에게 역시 진나라에 의해	以顯諸侯
육국이 망할 것임을 제시해 주었다.	而亦因秦滅六國.
전쟁이 빈번한 것은	兵戈極煩

또한 지존이 오를 때가 얼마 남지 않음을 말한다고 했다.	又升至尊之日淺
결국 그의 예언대로 숨 돌릴 틈도 없이	未暇遑也
역시 오덕상승의 추이에 따라 육국이 넘겨졌다.	而亦頗推五勝.
진시황은 수덕의 상서로움을 얻었기 때문이라고 생각하고,	而自以爲獲水德之瑞
황허의 이름을 덕수로 고쳐 부르게 하고,	更名河曰德水
시월을 정월로 삼고, 흑색을 숭상하도록 했다.	而正以十月 色上黑.

천인분이설

1 천인분이설 |天人分異說|은 신을 부인하는 유물론은 아니지만 신이 있다고 해도 인간의 역사에 관여하지 않는다는 주장을 말한다. 이는 유신론과 유물론을 절충한 것으로 보여진다. 유교 교리로 굳어진 동중서의 종교적 천명론인 '천인감응설'|天人感應說|은 공맹의 천명론|天命論|을 근거로 한 것이지만, 그의 종교적 위학|讖緯儒學|이 민간신앙으로 득세하면 할수록 공자의 경학|經世治學|을 누르고 미신화되는 경향으로 흐른다. 이에 혁신적인 유가들이 위학을 억누르고 경학을 복원시키기 위해 '천인분이설'을 수용하여 천의 주재성|主宰性|을 거부하고 역사의 주인은 인간이라고 주장한다. 이것은 유교의 종교개혁을 예고하는 진원지가 되었다.

'천인분이설'의 시조는 관자와 자산|子産, ?-BC 522|이다. 일찍이 정|鄭|나라 자산은 "천도|天道|는 멀고 인도|人道|는 가까운 것이며 소급하는 것이 아니다"라고 말했다. 이것은 유물론적인 정기론|精氣論|에 영향을 받은 신관이라고 할 것이다.

좌전左傳/희공僖公 15년[49]

진晉 혜공惠公이 진秦의 볼모로 있을 때 한탄하며 말했다.	及惠公在秦 曰
"선왕께서 사소史蘇의 점괘를 따랐더라면	先君若從史蘇之占
이 지경이 되지는 않았을 것이다."	吾不及此.
한간韓簡이 모시고 있다가 말했다.	韓簡侍曰
"거북점은 상으로 나타내고, 주역점은 수로 나타냅니다.	龜象也 筮數也
만물이 태어나면 상이 있고,	物生而後象
상이 번성하니 수가 생겼습니다.	象而後滋 滋而後有數.
선대 군주의 패덕이 얼마나 많은데	先君之敗德 及可數乎.
사소의 점괘를 따랐던들 무슨 이익이 있었겠습니까?	史蘇是占 勿從何益.
『시경詩經』에 이르기를	詩曰
민중의 재앙은 하늘에서 내리는 것이 아니고	下民之孽[50] 匪降自天
앞에서는 알랑거리고	僔[51] 沓[52]背憎
뒤에서는 증오하는 귀인들 때문이다.	職競由人.[53]

좌전左傳/소공昭公 18년[54]

정나라 자산이 말했다.	子産曰
"천도는 멀고 인도는 가까운 것이며	天道遠人道邇
소급하는 것이 아니다.	非所及也
어찌 그것을 아는가?	何以知之.
거북을 구워서 천도를 안다고 하지만	龜焉知天道
이 역시 말이 많다 보면 혹시 맞을 때도 있지 않겠느냐?"	是亦多言矣 豈不或信.

49_ BC 645년.
50_ 孽=庶出 災也.
51_ 僔=恭敬也.
52_ 沓=合也.
53_ 詩經/小雅/節南山之什/十月之交 참조.
54_ BC 524년.

2 관자와 자산에 이어 장자│莊子, BC 369~289?│와 순자도 천│天│의 인격성을 제거하고 천을 자연으로 해석했다. 따라서 이들은 관자와 자산을 계승하여 천을 주재│主宰│의 신으로 보지 않는다. 즉 천은 자연법칙일 뿐 역사에 관여하지 않는다고 본 것이다. 이러한 관자와 순자의 '천인분이설'은 계속 전승된다. 당│唐│대에는 '천·인은 서로 미치지 않는다'는 '천인불상예설│天人不相預說│'을 주장한 유종원│柳宗元, 773~819│과 '천의 직능을 인이 할 수 없고 인의 직능을 천이 할 수 없다'는 '천인상승설│天人相勝說│을 주장한 유우석│劉禹錫, 772~842│으로 계승된다.

장자莊子/내편內篇/제물론齊物論
천은 만물을 총칭하는 말이다.　　　　　　　　　　天者萬物之總名也
천은 함이 없어도 저절로 그렇게 되는 것을 말할 뿐이다.　無爲爲之之謂天.

장자莊子/내편內篇/대종사大宗師
하늘은 사사로이 덮어주지 않고　　　　　　　　　　天無私覆
땅은 사사로이 실어주지 않는다.　　　　　　　　　　地無私載.
천지가 어찌 사사로이 나를 가난하게 하겠는가?　　　天地豈使貧我哉.

순자荀子/천론天論[55]
하늘은 사람이 추위를 싫어한다고 겨울을 거두지 않으며　天不爲人之惡寒也輟冬
땅은 사람이 먼 것을 싫어한다고 넓이를 줄이지 않는다.　地不爲人之惡遠也輟廣.
하늘은 변함없는 도를 운행하고　　　　　　　　　　天有常道矣
땅은 변함없는 도리를 행하고　　　　　　　　　　　地有常數矣
군자는 변함없이 그것을 체현할 뿐이다.　　　　　　君子有常體矣.

순자荀子/천론天論
하늘의 운행은 상도가 있을 뿐　　　　　　　　　　天行有常

55_ 天은 자연법.

요임금을 존속케 하고, 걸왕을 멸망케 하지 않는다.	不爲堯存 不爲桀亡.
상도에 따라 다스리면 흥하고	應之以治則吉
상도를 어지럽히면 흉하다.	應之以亂則凶.
산업을 힘쓰고 소비를 절검하면	彊本而節用
하늘도 가난하게 할 수 없고,	則天不能貧.
순리로 양생하고 때에 알맞게 행동하면	養備而動時
하늘도 병들게 할 수 없고,	則天不能病.
도를 따르고 배반하지 않으면	修[56]道而不貳[57]
하늘도 재앙을 내릴 수 없다.	則天不能禍.
그러므로 천과 인의 각각의 분수를 밝히면	故明於天人之分
지인이라 할 것이다.	則可謂至人矣.

순자荀子/천론天論

기우제를 지내면 비가 오는 것은 무슨 까닭인가?	雩[58]而雨何也
아무런 까닭이 없다.	曰 無何也
기우제를 지내지 않아도 비는 내리는 것이다.	猶不雩而雨也.
일식 월식을 하면 회복되기를 빌고	日月食而救之
가뭄이 들면 기우제를 지내듯이,	天旱而雩
점친 연후에 큰일을 결정하는 것은	卜筮然後決大事
그것으로 해결된다고 생각해서가 아니라,	非以爲得求也
문화로 정사를 꾸미는 것뿐이다.	以文之也.
그러므로 군자는 그것들을 문화로 생각하고,	故君子以爲文
백성들은 귀신의 신통력이라 생각한다.	而百姓以爲神.

56_ 修=循의 誤.
57_ 貳=倍也.
58_ 雩=夏祭樂於赤帝 以祈甘雨也.

신본에서 인본주의로

앞에서 살펴본 대로 유신론과 유물론을 타협한 천인분이설은 인본주의적 경향을 촉진시켰다. 여기서 인본주의라 함은 역사의 주인은 신이 아니라 인간이라는 사상적 경향을 말한다.

기원전 706년|左傳/桓公 六年| 수|隨|나라의 명신 계량|季梁|은 '백성은 신의 주인'이라고 주장한 바 있다. 기원전 662년에 주나라 태사 은|囂|은 "민을 따르면 나라가 흥하고, 신을 따르면 나라가 망한다"고 말했다. 이처럼 공자 이전부터 제사는 이미 신을 위한 것이 아니라 백성을 위한 것이 되어 있었다. 이러한 영향으로 공자도 '신을 공경하되 멀리하라'는 '경신원신|敬神遠神|'의 테제를 들고 나왔을 것이다.

서경書經/우서虞書/고도모皐陶謨[59]
하느님이 총명함은 우리 백성이 총명하기 때문이며   天聰明自我民聰明
하느님이 밝고 두려운 것은 백성이 밝고 두려운 것이다.   天明畏自我民明威.
하느님은 상하를 두루 살피시니 공경하라!   達于上下
땅을 가진 자들이여!   敬哉有土.

좌전左傳/환공桓公 6년
이른바 도란 민에게 충실하고   所謂道 忠於民
신에게 신실한 것을 말한다.   而信於神也.
무릇 민중은 신의 주인이다.   對曰 夫民 神之主也
그러므로 성인은 먼저 민중을 고르게 살게 한 연후에   是以聖王先成[60]民
신에게 치성을 드리는 것이다.   而後致力於神.

59_ 舜=BC 2285-攝政, 2255-卽位, 2208-死.
60_ 成=平也.

좌전左傳/**장공**莊公 32년[61]

국어國語/**주어**周語 상上

신이 내려와 신|莘|이라는 땅에 머문 지가 6개월이었다. 神居莘六月
곽나라 군주가 대축|大祝| 응|應|과 虢公使祝應
대종|大宗| 구|區|와, 태사|太史| 은|囂|을 시켜 제사를 올리고 宗區 史囂享焉
토지를 내려준다는 신탁을 받았다. 神賜之土田.
태사 은은 물러나서 말했다. "곽나라는 망할 것이다. 史囂曰 虢其亡乎
내 들은 바로는 나라가 흥하려면 민중에게 듣고 吾聞之 國將興 聽於民
나라가 망하려면 신에게 듣는다고 했다. 將亡 聽於神.
신은 총명하고 정직하며 한결같으니 神聰明正直而壹者也
사람에 의지하여 행한다. 依人而行.
곽나라는 덕이 박한데 어찌 땅을 얻을 수 있겠는가?" 虢多涼[62]德 其何土之能得.

61_ BC 662년.

62_ 涼=薄也.

5절 경신敬神하되 원신遠神하라

1 천제天帝에 대한 신앙과 권위가 추락하고 이에 따라 권력의 중앙인 천자의 통치행위인 제정이 문란했던 난세에 공자는 어떤 정책적 대안을 가지고 있었는가?

공자는 우임금에 대해 말하면서 그는 귀신에게 효를 다했다고 찬양한다. 그리고 번지樊遲가 지혜를 물었을 때 「옹야雍也」편에서는 "귀신을 공경하되 멀리하라敬神而遠之!"고 대답했고, 「안연顏淵」편에서는 "지인知人"이라고 대답했다. 언뜻 생각하면 공자의 대답이 모순된 것 같다. 그러나 '원신'과 '지인'은 공자의 제정에 대한 정책 대안이었던 것이다. 첫째, 신을 공경하되 인간을 우선하라는 인본주의를 말한 것이며, 둘째, 신을 공경하되 제사장인 천자 외에 제후와 사대부와 민중은 신을 멀리하라는 뜻이다.

공자에게 천은 천자에게 천명을 내려주는 최고의 신이었다. 그러므로 천제天祭는 천자만이 주관할 수 있었고 민중은 물론 제후에게도 금기의 대상이었기 때문이다.

【경신원신 敬神遠神】
논어論語/옹야雍也 20

번지가 지혜에 대해 묻자 공자가 말했다.
"민중의 뜻을 이루고자 힘쓰고
귀신을 공경하되 멀리하면
가히 지혜롭다고 할 것이다."

樊遲問知 子曰
務民之義
敬鬼神而遠之
可謂知矣.

【지인 知人】
논어論語/안연顏淵 22

번지가 인을 묻자 공자는
"애인"이라고 말했다.
번지가 지혜를 묻자 공자는
"지인"이라고 말했다.

樊遲問仁
子曰 愛人樊遲問仁.
問知
子曰 知人.

2 공자는 그 누구보다 주례周禮의 전문가며 따라서 제정祭政에 정통한 전문가였다. 그는 하례夏禮·은례殷禮·주례를 깊이 연구했고 그 장단점을 면밀히 고찰한 결과 '경신원신'을 제정의 정책 대안으로 제시한 것이다. 이것은 춘추시대의 사상적 혼돈 속에서 선왕들의 천인감응설과 당시에 새로 일어나는 유물론적 경향과 인본주의적 주장들을 종합한 것으로 볼 수 있다. 즉 '경신'은 전통적인 하느님 신앙을 계승한 것이고, '원신'은 유물론과 인본주의에 대한 응답이었다. 이에 대한 자세한 설명은 『예기』에 나와 있다. 이를 간단히 요약하면 다음과 같다.

【하례 夏禮】
예기禮記/표기表記

공자가 말했다.
"하나라의 도는 천명을 존중하고 귀신을 섬겼으니,
신을 공경하되 멀리했고
사람을 가까이하고 충실했다.

子曰
夏道 尊命事鬼.
敬神而遠之
近人而忠焉

그러나 녹을 앞세우고 위엄을 뒤로 했고	先祿而後威
상을 앞세우고 벌을 뒤로 했다.	先賞而後罰
이처럼 백성을 사랑했으나 군왕을 존중하지 않았으므로	親而不尊
백성들이 교화되지 못하여 어리석고 준동하며	其民之敝 惷[63]而愚
교만하고 조야하여 소박할 뿐 문체가 없었다."	喬而野 朴而不文.

【 은례殷禮 】

예기禮記/표기表記

은의 왕실은 신을 높이기만 하여	殷人尊神
백성을 통솔하여 신을 섬기도록 했다.	率民以事神.
귀신을 앞세우고 예를 뒤로 했고	先鬼而後禮
벌을 앞세우고 상을 뒤로 했다.	先罰而後賞
이처럼 군왕을 존중했으나 백성을 사랑하지 않았으므로	尊而不親.
백성들이 교화되지 못하여	其民之敝
방탕해도 안정시킬 수 없었고	蕩而不靜
형벌을 면하려 할 뿐 부끄러워하지 않게 되었다.	勝而無恥.

【 주례周禮 】

예기禮記/표기表記

주나라 지배자들은	周人
예를 높이고, 베푸는 것을 숭상하며 귀신을 섬겼다.	尊禮尙施事鬼
신을 공경하되 멀리했으며	敬神而遠之
사람을 가까이하고 충실했다.	近人而忠焉
그러나 상벌로 작위와 서열을 정했고	其賞罰用爵列
백성을 사랑했지만 군왕을 존중하지 않았으므로	親而不尊.
백성들이 교화되지 못하여 이를 쫓고 거짓되며	其民之敝 利而巧[64]
꾸미는 것만 알고 부끄러운 줄 몰랐으며	文[65]而不慚

63_ 惷=蔽 弊也, 政教가 쇠하여 蔽塞됨.
64_ 巧=僞.
65_ 文=飾.

서로 해치고 미개했다. 賊而蔽.

그의 결론은 하·은·주 3대의 정치는 존명|尊命|→존신|尊神|→존례|尊禮|로 변천되었다고 분석했다. 그 결과 하|夏|는 존명|尊命| 사귀|事鬼|하여 정교|政教|가 부족해 조야했으며, 은|殷|은 선귀|先鬼| 후예|後禮|하여 친민|親民|의 예가 부족했으며, 주|周|는 존례|尊禮| 상시|尙施|하여 신을 통창함이 부족했다고 진단했다. 공자는 그 대안으로 신을 공경하되 민을 우선하며, 신|神|과 예|禮|와 문|文|을 조화롭게 창달해야 한다고 주장한 것이다. 『논어』와 『예기』는 그것을 한 마디로 요약하여 "경신이원지|敬神而遠之|"라고 말한 것이다.

【평가】

예기|禮記|/표기|表記|

하나라 도는 정명과 교화를 통창하지 않았으므로	子曰 夏道未瀆辭[66]
순종을 요구하지 않고,	不求備[67]
백성에게 크게 요구하지 않았으므로	不大望於民
백성들이 친애함을 싫어하지 않았다.	民未厭其親.
은나라는 예를 통창하지 않으면서	殷人未瀆禮
백성들에게 도에 순종하기를 요구했다.	而求備於民.
주나라는 민을 권면하되 신을 통창하지 않았으므로	周人强民未瀆[68]神
상작과 형벌이 궁해진 것이다.	而賞爵刑罰窮矣.

66_ 辭=令也, 政教.
67_ 備=愼, 無所不順者.
68_ 瀆=溝→注溝→通也.

6절 지신地神 · 농신農神 · 여신女神

❈ 지신

우리 조상들은 하느님만을 단일신으로 믿은 것은 아니다. 천신[天神]은 생명이 나온 곳으로 보았고, 지신[地神]은 생명이 돌아가는 곳으로 보았고, 곡신은 곡식의 정령으로 보았고, 농신은 농사의 흉풍을 주관하는 곳으로 보았다. 그런데 중화문화권에서는 지신과 곡신을 함께 제사하는 사직단[社稷壇]이 발달했다. 해가 가장 짧은 동지에 천신을 제사하고, 해가 가장 긴 하지에 지신을 제사한 것은 음양사상의 조화를 표현하는 것으로 이해된다.

【 지신당 地神堂 】

예기禮記/제법祭法

천자는 여러 씨족을 위해 세운 지신당을 대사라 하고,	王爲群姓立社 曰大社.
천자가 자기 땅을 위해 세운 지신당은 왕사라 한다.	王自爲立社曰王社.

제후가 나라 안의 여러 씨족을 위해 세운 지신당은 국사라 하고,	諸侯爲百姓立社 日國社.
제후 자신의 땅을 위해 세운 지신당은 후사라 한다.	諸侯自爲立社曰候社.
대부 이하의 가문이 무리지어 세운 지신당은 치사라 한다.	大夫以下成群立社 曰置社.

【 지신 제사법 】

예기禮記/제법祭法

태단에서 나뭇단 위에 옥과 희생을 굽는 연기를 피우는 것은 하늘에 제사하는 법이요,	燔柴於泰壇 祭天也
태절네모진 方丘에 비단과 희생을 묻는 것은 지신에게 제사하는 법이다.	埋於泰折 地也.

우리 조상들의 농신으로는 고수레의 주인공인 고시씨高矢氏와 풍년을 기원하는 전농단典農壇의 주인공인 신농씨神農氏가 있는데 중국에서는 자전藉田행사의 제관인 후직씨后稷氏가 있다. 이들은 모두 농업을 관장하던 관직 명칭이기도 했다. 연말 섣달에는 신농씨를 주신으로 제사하는 사제蜡祭가 열리는데 왕을 제주祭主로 제관은 사씨이며, 정월 춘분에는 백관과 제후가 모두 참여한 가운데 왕이 직접 밭을 가는 자전 행사가 열리는데 왕을 제주로 제관은 후직이다. 다음 예문은 천자가 몸소 쟁기를 잡고 밭을 가는 이른바 자전의식을 설명한 것인데 3천 년 전의 기사인데도 꽤나 과학적이다. 이로써 천기와 지기를 관찰하고 역법을 만든 것은 천하의 대본인 농사를 위한 것이며 이를 통해 과학기술이 점차 발전되었음을 알 수 있다.

국어國語/주어周語 상上

주나라 선왕宣王이 즉위하자	宣王卽位[69]

---

[69] BC 827년.

천자가 직접 경작을 시작하는 자전 의식을 행하지 않았다.	不藉千畝.
이에 주 문왕의 아우인 괵나라 문공이 간언했다.	虢文公諫曰
"옳지 않은 처사입니다.	不可.
백성들의 대사는 농사입니다.	夫民之大事在農
상제에게 올릴 제수도 여기서 나오며	上帝之粢盛于是乎出.
민이 번성하는 것도 여기서 나오고	民之蕃庶于是乎生.
나라의 재정도 여기에 달려 있고	事之供給于是乎在
화목하고 협력하는 것도 여기서 일어나고	和協輯睦于是乎興.
재물이 불어나는 것도 여기서 시작되며	財用蕃殖于是乎始.
순박하고 돈독한 풍속도 여기서 이루어집니다.	敦厖純固于是乎成.
그래서 농업을 관장하는 후직을 높은	是故稷
관직으로 삼는 것입니다."	爲大官.

"예로부터 태사를 두어	古者 太史
계절의 변화와 땅의 상황을 세밀히 관찰했습니다.	順時覛土.
양의 기운이 상승하고 상기가 떨쳐 일어나며	陽癉憤盈 土氣震發
농사철의 별자리인 방숙이 새벽하늘의 중앙에 오고	農祥晨正
해와 달이 실숙의 아래에 나타나는 정월이면	日月底于天廟
땅의 맥박이 드러납니다."	土乃脈發
자전|藉田|70 9일 전에는	先時九日
태사가 후직에게 보고하여 아뢰기를,	太史告稷曰
"지금부터 입춘까지는	自今至于初吉
양의 기운이 상승하고 땅의 기운이 윤택해집니다.	陽氣俱蒸 土膏其動
만약 토기가 진작되지 않으면 지맥이 죽어	不震不渝 脈其滿眚
음수가 많아져서 번식할 수 없습니다."	谷71乃不殖.

70_ 禮記 / 月令 : 천자가 쟁기와 따비를 잡고 삼공 제후 대부를 이끌고 천자의 몸소 자전을 경작하는 의식이다.
　　漢書 : 농사는 천하의 가장 큰 근본이다. 藉田을 열어 천자가 몸소 경작하여 종묘 제사의 제수를 공급한다.
　　康熙字典 : 자전은 천자가 몸소 경작하는 밭이다. 농사를 권장하려는 목적이다.
71_ 谷=水相屬.

사제

사제|蜡祭|란 한 해를 마감하는 연말에 새해 새 곡식을 맞기 위해 농신과 곡신 그리고 권농관 등 기타 농사에 도움을 주는 이른바 팔신|八神|에 보답하는 대제|大祭|다. 그 명칭은 하나라 때는 청사|淸祀|, 은나라 때는 가평|嘉平|, 주나라 때는 사제|蜡祭|, 진나라 때는 납제|臘祭|라고 불렀다. 청|淸|은 땅을 정화하는 청소의 뜻이며, '사|蜡|'는 죽은 동물을 분해하여 정화하는 구더기라는 뜻이며, '납|臘|'은 물고기를 썩지 않고 저장하기 위해 절인다는 뜻이다. 이는 묵은 것은 썩어서 땅으로 돌아가 거름이 되라는 뜻으로 고대로부터 관청에서 자연보호운동을 한 셈이다. 또한 사제의 제사 대상인 팔신의 면면을 보노라면 옛날부터 우리 조상들은 천신·지신·조상신 외에도 만물 만사에 신성이 있다는 범신론적 신관을 가지고 있었음을 다시금 확인할 수 있다.

〖 사제의 8신 〗[72]

예기禮記/**교특성**郊特牲

천자는 팔신을 제사하는 대사제|大蜡祭|를 올린다.	天子大蜡[73]八
이기|伊耆|씨는 사씨로부터 비롯되었다.	伊耆氏[74]始爲蜡.
사씨는 은나라 7족 중에 일족인 색씨이다.	蜡也者索[75]也.
폐장|閉藏|의 달인 섣달에는	歲十二月
만물이 귀근본명|歸根復命|하는데	合聚萬物而索[76]

72_ 『集說』에 따르면 팔신은 다음과 같다 : 1. 先嗇(神農氏), 2. 司嗇(后稷의 官吏), 3. 農(田畯), 4. 郵(田畯의 幕舍) 表(標識) 畷(農路), 5. 猫(쥐를 잡는 고양이) 虎(맷돼지를 잡는 호랑이), 6. 坊(堤防), 7. 水庸(水路), 8. 곤충(農害虫).

73_ 蜡=禮記 注:周官 掌除骶, 字典:蜡氏 周官名(周禮/秋官/序官) 注:蜡 骨肉腐臭所蜡也(蠅蛆) 月令曰 掩骼埋骶 此官之職也.

74_ 尹耆氏=周禮/秋官/序官 注:古王者號 始爲蜡以息老物.

75_ 索=姓氏 殷民七族有索氏.

76_ 索=大繩也.

팔신의 공적과 귀근을 송영하는 제사를 올린다.	饗之也.
사제란 선색|神農氏|을 주신으로 모시고	蜡之祭也 主先嗇
사색|后稷氏|을 제사하고	而祭司嗇也
아울러 백곡|百穀| 신들을 제사하여	祭百種
농사의 공로를 보답하는 것이다.	以報嗇也.

다음 「예운\|禮運\|」편의 글은 천자만이 지낼 수 있는 연말 대제인 사제를 노나라 군주가 주관하자 공자가 못마땅해하고 개탄했다는 기록이다. 이는 앞서 언급한 공자가 사제 도중에 퇴장한 사건과 같은 맥락이다.

【노나라의 사제】

예기\|禮記\|/예운\|禮運\|

지난날 공자가 노나라 사제에 빈객으로 참여했다.	昔者仲尼與於蜡賓.
일을 마치고 나와 누대에 올라 쉴 때	事畢 出遊於觀之上
한숨을 쉬며 탄식했다.	喟然而嘆.[77]

❀ 고수레

『논어』 「향당\|鄕黨\|」에 의하면 공자가 식사를 하기 전에 반드시 '과제\|瓜祭\|' 또는 군제\|君祭\|를 했다고 하는데 그것이 무슨 제사인지 아직 밝혀지지 않았다. 나는 '고수레'로 번역했다. 밥을 먹기 전에 먼저 제를 올린다는 것은 우리 농촌의 '고수레'와 비슷하기 때문이다. 주자는 이에 대해 선대에 음식을 만든 사람들을 기리기 위한 것이라고 해석했다. 그러나 구체적으로 누구를 제사하는 것인지는 밝히지 않았지만, 필자는 공자의 과제\|瓜祭\|

---

[77] 공자가 개탄한 이유는 사제는 성인인 천자만이 지낼 수 있는 제사인데, 제후국인 노나라에서 거행했기 때문이다.

는 주|周|의 시조이며 곡식을 주관했던 후직일 것으로 추측할 뿐이다.

〖공자의 고수레〗
논어論語/향당鄕黨 8
공자께서는 비록 간소한 식사와 나물국뿐이라도 　　　雖疏食菜羹
고제를 하여 반드시 재계하듯 했다. 　　　　　　　瓜[78]祭 必齋如也.

〖군주의 고수레〗
논어論語/향당鄕黨 13
군주를 모시고 식사를 할 때는 　　　　　　　　　侍食於君
군주가 제|고수레|를 올린 후 먼저 시식을 했다. 　　　君祭先飯.

　　'고수레'의 풍속은 지금도 우리나라 농촌에서는 행해지고 있는데 들밥을 먹기 전에 밥과 음식을 조금 떠서 깨끗한 짚자리에 올려놓거나 풀숲에 뿌려주는 의식을 말한다. 고려와 조선시대에는 동대문 밖 보제원|普濟院|의 전농단|典農壇|에서 왕이 주관하여 풍년을 기원하며 농사를 처음 가르쳤다는 신농씨에게 제사했는데 이때 희생으로 쓴 소를 삶아 회중들이 나누어 먹은 것이 선농탕|膳農湯| 즉 오늘날 '설렁탕'이다. 그리고 제사 때 쓴 고기나 기타 제수|祭羞|를 친척들과 이웃에 고루 나누어 주었는데 이것을 선물|膳物|이라 했다. '선|膳|'이란 글자는 '제사 지낸 음식'이란 뜻으로 희생으로 바친 고기를 말한다. 지금도 '선물'이라는 말은 남아 있지만 그 어원의 본뜻은 잊혀지고, '뇌물'이라는 뜻으로 비하되고 있다.
　　고수레도 이와 비슷한 것으로 보여진다. 전해지는 말로는 조선의 농신 '고시|高矢|'를 기리는 제사라고 한다. 그러나 그 본뜻은 잊어버리고 거지와 날짐승 들짐승에게 음식을 제공하는 의식으로 행해지고 있다. 어찌 되

78_ 瓜=魯論에서는 必로 됨.
　　朱注:古人飲食 每種各出小許 置之豆間之地. 以祭先代始爲飲食之人. 不忘本也.

었건 제사는 이처럼 귀신의 은덕을 빌려 이웃과 굶주린 사람에게 음식을 내려주는 '하혜지도 |下惠之道|' 였다는 것을 재삼 확인시켜 주고 있다.

'고수레' 라는 풍습의 근원을 고증할 길은 없으나 다만 고려 초에 기록된 고기|古記|에 '고시' 에 관한 주목되는 기록이 있다. 이에 의하면 고시는 한웅 천황의 곡식을 담당하는 신하였다가 뒤에 단군이 되었으며, 염제|炎帝| 신농씨는 그의 방계 자손이라는 것이다.[79] 중국의 역사책인 『국어|國語|』에도 같은 기록이 있다. 그리고 단군왕검의 곡식 담당 신하도 그 이름이 '고시' 라고 기록되어 있다.[80] 이로 보면 '고시' 는 곡식을 담당하는 관직 명칭이고 그것을 성씨로 삼은 것임을 알 수 있다. 한편 사마천|司馬遷, BC 145?~86?|의 『사기|史記|』에는 중국의 시조인 황제|黃帝| 헌원씨|軒轅氏|가 소전의 아들이라고 기록하고 있다.[81] 이를 종합해 보면 염제 신농씨나 황제 헌원씨는 모두 고시 단군의 후손이 된다.

❀ 여왜

동양에서는 풍요의 신으로 천신과 함께 지신과 곡신을 숭배했지만, 여신 숭배는 서양처럼 일반적인 현상이 아니었다. 그렇지만 『노자|老子|』와 『장자|莊子|』를 읽은 독자라면 알 수 있듯이 범신론적인 남방문화에서는 곡신과 여신이 친근한 신이다. 반면 공자는 제정|祭政|에만 관심이 있을 뿐 여신과 풍요의 신은 물론이고 신 자체에 대해 전혀 언급하려 하지 않는다.

중국의 대표적인 여신은 여왜|女媧|인데 풍요의 신이 아니라 인간과 만

79_ 桓檀古記 / 神市本紀 第三.
80_ 桓檀古記 / 三聖記 上.
81_ 史記 / 五帝本紀 第一.

물을 창조한 신이다. 그러나 여왜신화는 창조주인 천제 신앙과는 전혀 상반되는 돌출적인 것이다. 아마 이는 중국의 주류문화가 아닌 남방 난생신화 계열의 소산일 것이다. 굴원|屈原, BC 343?~278?|의 시 〈천문|天問|〉, 유안|劉安, BC 179?~122|이 지은 『회남자|淮南子|』[82], 곽박|郭璞, BC 276~324|이 지은 『산해경|山海經|』[83], 사마천이 지은 『사기』[84], 『풍속통의|風俗通義|』, 『형초세시기|荊楚世時記|』, 『자전』 등에 언급되고 있는데 그 내용을 종합하면 다음과 같다.

【 여왜의 천지창조 】

여왜는 여신으로 사람 얼굴에 뱀의 몸을 가졌으며,
그녀는 하루에 70번을 변하며 생황을 만들어 불고 있다.
그녀는 만물을 지었는데, 그것만으로는 너무 쓸쓸하여
7일째 되는 날에 황토를 빚어 사람을 만들었는데
너무 더디어 새끼를 진흙탕에 넣었다 뿌리면 모두 사람이 되었다.
황토를 빚어 만든 사람은 부귀하고 새끼를 뿌려 만든 사람은 비천했으며,
스스로 태호|太昊|복희씨|伏羲氏|와 결혼했고, 혼인의 제도를 만들어 번성하게 했다.
그러나 수신|水神| 공공|共工|과 화신|火神| 축융|祝融|이 서로 싸워 하늘이 무너지자
산에는 불이 나고 들에는 대홍수가 나서 사람이 살 수 없게 되었다.
여왜는 오색 돌을 구워 하늘을 깁고, 큰 자라의 발을 잘라 사극을 받치고,
검은 용을 잡아 기주 땅을 건지고, 갈대 재를 쌓아 큰물을 잦아들게 하였다.
이에 땅이 태평해지고 사나운 짐승과 벌레들이 죽으니
사람이 살 수 있게 되었다.

우리는 여기서 창조주 천제 신앙과는 전혀 이단적인 창조주 여왜신화가 평화롭게 공존하는 중국 문화의 다원성에 주목하지 않을 수 없다. 이로써 중국 문명이 본래 북방의 수렵 또는 유목민족의 천신하강신화 문화

82_ 覽冥訓.
83_ 海經 / 大荒西經.
84_ 補史記 / 三皇本紀.

와 남방의 어렵 또는 농경민족의 난생신화 문화가 교합되어 있음을 다시 확인할 수 있다. 여신 여왜신화는 물과 흙을 숭상하는 난생신화 계열로 노장이 말한 암컷과 그 생식기를 상징하는 곡신[谷神]과도 연결될 것이다.[85] 물론 노자의 곡신은 생명의 시원으로서 도의 상징물일 뿐 인격신으로 숭배된 것은 아니지만 그러한 비주류의 모태회귀 사상과 문화 토양에서 여왜신화가 탄생했을 것이다.

---

[85] 老子/六章.

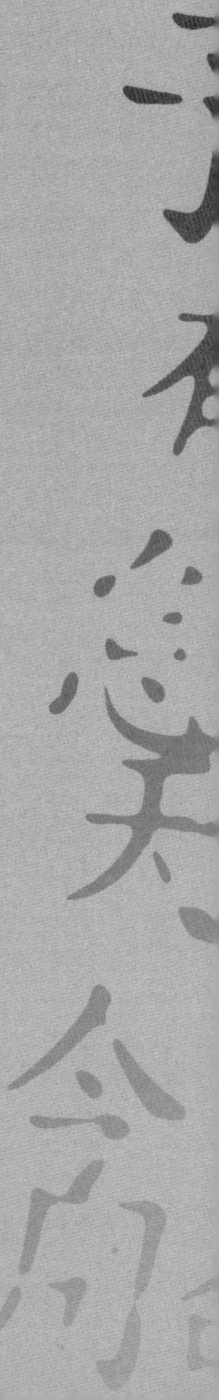

제2장

묵자의 해방신
하느님

1절 묵자는 누구인가?

❀ 진보노동주의 시조

1 춘추전국시대의 제자백가를 총칭할 때는 의례 '공묵孔墨' 등 제자백가'라고 말할 정도로, 묵자는 공자와 더불어 당시 천하를 양분하는 현달한 학문 가문을 이루었다.

그런데도 사마천의 『사기』에는 열전도 없으며 다만 「맹자순경열전孟子荀卿列傳」 끝머리에 스물네 글자로 짤막하게 언급하고 있을 뿐이다. 이처럼 묵자는 역사의 그늘에 묻혀 있는 신비한 존재이며 그 활동 또한 반전운동가, 절용운동가라는 낯선 칭호가 말해 주듯 혁명적인 사상가였다.

사기史記/맹자순경열전孟子荀卿列傳

묵자는 송나라 대부로	蓋墨翟 宋之大夫
방어전에 능했으며 절용을 실천했다.	善守禦 爲節用
혹은 공자와 동시대라 하고	或曰竝孔子時

혹은 그 후라고도 한다. 或曰在其後.

맹자孟子/등문공滕文公 하下[1]

양자楊子와 묵자의 말이 천하에 가득하여 楊朱墨子之言盈
천하의 언론은 天下之言
양주로 돌아가지 않으면 묵자로 돌아간다. 不歸楊則歸墨.

한비자韓非子/팔설八說[2]

양자와 묵자는 楊朱墨翟
천하의 밝은 학문으로써 天下之所謂察也
난세를 종식시키려 했지만 끝내 해결하지 못했다. 干世亂而卒不決.
아쉽게도 그것이 정책으로 채택되지 못했기 때문이다. 雖察 而不可以爲 官職之令.

회남자淮南子/주술훈主術訓

공자와 묵자는 선왕의 도술을 닦고 孔丘墨翟脩先王之術
육예의 이론을 통달하여 通六藝之論
입으로는 선왕의 말을 하고 口道其言
몸으로는 성왕의 뜻을 실천했다. 身行其志
그들의 뜻을 사모하고 慕義從風
기풍을 따르며 복역한 자는 而爲之服役者
수십 인에 지나지 않았으나, 不過數十人
명성은 천자의 지위를 누렸고 使居天子之位
천하를 두루 유·묵에 기울게 했다. 則天下徧爲儒墨矣.

그러나 묵자는 아직까지 독자들에게 낯선 사상가로 남아 있다. 우선 묵자의 특징을 요약하면 대충 네 가지로 말할 수 있다.

첫째, 묵자는 민중의 하느님, 평화의 하느님을 말했다. 동서양을 막론

1_ 孟子, BC 372?~BC 289?.
2_ 韓非, BC 280?~233.

하고 신들은 자연신 말고는 대체로 부족신으로 출발했고 전쟁영웅이거나 죽음·파괴·징벌 등 강력한 힘을 가진 무신이었다. 그리고 자기들의 부족신이 다른 부족신보다 우월하다고 믿었다. 아마도 인류가 발명한 보편적 신으로서 보잘것없는 자들의 해방과 평화의 하느님을 말한 것은 묵자가 처음이며 그다음은 예수일 것이다.

둘째, 그는 동이족의 목수 출신으로 협객집단을 만들어 조직적으로 반전운동을 한 인류 최초의 반전평화운동가였다.

셋째, 그는 인간만이 노동을 하는 존재임을 천명하고 노동의 결과물을 그 본래 목적을 일탈하여 전쟁·호화 장례·호화 음악 등 파괴적으로 낭비되는 초과소비 문화를 반대하는 절용문화운동을 전개한 사회노동운동가였다. 특히 그는 노동계급 출신으로 노동자를 조직하여 스스로 노동을 하며 전쟁과 후장 등 초과소비를 반대하는 재야운동가였다. 그래서 순자는 그를 '노동자의 도'라고 비판했다.

【 노동하는 동물 】

묵자墨子/비악非樂 상上

하늘에 나는 새와 들에 뛰노는	今之 禽獸麋鹿
짐승과 나비들과 곤충을 보라!	蜚鳥貞蟲.
그것들은 털로 의복을 삼고,	因其羽毛以爲衣裘
발굽으로 신발을 삼고, 수초로 음식을 삼는다.	因其蹄蚤以爲絝屨
그러므로 수놈이 밭 갈고 씨 뿌리지 않고	故唯使雄不耕稼樹藝
암놈이 실 잣고 길쌈하지 않아도	雌亦不紡績織紝
먹고 입을 것을 모두 하늘이 마련해 주었다.	衣食之財固已具矣.
그러나 사람은 다른 짐승들과는 달리	今人與此異者也
노동을 해야만 살아갈 수 있으며	賴其力者生
노동을 하지 않으면 살아갈 수 없는 존재이다.	不賴其力者不生.

【노동자의 도】

순자荀子/왕패王覇

크게는 천하를 소유하고	大有天下
작게는 일국을 소유한 군왕이	小有一國
반드시 스스로 다스려야 옳다면,	必自爲之然後可
그 노고와 소모가 너무도 심할 것이다.	則勞苦耗領莫甚焉.
그렇다면 노비라도	如是 則雖臧獲不肯
천자의 권세와 바꾸려 하지 않을 것이다.	與天子易勢業.
이처럼 천하를 돌보고 사해를 가지런히 하는 일을	以是縣³天下一四海
무엇 때문에 반드시 스스로 하겠는가?	何故必自爲之
그렇게 하는 것은 노동자의 도이며	爲之者 役夫之道也
묵자의 학설이다.	墨子之說也.

【우임금의 도】

장자莊子/잡편雜篇/천하天下

묵자는 도에 대해 말하기를,	墨子稱道曰
옛날 우임금이 홍수를 막기 위해	昔者禹之湮⁴洪水
양쯔강과 황허를 다스려	決⁵江河
사이와 구주를 통하게 했다.	而通四夷九州也
우임금은 손수 삼태기와 따비를 들고	禹親自操橐耜⁶
천하의 하천을 뚫어 대천으로 모이도록 했다.	而九⁷雜⁸天下之川
정강이와 장단지에 털이 다 달았으며	腓無胈 脛無毛
소낙비에 목욕하고 사나운 바람에 빗질하며	沐甚雨櫛疾風
만국을 안정시켰다.	置萬國.
위대한 성인이신 우임금도	禹大聖也

3_ 縣=稱, 錘也, 視也.
4_ 湮=塞也.
5_ 決=開也, 理也.
6_ 橐耜=자루와 따비.
7_ 九=本作鳩, 聚也.
8_ 雜=會也.

이처럼 천하를 위해 육체노동을 하셨다.	而形勞天下也如此.
후세의 묵가들이 이에 고무되어	使後世之墨者多
털가죽과 칡베옷을 입고 나막신과 짚신을 신고	以裘褐爲衣 以跂蹻⁹爲服
밤낮으로 쉬지 않고	日夜不休
스스로 수고하는 것을 도로 삼았다.	以自苦爲極
또 이르기를 그러므로 이처럼 할 수 없다면	曰 不能如此
우임금의 도가 아니며 묵가가 될 수 없다.	非禹之道也 不足爲墨.

〖절용문화운동〗

회남자淮南子/요약훈要略訓

묵자는 본래 유자의 직업을 배우고	墨子學儒者之業
공자의 학술을 이어받았으나,	受孔子之術
그들의 예가 번잡하다고 생각했고,	以爲其禮煩擾
후한 장례와 재물의 낭비로	而不悅厚葬靡財
백성을 가난하게 하고	而貧民
오랜 복상으로 생명을 상하고	久服傷生
생업 해침을 좋지 않게 생각하여,	而害事.
주례를 버리고 하례를 수용했다.	故背周道而用夏政
우임금 때 천하의 대홍수를 만나	禹之時 天下大水
임금이 몸소 삼태기와 가래를 들고	禹身執虆臿¹⁰
백성을 위해 앞장섰다.	以爲民先
그로부터 재물을 절용하고	故絶財
간소한 장례와 복장의 기풍이 생긴 것이다.	薄葬閑服生焉.

넷째, 그는 과학과 논리학, 경제학을 말한 선구자다. 특히 그의 초과소비론|超過消費論|과 가격론|價格論|은 지금도 유효한 선각자적인 발견이다. 그는 전쟁과 호화로운 음악과 장례를 재화의 본래 목적을 일탈한 초과소비로

9_ 跂蹻=木曰跂 草曰蹻.
10_ 虆臿=삼태기와 가래.

규정했다.

〖가격론〗

묵자墨子/**경**經·**경설**經說 하下/상上

물건을 사는 것은 값이 비싸지 않은 때다.	買無貴.
반대의 경우는 물건을 판다.	說在反其賣.
가격이 맞으면 매매가 이루어진다.	賈宜 則售.
이것은 수요와 공급이 합치된 것을 의미한다.	說在盡
매매 가격은	買
돈과 물건이 서로의 값을 매기는 것을 의미한다.	刀糴相爲價.
돈의 값이 떨어지면 물건이 귀하지 않고,	刀輕則 糴不貴
돈 값이 올라가면 물건이 교역되지 않는다.	刀重則 糴不易.
법화의 가치가 변하지 않더라도	王刀無變
물건 값이 변할 수 있다.	糴有變.
풍년 또는 흉년에 따라 물건 공급이 변화되고	歲變糴
그것이 화폐 가치를 변화시키는 것이다.	則歲變刀
자전[11]을 팔고 모전[12]을 사는 것과 같다.	若鬻子.

〖절용節用〗

묵자墨子/**대취**大取

옛사람이 아는 절약은	昔之知嗇
오늘날 내가 깨달은 절용은 아니다.	非今日之知嗇[13]也.

〖초과소비론〗

묵자墨子/**절용**節用 상上

의복을 만드는 목적은 무엇인가?	其爲衣裘何以爲
무릇 옷을 만드는 도리는	凡爲衣裳之道

11_ 軟貨, 동전.
12_ 硬貨, 금화.
13_ 嗇=多入而少出.

겨울에는 따듯하게 해주고	冬加溫
여름에는 시원하게 해주는 것으로 그치며	夏加淸者 則止
그것에 보탬이 되지 않는 것은 버려야 한다.	不加者去之.
집을 짓는 목적은 무엇인가?	其爲宮室何以爲
겨울에는 추운 바람을 막고	冬以圉風寒
여름에는 더위와 비를 막고	夏以圉暑雨
또한 도적을 막기 위함이다.	有圉盜賊
그것으로 그치며	則止
그것에 보탬이 되지 않는 것은 버려야 한다.	不加者去之.
갑옷과 병기를 만드는 목적은 무엇인가?	其爲甲盾五兵何以爲
도적과 외적의 침입을 막기 위한 것이다.	以圉寇亂盜賊
그것으로 그치며	則止
그것에 보탬이 되지 않는 것은 버려야 한다.	不加者去之.
배와 수레를 만드는 목적은 무엇인가?	其爲舟車何以爲
수레는 언덕과 육지를 오가며	車以行陵陸
배는 골짜기 냇물을 다님으로써	舟以行川谷
사방을 통행하는 편리함에 그 목적이 있다.	以通四方之利
그것으로 그치고	則止
그것에 보탬이 되지 않는 것은 버려야 한다.	不加者去之.
대저 재화를 생산하는 도리는	凡其爲此物也
생활에 유익한 것이 아니면 만들지 말아야 한다.	無不可用而爲者.

〖전쟁은 초과소비〗

묵자墨子/비공非攻 하下

그런데 왕공대인들과 제후들은	今王公大人天下之諸侯
군비와 군사를 양성하여	於此爲堅甲利兵
죄 없는 나라들을 공격하는 군사를 일으킨다.	以往攻伐無罪之國.
그들은 곡식을 베고	芟刈其禾稼
성곽을 부수고 가축을 빼앗고	墮其城郭 攘殺其牲牷
백성들을 죽이며 노약자를 짓밟는다.	刴殺其萬民 覆其老弱.
대저 하늘 백성으로	夫取天之人

하늘의 고을을 공격하여	以攻天之邑
하늘 백성을 죽이는 것이니	刺殺天民
이것은 위로 하늘의 이익에 맞지 않는다.	則此上不中天之利矣.
또 전쟁 비용을 계산하면 백성의 생업을 해치고	又計其費 爲害生之本
백성의 재물을 탕진하는 것이	竭天下百姓之財用
그 얼마인가?	不可勝數也
그러므로 아래로 백성의 이익에 맞지 않는 것이다.	則此下不中人之利矣.

2 이처럼 묵자는 제자백가 중에서 보수적인 공자와 쌍벽을 이루는 진보적인 사상가였다. 정말 그는 동서양을 통틀어 유래가 없는 독특한 사상가다. 또한 그는 2천 년 동안이나 금기의 사상가였다는 점이 더욱 특이하다.

회남왕^{淮南王} 유안이 기원전 122년 『회남자』를 발간할 당시에도 묵가들이 활발하게 활동했으나, 기원전 97년 사마천이 『사기』를 완성할 때는 묵가를 찾아볼 수 없었다고 한다. 이런 정황으로 볼 때 묵가는 기원전 136년 동중서의 건의를 받아 한 무제가 유교를 국교로 삼은 후에 흩어지고 숨어버렸다는 견해가 신빙성이 있다.

그래서 『맹자^{孟子}』, 『장자』, 『순자』, 『한비자^{韓非子}』 등 유가·도가·법가들의 책에서 수없이 묵자를 거론하지만 정작 그의 저서는 일실되어 버린 것이다. 그러다가 2천여 년이 지난 1783년 다행히 도가들의 경전 속에서 묵자의 어록이 발견되었고, 19세기에 마르크스^{|Karl Marx, 1818~1883|}의 『자본론^{|Das Kapital|}』이 출간된 후 묵자의 중요성이 부각되면서 『묵자』 주석서가 나오게 되었다. 2천 년 동안 금서로 숨어 있어야 했던 기구한 운명의 책은 아마 『묵자』가 세계 유일의 사례일 것이다.

백이숙제와 묵자는 고려인

1 남송|南宋| 때 정초|鄭樵, 1102~1162|가 지은 『통지|通志|』의 「씨족략|氏族略|」에는 "묵|墨|씨는 고죽군|孤竹君|의 후손으로 본래 묵태|墨台|씨인데 뒤에 묵씨로 고쳤으며, 전국시대에 송나라 묵적|墨翟|이 책을 짓고 『묵자』라 했다"는 기록이 있다.[14]

그런데 『삼국유사|三國遺事|』와 『열하일기|熱河日記|』에서는 『당서|唐書|』의 기록을 인용하며 '고죽국|孤竹國|'이 '고려|高麗|'의 뿌리라고 주장했다. 만약 이 기록이 사실이라면 백이숙제와 묵자는 고려인이다.

삼국유사=三國遺事/고조선古朝鮮

『당서』「배구전|裵矩傳|」에 의하면	唐書裵矩傳云
고려는 본시 고죽국이었는데	高麗本孤竹國
주나라가 기자를 봉하고 조선이라 했으며	周以封箕子爲朝鮮
한나라 때|BC 202년| 이를 나누어 삼군을 설치했는데	漢分置三郡
낙랑, 현토, 대방이라 불렀다.	謂樂浪玄菟帶方
당나라 두우|杜佑|가 저술한 『통전』에도 이 말과 같다.	通典亦同此說.

- BC 195년 망명해 온 연나라의 위만을 박사에 임명하고 서쪽을 지키게 함.
- BC 194년 위만이 왕검성을 공격하여 준準왕을 몰아내고 위만조선을 세움. 준왕은 남쪽으로 달아나 마한왕이 됨.
- BC 190년 위만은 진번眞蕃 임둔臨屯을 복속시켜 영토를 확장함.

삼국유사=三國遺事/위만조선魏滿朝鮮

원봉 3년 여름에	元封三年夏
이계상 참|參|이 위만의 손자 우거왕|右渠王|을 죽이고,	尼谿相參使人殺王右渠
한나라에 항복해 옴으로써 마침내 위만조선을 정벌하고[15]	來降 故遂定朝鮮

14_ 墨氏 姓纂云 孤竹君之後 本墨台氏後改爲墨氏 戰國時宋人墨翟著書號墨子(通志/券二十八/氏族略四).

15_ BC 108년.

| 이 땅에 진번·임둔·낙랑·현토의 사군을 설치했다. | 爲眞番臨屯樂浪玄菟四郡. |

대명통지大明統誌/영평부永平府

군 명칭인 고죽은 옛날에는	郡名孤竹
북평이라 불렸고,	爲古名北平
진나라 때는 북연, 평주	爲秦名北燕平州
또는 낙랑군이라 불렸고,	及樂浪郡[16]
북위는 낙랑군을 다시 바꾸어 북평군이라 했다.	北魏改樂浪爲北平郡.

열하일기熱河日記/도강록渡江錄

『당서』「배구전」에 의하면,	唐書裵矩傳言
고려^{|고구려|}는 본시 고죽국인데	高麗本孤竹國
주나라가 이곳에 기자를 봉했다.	周以封箕子
한나라 때에 이르러 사군으로 나뉘었다.	漢分四郡.
이른바 고죽국은	所謂孤竹地
지금의 영평부에 있었다고 한다.	在今永平府.
또 광녕현에는 옛 기자묘가 있었는데	又廣寧縣 舊有箕子廟
후관을 쓴 기자의 소상을 모셨으며	戴㡌冠[17]塑像
명나라 가정 연간에 병화로 불타버렸으나	明皇嘉靖時 燬於兵火.
사람들은 이곳을 평양이라고 부른다.	廣寧人或稱平壤.
금^{|金|}나라 사서와 『문헌통고^{|文獻通考|}』에 의하면	金史及文獻通考
광녕·함평이 모두	俱言廣寧咸平
기자가 봉해졌던 땅이라 한다.	皆箕子封地.
이로 본다면	以此推之

16_ 樂浪郡=後漢書/卷一下/光武帝本紀:樂浪郡 故朝鮮國也 在遼東.
　　　史記/夏本紀/冀州條索隱:地理志云 碣石山在北平驪城縣西南. 太康地理志云 樂浪遂城縣有碣石山 長城所起.
　　　遂城縣은 지금의 昌驪縣 지역이다. 수성현의 속현인 新昌縣이 수문제 때 盧龍縣으로, 당나라 때는 창려현으로 바뀌었다.
　　　이병도의 왜곡 : 수성현은 자세하지 않지만 황해도 북단에 있는 遂安에 비정하고 싶다. 수안은 고려 초에 고친 이름이다.

17_ 㡌冠=殷나라 候冠.

영평과 광녕 사이가 한 개의 평양일 것이다.	永平廣寧之間 爲一平壤也.
요[遼]나라 사서에 의하면, 발해의 현덕부는	遼史 渤海顯德府
본시 조선의 땅으로	本朝鮮地
기자를 봉했던 평양성이었는데,	箕子所封平壤城.
요나라가 발해를 쳐부수고	遼破渤海
동경이라 고쳤으며	改爲東京.
바로 지금의 요양현이 이곳이다.	卽今之遼陽縣是也.
이로 미루어본다면	以此推之
요양현도 또 하나의 평양일 것이다.	遼陽縣爲一平壤也.

2 『사기』「백이열전[伯夷列傳]」에 따르면 백이와 숙제는 고죽국의 두 왕자이며 성씨는 묵태씨라고 한다. 그렇다면 백이숙제와 묵자는 똑같이 묵태씨이며 고구려와 조선의 뿌리인 고죽국 사람이다.

그런데 백이숙제는 주나라 무왕이 은나라 주왕을 치자 이를 '폭력으로 폭력을 바꾸는 것'이라고 비난하고 주나라 곡식을 먹지 않겠다며 수양산에 들어가 굶주려 죽은 전쟁과 폭력을 반대한 평화사상가였다. 그러므로 묵자가 평화의 하느님 신앙을 계승하여 평화운동을 전개한 평화의 사도가 된 것은 백이숙제의 전통을 계승한 것으로 볼 수 있다.

【백이숙제】

사기史記/백이열전伯夷列傳

전기에 의하면 백이와 숙제는	其傳曰 伯夷叔齊
고죽군의 두 아들이라고 한다.	孤竹君[18]之二子也
무왕이 은나라를 평정하자[19]	武王已平殷亂

18_ 索隱: 고죽국은 탕임금 3월 병인일에 봉해졌다. 『地理志』에 의하면 고죽성은 랴오시 令支縣에 있으며, 應劭는 말하기를 백이의 군주는 성씨가 묵태씨라고 한다.
正義: 『括地志』에 이르기를 옛 고죽성은 盧龍縣 남쪽 12리에 있으며 은나라 때 제후인 고죽국이라 한다.

천하는 모두 주나라를 종주로 받들었으나	天下宗周
오직 백이와 숙제는 그것을 부끄럽게 생각했다.	而伯夷叔齊恥之.
그는 의리를 지켜 주나라의 곡식을 먹지 않으려고	義不食周粟
수양산에 숨어 고사리를 캐 먹었다.	隱於首陽山 采薇而食之.
굶주려 죽을 지경에 이르자	及餓且死
그는 노래를 지어 불렀다.	作歌其辭曰
"저 서산에 올라가 고사리를 캐자꾸나!	登彼西山兮 采其薇矣
폭력으로 폭력을 바꾸었는데	以暴易暴兮
그 잘못을 모르는구나!	不知其非矣
신농씨와 순임금과 우임금이 이미 죽었으니	神農虞夏忽焉沒兮
나는 어디로 돌아간단 말인가?	我安適歸矣
오호! 죽음뿐이구나! 운명이 쇠잔한 것을!"	于嗟徂兮 命之衰矣
드디어 그는 수양산에서 굶어 죽었다.	遂餓死於首陽山.
그들을 원망할 것인가? 비난할 것인가?	由此觀之 怨邪非邪.

【고죽국】

장자莊子/잡편雜篇/양왕讓王

주나라가 일어날 때 진정한 두 선비가 있었는데	昔周之興 有士二人
은나라의 작은 봉국 고죽국의 두 왕자로서	處於孤竹
이름은 백이숙제라 했다	曰 伯夷叔齊.
두 형제는 서로 일러 말했다.	二人相謂 曰.
"우리가 듣기로는 서방에 지도자[武王]가 나타났는데	吾聞西方有人
도가 있는 것 같으니 시험삼아 가서 보기로 하자!"	似有道者 試往觀焉.
기산의 북쪽에 이르렀을 때	至於岐陽
무왕이 그들의 소문을 들었다.	武王聞之.
무왕은 숙단을 파견하여 그들을 알현하고 회맹하되	使叔旦往見之 與盟曰
봉록을 2급으로, 관직은 1품으로,	加富二等 就官一列
희생의 피로 맹약했다.	血牲而埋之.

19_ BC 1046년.

두 사람은 서로 바라보며 웃으며 말했다.	二人相視以笑 曰.
"이상하다! 이것은 우리가 말하는 도가 아니다.	嘻異哉 此非吾所謂道也.
옛 신농씨 시대에는	昔者神農之有天下也.
철마다 제사에 공경을 다했으나	時祀盡敬.
복을 빌지 않았다.	而不祈喜[20]
사람들에게 충신으로 다스림을 다했으나	其於人也. 忠信盡治
요구하는 것이 없었다.	而無求焉.
즐겁게 정법을 폈으나 정사를 위함이고	樂與政爲政
즐겁게 다스림을 폈으나 다스림을 위한 것일 뿐	樂與治爲治.
남의 실패로 자기를 이루지 않고	不以人之壞自成也.
남을 낮추어 자기를 높이지 않았으며	不以人之卑自高也.
때를 만났다고 자기 이익을 챙기지 않았다.	不以遭時自利也.
지금 주는 은의 잘못을 드러내	今周見殷之亂
겁을 주어 정사를 다스리고	以遽[21]爲政
위에서는 꾀로 하고 아래서는 뇌물로 하며	上謀而下行貨
병력을 의지하여 위엄을 보존하고	阻[22]兵而保威
희생을 갈라 피로써 맹약함으로써 믿게 하고	割牲而盟以爲信.
노래를 선양하여 대중을 달래고	揚行[23]以說衆
죽임과 정벌로 이익을 챙긴다.	殺伐以要利.
이것은 어지러움을 밀어내고 폭력으로 바꾼 것에 불과하다."	是推亂以易暴也.

3 인류는 수천 년 동안 백이숙제를 평화의 사도로 추앙해 오고 있다. 그런데 『논어』에서도 여러 곳에서 백이숙제를 언급하고 추앙하지만 『사기』와는 평가를 달리하고 있다. 공자는 백이숙제에 대해 '자기 뜻을 꺾지 않고 몸을 욕되게 하지 않은 사람', '인[ㄷ]을 추구해 인을 실천

20_ 喜=禧也.
21_ 遽=懼也, 畏也.
22_ 阻=依也.
23_ 行=詩歌의 형태.

한 현인', '과거의 악을 괘념하지 않는 사람'이라고 말했을 뿐, 무왕의 전쟁을 반대했다는 말은 없다.

〖논어의 백이숙제〗

논어論語/계씨季氏 12

제나라 경공景公은 4두 마차 1천 대가 있었으나	齊景公有馬千駟
죽는 날에는 민중들이	死之日
그의 덕을 칭송하는 자가 없었다.	民無德而稱焉
반면 백이와 숙제는 수양산 아래서 굶어 죽었으나,	伯夷叔齊餓于首陽之下
민중들은 지금까지도 그를 칭송하고 있다.	民到于今稱之.
진실로 부 때문이 아니며, 부귀와 공경은 다르다 함은	誠不以富 亦祇以異.
이런 사례를 말한 것일 것이다.	其斯之謂與.

논어論語/미자微子 8

은둔하여 민이 된 사람은	逸民
백이·숙제·우중虞仲·유하혜柳下惠·소련少連이다.	伯夷叔齊虞仲柳下惠少連.
자기 뜻을 꺾지 않고	子曰 不降其志
몸을 욕되게 하지 않는 사람은 백이와 숙제이다.	不辱其身 伯夷叔齊

논어論語/술이述而 14

자공이 물었다. "백이와 숙제는 어떤 사람입니까?"	子貢入曰 伯夷叔齊 何人也
공자가 말했다. "옛 현인이었다."	曰 古之賢人也
자공이 물었다. "원한이 많았겠지요?"	曰 怨乎
공자가 말했다. "인을 추구해 인을 실천했으니	曰 求仁而得仁
무슨 원한이 있겠느냐?"	又何怨.

논어論語/공야장公冶長 22

백이와 숙제는	伯夷叔齊
과거의 악을 괘념하지 않았다.	不念舊惡
그래서 원망하는 자가 드물었다.	怨是用希.

심지어『맹자』는 백이숙제가 굶어 죽은 것도 아니고, 주나라 무왕의 전쟁을 반대한 것도 아니고, 오히려 은나라 주왕의 폭정을 반대하여 북해에 은거해 숨어 살다가, 주나라 문왕에게 귀의했다고 기록하고 있다. 왜 이처럼 공자와 맹자의 말이 정반대로 다른가? 왜 맹자는 열렬히 추종하는 스승의 말을 뒤집었을까? 그런데 맹자는 순임금을 동이족이라고 증언한 바 있다. 백이숙제도 묵자도 동이족이다. 맹자는 순임금을 성인으로 추앙했고, 묵자에 대해서는 '부모도 없는 금수들'이라고 비난했다. 이러한 과격하고 직설적인 언행 때문에 맹자는 모가 난다는 비난을 받는다. 그렇다면 '존주(尊周)'의 상징인 공자를 신봉하는 맹자이기에 '반주(反周)'의 상징인 백이숙제를 폄하했을 것으로 추측할 수도 있다.

【맹자의 백이숙제】

맹자孟子/이루離婁 상上

백이는 은나라 주왕을 피해	伯夷辟紂
북해의 바닷가에 살다가,	居北海之濱
주나라 문왕이 일어났다는 소문을 듣고 이르기를	聞文王作興曰
"어찌 돌아가지 않겠는가?" 말하고 찾아갔다.	盍²⁴歸乎來.

【순은 동이족】

맹자孟子/이루離婁 하下

순임금은 저풍에서 태어나서	舜生於諸馮
부하로 이사했다가	遷於負夏
명조에서 죽었는데 동이 사람이다.	卒於鳴條 東夷之人也.

한편『사기』는 한발 더 나아가 왜『논어』와『맹자』의 견해와는 다른 말을 한다.『사기』의 저자는 역사가로서『논어』의 기록이 사건의 본질을 변질시켰고,『맹자』의 기록은 사실이 왜곡되었다고 확신하지 않았다면 어

24_ 盍=何不也.

찌 감히 공맹의 기록을 무시할 수 있었겠는가?

공자는 의전|義戰|을 인정하고 무왕을 성인으로 추앙했으며 나아가 주나라 제도의 부흥을 주장했으므로 그의 입장에서는 주나라를 거부한 백이숙제를 비난해야 마땅할 것이다. 그러나 민중들이 백이숙제를 흠모하므로 이를 거스를 수 없었고, 그렇다고 반전|反戰| 반주|反周|에 동조할 수도 없는 난처한 처지에서 그들을 추앙하되 그 이유를 인자|仁者| 현인|賢시|으로 얼버무렸다고밖에 달리 설명할 수 없을 것이다.

4

나는 『논어』를 배우면서 스승들로부터 백이숙제는 만고에 불사이군|不事二君|의 충신이라는 가르침을 받았을 뿐 그가 반전평화주의라는 말을 들어보지 못했다. 그럴진대 우리들 중에 누가 올바른 가르침을 받았겠는가? 필자는 『묵자』와 『사기』를 읽고서야 『논어』의 기사가 본질을 왜곡했고 이를 기초로 유가들이 아전인수로 변질시켰음을 알 수 있었다.

그렇기에 연암|燕巖| 박지원|朴趾源, 1737~1805|의 『열하일기』를 읽다가 이제묘|夷齊廟| 탐방기를 보고 군왕들과 고관대작들이 쓴 현판들의 내용에 씁쓸한 감회를 금할 수 없었다. '이제묘'를 세운 지배계급들은 백이숙제를 반전·반주의 평화사상가로서가 아니라 '현인', '효자', '충신', '일민', '강상|綱常|의 사표|師表|'라고 말하고 있기 때문이다. 그런데 어느 뜻있는 선비가 쓴 하나의 주련에 '인|仁|을 행한 청풍|清風|이요, 폭력을 반대한 고절|孤節|'이라는 글씨가 끼어 있어 조금 위안이 되었다. 앞 구절은 공자의 평가요, 뒤 구절은 『사기』의 평가다. 참으로 이제묘야말로 사상과 역사 해석의 변이와 굴절을 보여주는 전시장과 같다는 생각이 들었다.

열하일기|熱河日記|/관내정사|關內程史|/이제묘기|夷齊廟記|

롼허|당시 명칭은 熱河| 기슭에   灤河之上

자그마한 언덕을 수양산이라 하고,	有小阜曰首陽山.
그 산 북쪽에 조그만 성이 있어 고죽성이라 한다.	山之北有小郭曰 孤竹城.
성문에는 '현인구리'라 써 붙였고,	城門之題曰 賢人舊里.
문 오른쪽 비석에는 '효자충신'이라 썼으며,	門之右碑曰 孝子忠臣
문 왼쪽 비석에는 '지금도 칭송되는 성인'이라 썼으며,	左碑曰 至今稱聖.
묘문 앞 비석에는 '천지강상'이라 썼고,	廟門有碑曰 天地綱常.
문 남쪽 비에는 '고금사표'라 썼으며,	門之南 有碑曰 古今師表.
문 위에는 '상고일민'이란 간판이 걸렸다.	門上有扁曰 上古逸民.
문 안에 비석 셋, 뜰 가운데 비석 둘,	門內有三碑 庭中有二碑
섬돌 좌우에 비석 넷이 있는데,	階上左右四碑.
이 모두가 명나라와 청나라 임금들이 만든 것이다.	皆明淸御製也.
뜰에는 고송 수십 그루가 서 있고,	庭有古松數十株
섬돌 가에는 흰 돌로 난간을 둘렀다.	繚階白石欄.
가운데 큰 전각이 있어	中有大殿曰
이름을 '고현인전'이라 하고,	古賢人殿.
전각 안에 곤룡포와 면류관을 갖추고,	殿中袞冕
홀을 들고 서 있는 것이 백이숙제의 상이다.	正圭而立者 伯夷叔齊也.
전문에는 '백세지사'라 써 붙였고,	殿門題曰 百世之師.
전 안에 '만세표준'이란	殿內大書 萬世標準者
큰 글씨는 강희황제의 글씨이고	康熙帝筆也.
또 '윤상사범'이란 글씨는	又曰 倫常師範者
옹정황제의 글씨다.	雍正帝筆也.
주련에는 다음과 같이 쓰여 있다.	柱聯曰
인을 찾아 인을 행했으니	求仁得仁
만고에 청풍은 고죽국이요,	萬古淸風孤竹國.
폭력으로 폭력을 바꾸었을 때	以暴易暴
천추에 고절은 수양산이로다.	千秋孤節首陽山.

백이숙제에 대해 이처럼 지배담론과 민중담론이 추앙하는 이유는 달라도 인류는 수천 년 동안 그들을 잊지 못하고 기리고 있다. 춘추전국시대 500년간의 영일 없는 전쟁으로 거꾸로 매달린 듯 초근목피와 인육을

먹으며 살아남아야 했던 민중들에게 폭력정치에 항거해 순교를 택한 백이숙제는 이처럼 너무도 충격적이고 감동적인 사건이었던 것이다.

그런데 지금 오늘의 우리들은 인류 최초의 반전평화주의자로 순교한 백이숙제와 그의 후손으로 인류 최초의 평화운동가인 묵자를 왜 잊었을까? 옛 사람들은 평화를 갈구했고 지금 인류는 전쟁광이 되었기 때문일까?

묵가는 종교적 협객집단

1 묵자는 철학자이며, 과학자요, 경제학자요, 반전평화운동가였으나 그보다는 혁명가라고 해야 옳을 것 같다. 그는 실천하고 조직하고 투쟁한 사회혁명가였으며 종교가였다. 그는 "내 말은 반석과 같으니 깨뜨릴 수 없다"고 외치며 의를 위해 목숨을 버리라고 요구한다.

묵자墨子/귀의貴義

묵자가 말했다.	子墨子曰
"의를 행함이 능하지 못할지라도	爲義而不能
그 도리를 저버려서는 안 된다.	必無排其道
마치 목수가 깎는 것이 능하지 못할지라도	譬若匠人之斷而不能
먹줄을 버리지 않는 것과 같다.	無排其繩.
내 말은 반드시 쓰일 것이다.	吾言足用矣
내 말을 버리고 생각을 바꾸는 것은	舍吾言革思者
이는 마치 추숫감을 버리고 이삭을 줍는 것과 같고	是猶舍獲而攈粟也
다른 말로 내 말을 비난하는 것은	以他言非吾言者
달걀로 바위를 치는 격이 될 것이다.	是猶以卵投石也
천하의 달걀이 다한다 해도	盡天下之卵
내 말은 반석과 같으니 깨뜨릴 수 없을 것이다."	其石猶是也 不可毁也.

묵자墨子/천지天志 중中

묵자가 일러 말했다.	子墨子言曰
"나는 하느님의 뜻을 품고 있다.	我有天志
그것은 마치 수레바퀴를 만드는 목수에게 그림쇠와 같고	譬若輪人之有規
집을 짓는 목수에게 곱자와 같은 것이다.	匠人之有矩
이들은 그림쇠와 곱자를 들고	輪匠執其規矩
천하의 모난 것과 둥근 것을 재어보고	以度天下之方圓
맞으면 옳다 하고	曰 中者是也
맞지 않으면 그르다 말할 것이다.	不中者非也
지금 천하의 선비와 군자들의 책은	今天下之士君子之書
다 실을 수도 없고,	不可勝載
그들의 언설은 헤아릴 수조차 없다.	言語不可盡計
위로는 제후들에게 유세하고	上說諸侯
아래로는 선비들에게 유세하지만	下說列士
어짊과 이로움과는 너무 어긋나는 것이다.	其於仁義 則大相遠也
무엇으로 그것을 알 수 있는가?	何以知之 曰
나는 천하의 밝은 법도인 하느님의 뜻을 알고	我得天下之明法
이로써 재어보기 때문이다."	以度之.

2 묵가들은 묵자 당시 출발부터 엄격한 규율을 가진 종교적인 협객 집단이었다. 묵자를 따르는 무리는 180여 명인데 칼날 위를 걷고 불길 속에 뛰어드는, 목숨을 초개같이 여기는 용사들이었다고 한다. 그들은 실천 목표로 10개 강령을 강조한다. 이것은 천하에 유세하려는 목적이었으나 자신들의 생활신조이기도 했다. 이것은 모세의 십계명과 유사한 것이다. 그리고 묵가들은 공동체생활을 한 것 같다. 겸애를 실천하기 위해 자기 자식도 남과 구분하지 않고 똑같이 사랑했다. 그러나 오히려 그러한 냉엄함으로 묵가의 겸애는 비정하고, 공자의 인은 자비로운 것으로 비쳐졌을 것이다.

회남자淮南子/태족훈泰族訓[25]

공자의 제자는 70인이고	孔子弟子七十
가르친 사람은 3천 명인데	養徒三千人
모두가 안에서는 효도하고 밖에서는 공경스러웠다.	皆入孝出悌.
묵자에게 복역하는 무리는 180명인데	墨子服役者百八十人
모두가 불 섶을 짊어지고	皆可使赴火蹈刃
칼날을 밟으며 죽어도 돌아서지 않았으니	死不還踵
교화되어 그렇게 되었다.	化之所致也.

여씨춘추呂氏春秋/중춘仲春/당염當染

공자와 묵자의 후학 중에는	孔墨之後學
천하에 이름을 날리고 영화를 누린 사람이 많아	顯榮於天下者衆矣
그 수를 헤아릴 수조차 없을 정도였다.	不可勝數
이들은 모두 '물들인 것'이 합당했기 때문이다.	皆所染者得當也.

여씨춘추呂氏春秋/맹춘孟春/거사去私

묵가의 지도자 복돈腹䵍이 진秦에서 살았는데	墨者有鉅子腹䵍居秦
그의 아들이 살인을 했다.	其子殺人.
진 혜왕惠王이 말했다.	秦惠王曰
"복돈 선생께서는 연로하시고	先生之年長矣
다른 아들이 없으므로	非有他子也
내가 이미 관리에게 명하여 죽이지 말라고 했습니다."	寡人已令吏不誅
복돈이 대답하여 이르기를	腹䵍對 曰
"묵자의 법에는 살인자는 죽이고,	墨子之法 曰 殺人者死
남을 상한 자는 형벌을 내린다고 했습니다.	傷人者刑
이것은 남을 죽이고 상하게 함을 막기 위한 수단입니다.	此所以禁殺傷人也
대저 남을 죽이고 상하는 것을 금하는 것은	夫禁殺傷人者

25_ 유안은 회남왕이었으며 학문을 좋아하여 많은 학자들을 거느렸고 『회남자』라는 책을 남겼다. '콩을 발효시킨 회남자'를 처음으로 발명했다. 지금은 '두부'라고 부른다. 그는 유가·묵가·도가를 종합하려 했으나 반역죄로 처단되었다.

천하의 대의입니다.　　　　　　　　　　　　　天下之大義也
왕께서는 비록 사면했으나　　　　　　　　　　王雖爲之賜
저는 묵자의 법을 시행하지 않을 수 없습니다"라고 했다.　腹䵍不可不行墨子之法
복돈은 혜왕의 만류를 듣지 않고　　　　　　　不許惠王
기어코 자기 아들을 처형했다.　　　　　　　　而遂殺之子.

묵자墨子/노문魯問[26]

나라와 가문이 혼란하면　　　　　　　　　　　國家混亂
상현과 상동을 말하고,　　　　　　　　　　　則語之尙賢尙同
국가가 가난하면 절용과 절장을 말하고,　　　國家貧 則語之節用節葬
국가가 음악과 술에 빠져 있으면　　　　　　國家憙音湛湎
비악과 비명을 말하고,　　　　　　　　　　　則語之非樂非命
국가가 음란하고 질서가 없으면　　　　　　　家淫僻無禮
천지[天志]와 명귀[明鬼]를 말하고,　　　　　則語之尊天事鬼
국가가 인민을 수탈하고 남의 나라를 침범하면　國家務奪侵凌
겸애와 비공을 말하라.　　　　　　　　　　　則語之兼愛非攻.

3 후기 묵가들은 군주나 가문들로부터 방위 임무를 전문적으로 위탁받았던 것 같다. 묵가의 3대 거자[巨子]인 맹승[孟勝]이 초나라 양성군[陽城君]으로부터 방어 임무를 맡았다. 그러나 양성군이 반란에 가담했다가 실패해서 국외로 탈출하자 초나라는 양성군의 소국을 접수해 버렸다.[27] 맹승은 양성군으로부터 명령을 받지는 못했으나, 결과적으로 그를 지켜주지 못한 것을 자책하고 자결했다. 그러자 제자 서약[徐弱]을 비롯한 183명의 제자들이 그를 따라 순사했다. 이때 맹승의 다음과 같은 말은 묵가들이 협객집단이었음을 증거하고 있다.

26_ 墨家의 十綱.

27_ BC 381년.

여씨춘추呂氏春秋 / 이속람離俗覽 / 상덕上德

묵가의 거자 맹승이 말했다.	孟勝曰
"나는 남의 나라를 위임받아	受人之國
더불어 부절을 나누어 가졌다.	與之有符.
이제 구원병을 요청하는 부절은 보지 못했지만	今不見符
힘으로는 막을 수 없게 되었으니	而力不能禁
내가 죽을 수밖에 없다."	不能死不可.
그의 제자인 서약이 맹승에게 간했다.	其弟子徐弱 諫孟勝曰
"죽음으로써 양성군에게	死而有益陽城君
도움이 된다면 죽는 것이 옳습니다.	死之可矣.
그러나 아무 도움도 되지 않는다면	無益也
선생의 죽음은 세상에서 묵가를	而絶墨者於世
끊어지게 할 뿐이니 옳지 않습니다."	不可.
맹승이 말했다.	孟勝曰
"아니다. 나는 양성군에게	吾於陽城君也
스승이 아니라 벗이었고,	非師則友也
벗이 아니라면 신하였다.	非友則臣也.
내가 죽지 않는다면 지금부터 앞으로는	不死 自今以來
엄격한 스승을 묵가에서 찾지 않을 것이며	求嚴師必不於墨者矣
어진 벗을 묵가에서 찾지 않을 것이며	求賢友必不於墨者矣
훌륭한 신하를 묵가에서 찾지 않게 될 것이다.	求良臣必不於墨者矣
내가 죽는 것은	死之所以行
묵자 선생의 뜻을 실행하고	墨子之義 而繼其業者也
선생의 사업을 계승하기 위한 것이다."	而繼其業者也
서약이 말하길 "선생님의 말씀이 그러하시다면	徐弱曰 若夫子之言
제가 먼저 죽어 길을 소제하겠습니다"라 했다.	弱請先死以除路
말을 마치자 돌아서서 맹승의 앞에서 목을 베었다.	還歿頭前於孟勝
맹승은 두 사람을 시켜	因使二人傳
전양자田襄子에게 거자의 직책을 전하고	鉅子於田襄子
스스로 자결했다.	孟勝死
그때 그를 따라 죽은 제자들이 183명이었다.	弟子死之者百八十三人

전양자에게 간 두 사람도 명령을 전달하고는	二人以致令於田襄子
맹승의 죽음을 뒤따르고자 초나라로 돌아가	欲反死孟勝於荊
전양자의 만류에도 불구하고 끝내 자결했다.	田襄子止之 遂反死之
엄한 형벌과 후한 상금으로는	嚴罰厚賞
이러한 것을 이루기에는 부족할 것이다.	不足以致此.

4 묵자의 제자들은 장자가 활동하던 전국 중기에는 3파로 분열된 것 같다. 어느 종교에서나 마찬가지로 장소나 시대에 따라 현실에서 살아남기 위해 교의의 순수성이나 정치적 현실에 적응하는 문제로 분파가 생기기 마련이다. 묵가 3파는 묵자 본연의 가르침을 지키려는 순수파, 현실에 영합하려는 반동파, 그리고 이들을 절충하려는 절충파 등이다.

『묵자』라는 책이 상·중·하로 나누어진 것은 이 3파의 글을 모은 것이기 때문이다. 대체로 상편을 순수파, 중편을 절충파, 하편을 반동파의 글이라고 본다. 예컨대 「천지 天志」 하편에서 천제를 천자에 비유한 글과, 「상현 尙賢」 중편과 하편에서 전쟁을 긍정하는 글은 묵자의 뜻을 왜곡한 반동파의 글이라고 본다. 그리고 「비명 非命」 중편은 삼표론에 대해 언급하지 않았고, 하편은 삼표론 제2표의 '백성들의 이목'을 '선왕들의 글'로 바꾸어버린 것은 절충파 내지 반동파의 왜곡이 분명하다.

한비자 韓非子/현학 顯學

묵자가 죽은 후로	自墨子之死也
상리 相里 씨가 이끄는 묵가가 있었고	有相里氏之墨
상부 相夫 씨가 이끄는 묵가가 있었고	有相夫氏之墨
등릉 鄧陵 씨가 이끄는 묵가가 있었다.	有鄧陵氏之墨.
그러므로 공자 이후 유가는	故孔墨之後
8개 파로 분열되었고,	儒分爲八
묵자 이후 묵가는 3파로 분열되었다.	墨離爲三.

2절 묵자의 정치사상과 사회사상

❁ 겸애설

묵자의 사상을 한마디로 겸애설(兼愛說)이라고 한다. 이는 정곡을 찌르는 적합성을 지니고 있어 모든 학자들이 동의하고 있다. 특히 묵자는 하느님의 사도로서 하느님의 뜻이 바로 '겸애'라고 말하고 있기 때문에 묵자 사상 전체를 관통하고 있다. 또한 이것은 공자의 신분차별적인 인(仁)을 거부하고 그 대안을 제시한 정치적인 의미까지 품고 있다. 즉 공자의 인(仁)은 차별적이고 혈연적인 '체애(體愛)'이며, 하느님의 뜻(天志)인 '겸애(兼愛)'에 반하는 것이라고 비판한 것이다.

겸은 '아우름(共同體)', '평등'의 뜻이다. 겸의 반대는 '개체'와 '차별'이다. 그리고 겸애의 실천은 서로 이롭게 한다는 '평등' 또는 '상리(相利)'이다. '겸상애(兼相愛)', '교상리(交相利)'의 제1계율은 '네 이웃을 내 몸처럼 사랑하라'는 것이다.

묵자墨子/법의法儀

천하 대소 국가는	今天下無大小國
모두 하느님의 고을이며	皆天之邑也
사람은 어른, 아이, 귀와 천을 불문하고	人無幼長貴賤
모두 하느님의 백성이다.	皆天之臣也.
그러므로 하느님은 너희에게	是以知天必欲人之
서로를 사랑하고 이롭게 하며	相愛相利
서로를 미워하고 해치지 말기를 바란다.	而不欲人之相惡相賊也.

묵자墨子/겸애兼愛 중中

그러면 겸애와 교리는	然則兼相愛兼交利之法
어떻게 해야 하는가?	將奈何哉
묵자는 말하기를	子墨子言
"남의 몸을 내 몸처럼 생각하고,	視人之身 若視其身
남의 집안을 내 집안처럼 생각하고,	視人之家 若視其家
남의 나라를 내 나라처럼 생각하라"고 했다.	視人之國 若視其國.

묵자墨子/소취小取

사람을 사랑한다는 것은	愛人
모든 사람을 두루 사랑한 후에야	待周愛人而後
사랑한다고 말할 수 있다.	爲愛人.
그러나 사람을 사랑하지 않는 것은	不愛人
모든 사람을 두루 사랑하지 않음을 의미하지 않는다.	不待周不愛人
한 사람이라도 사랑하지 않으면	不周愛
사람을 사랑했다고 말할 수 없다.	因爲不愛人矣.

묵자墨子/대취大取

재물을 사유하는 것은 자기를 사랑하는 것일 뿐,	臧之愛己
자기와 남을 동시에 사랑하는 것이 아니다.	非爲愛己之人[28]也.

28_ 之人=與人.

남을 후대하는 것은 자기를 소외시키는 것이 아니다.	厚人不外己[29]
사랑은 자기에게는 후하고 남에게는 박함이 없다.	愛無厚薄.
자기만을 떠받드는 것은 어진 것이 아니다.	擧[30]己非賢也.

묵자墨子/경經·경설經說 상上/상上

공자가 말하는 '인' 이란 체애|공동체가 아니라 개인적인 사랑|다.	仁 體愛也
'인仁'은 자기를 사랑하는 것이다.	仁 愛己者
다만 '인'은 재화를 위한 것은 아니다.	非爲用己也
우마를 사랑하는 것과는 다르다.	不若愛馬者.

묵자墨子/경經·경설經說 상上/상上

'체' 는 겸|아우름|을 나눈 것이다.	體 分於兼也
'체' 란 공동체를 이루는 일부분이다.	體也 若有端[31]
마치 2분의 1과 같고, 잣대의 부분인 눈금과 같다.	若二之一 尺之端也.

묵자墨子/대취大取

성왕이 어루만져 기르는 것은	仁而無利愛
인仁일 뿐 이로움과 사랑은 아니었다.	聖人之拊[32]育也
옛 사람의 애인은	昔者之愛人也
지금 내가 말한 애인|愛시이 아니다.	非今之愛人也
그들이 노비를 사랑하는 것은 애인이지만	愛獲之愛人也
그것은 노비의 이로움을 고려해서 생긴 것이다.	生於慮獲之利.
노예의 이로움을 고려하지 않고 노예를 사랑했다면	非慮臧之利也
그 노예 사랑은 진정한 애인이다.	而愛臧之愛人也
노예에 대한 사랑을 버려 천하가 이롭다 해도	去其愛而天下利
그 사랑을 버릴 수 없다.	弗能去也.

29_ 外己=自己疏外.
30_ 擧=擎也.
31_ 端=萌, 始, 緖, 梁啓超는 點으로 해석한다.
32_ 拊=摩也, 求也, 廬也, 仁而無利愛.

묵자墨子/대취大取

유가들은 친밀함이 크면 후하게 하고	親厚厚.
친밀함이 적으면 박하게 한다고 하지만,	親薄薄.
그것은 친한 사람에게는 좋지만 박한 사람에게는 좋지 않다.	親至[33] 薄不至也.
의리상 친한 사람에게 후하게 한다고 하지만,	義厚親.
공평하게 행함이 아니라 편파적으로 행함에 불과하다.	不稱行 而類[34]行.

묵자墨子/경經·경설經說 상上/상上

예는 공경이다.	禮 敬也.
예는 귀한 자에게는 공평이지만,	禮 貴者公
천한 자에게는 명분|신분과 직분을 제한|일 뿐이니	賤者名
공경과 멸시를 함께 갖고 있으며,	而俱有敬僈焉
등급과 다름을 차례 지우는 것이다.	等異[35]論[36]也.

⊛ 민주평등 사상

묵자는 평등의 정치를 의로운 정치|義政|라 하고, 신분차별의 정치|別政|를 폭력의 정치|力政|이라고 말한다. 그래서 공맹의 정치론은 인정|仁政|이라 하고, 묵자의 정치론은 겸정|兼政|이라 말한다. 인정의 목표는 예치의 소강사회|小康社會|이며, 겸정의 목표는 겸애의 대동사회|大同社會|다. 2,500년 전의 묵자가 평등을 주장했고 나아가 신분세습을 반대한 것은 획기적인 것으로 인류사적 사건이다.

33_ 至=善也.
34_ 類=偏頗也.
35_ 異=分也, 不同也, 別貴賤也.
36_ 論=議也, 倫也, 次也, 別也.

〖평등론〗

묵자墨子/천지天志 하下

하늘의 뜻을 따르는 것은 겸^{평등}이요,   順天之意者兼也.
하늘의 뜻을 거역하는 것은 별^{차별}이다.   反天之意者別也.
평등^兼을 도道로 하면 의로운 정치^{義政}요,   兼之爲道也義正.
차별^別을 도로 하면 폭력의 정치^{力政}다.   別之爲道也力正.

한비자韓非子/현학顯學

삼대 성왕들은 무엇을 따라 정사를 했는가?   三代聖王焉所從事.
겸을 따르고 별을 따르지 않았다.   曰 從事兼不從事別.
삼대 폭군들은 무엇을 따라 정사를 했는가?   三代暴王焉所從事.
별을 따르고 겸을 따르지 않았다.   曰 從事別不從事兼.

묵자墨子/천지天志 중中

옛날 문왕·무왕이 정치할 때는 분배를 공평하게 했으며   古者文武爲正均分.
어진 자에게 상을 주고 포악한 자에게는 벌을 내려   賞賢罰暴
친척이나 형제에게 사사롭지 않았으니   勿有親戚弟兄之所阿.
이것이 곧 문왕과 무왕의 평등^兼이다.   卽此文武兼也.
비록 묵자는 겸을 주장했지만   雖子墨子之所謂兼者
실은 문왕·무왕을 취하여 본받은 것이다.   於文武取法焉.

묵자墨子/겸애兼愛 하下

묵자가 별^{차별}을 비난하고   是故子墨子曰
겸^{평등}을 옳다 한 것은   別非而兼是者.
귀 밝은 봉사와 눈 밝은 귀머거리가   是以聰耳明目
협력하여 서로 보고 듣게 하며,   相爲視聽乎.
팔 병신과 다리 병신이 협력하여   是以股肱畢
잘 움직이게 하려는 것이다.   相爲動宰乎.
처자식 없는 늙은이도   是以老而無妻子者
종신토록 부양을 받을 수 있고,   有所侍養以終其壽
부모 없는 어린 고아들도   有弱孤童之無父母者

의자할 곳이 있어 잘 자라게 하려는 것이다.   有所放依以長其身.

【 신분세습 반대 】
묵자墨子/상현尙賢 상上

옛 성왕의 정치는	故古者聖王之爲政
유덕자에게 지위를 주고 현자를 숭상했다.	列德而尙賢.
비록 농민, 노동자, 상인이라도	雖在農與工肆之人
유능하면 들어올리고	有能則擧之
무능하면 아래로 내려	無能則下之
공을 헤아려 녹을 분별했다.	量功而分祿.
그러므로 관료는 항상 귀한 것이 아니고	故官無常貴
서민은 항상 천한 것이 아니다.	民無終賤.

묵자墨子/경설經說 하下/하下

지위의 높고 낮음은	取高下
선과 불선을 헤아려 결정되어야 한다.	以善不善爲度
신분은 산과 연못과는 다르다.	不若山澤.
아랫사람이 윗사람보다 선하면	處下善於處上
아랫사람이 윗사람이 되어야 한다.	下所請上也.

『묵자』의 「상동尙同」편에서는 '인민의 뜻'을 겸애와 교리의 '하느님 뜻'에 조화 대동시키기 위해 군주를 선출했다고 말한다. 그러므로 군주와 신민은 '계약관계' 라는 것이다. 이는 마치 홉스[Thomas Hobbes, 1588~1679]가 말한 만인 대 만인의 투쟁을 종식시키기 위해 군주를 선출했다는 '국가계약설'과 비슷하다. 동서양을 망라하여 인류 역사에서 사회계약설과 인민주권설을 주장한 사람은 2,500년 전 목수 출신 동이족인 묵자가 최초일 것이다. 그러므로 동서양의 모든 사전은 인류 최초의 민주사상가는 묵자라고 고쳐 기록해야 할 것이다.

【인민주권설】

묵자墨子/상동尙同 하下

하느님이 처음 백성을 지으실 때는	古者天之始生民
정치와 군장이 없었으며 백성들이 주권자였다.	未有正長時 百姓爲主.
백성이 각각 주권자이므로	若苟百姓爲主
천 사람에 천 가지 의가 있었다.	千人千義.
이에 서로 자기의 의는 옳다 하고	此皆是其義
남의 의는 비난하며,	而非人之義
크게는 전쟁이 일어나거나	是以厚者有鬪
작게는 다투게 되었다.	而薄者有爭.
이에 천하의 의를 하나로 통일하고자	是故天下之欲同一天下之義也
어질고 훌륭한 사람을 선택하여 천자로 삼았다.	選擇賢者立以爲天子.
윗사람이 선출되어 나라와 가문을 다스린다면	上唯毋立而爲政乎
백성을 위해 관장은 다음과 같이 말할 것이다.	國家爲民正長曰
"사람들이 상을 줘야 한다고 하면 나는 상을 줄 것이다!"	人可賞吾將賞之
그러나 만약 상하가 의를 달리한다면	若苟上下不同義
위에서 상을 내리면 민중은 반대로 비난할 것이니	上之所賞則衆之所非
상으로써 선을 권면하지 못할 것이다.	未足以勸乎.
또한 다음과 같이 말할 것이다.	曰
"사람들이 벌을 줘야 한다고 하면 나는 벌을 줄 것이다."	人可罰吾將罰之
그러나 만약 상하의 의가 같지 않다면	若苟上下不同義
위에서 벌을 내리면 민중은 반대로 이를 기릴 것이니	上之所罰則衆之所譽
벌로써 악을 저지하지 못할 것이다.	未足以沮乎.
그러므로 성왕들은 오직 상동을 위해	故聖王唯能審以尙同
관장을 임명하여	以爲正長
이로써 상하가 실정을 통하게 한 것이다.	是故上下情請爲通.

【국가계약설】

묵자墨子/경經 상上/상上

군주란 신하와 백성들의 일반적인 계약이다.	君 臣萌通約也.

묵자墨子/상동尙同 중中

옛 성왕들은 인민의 뜻을	古者聖王
하느님의 뜻에 화동[和同] 일치시키고자	唯能審以尙同
관장을 설치했다.	以爲正長
그런 까닭으로 상하의 실정이 통하여	是故上下之情爲通
아래에서 원망이 자라고 피해가 쌓이면	下有蓄怨積害
위에서 이것을 알고 제거할 수 있는 것이다.	上得而除之
이로써 수천 리 밖의	是以數千萬里之外
선한 자를 찾아 상을 주고	有爲善者 天子得而賞之
악을 행한 자를 찾아 벌을 줄 수 있다.	有爲不善者 天子得而罰之
이것을 보고 천하 백성들은	是以擧天下之人
감히 속이거나 포악한 짓을 할 수 없고	不敢爲淫暴
천자가 귀신처럼 보고 듣는다고 말한다.	曰 天子之視聽也神
선왕의 말씀에 이르기를 천자는 귀신이 아니라	先王之言曰 非神也
오직 인민들이 보고 듣는 것을 돕는 것뿐이다.	夫唯能使人之耳目助己視聽.
이렇게 하면 상은 어진 자에게	是以賞當賢
벌은 포악한 자에게 돌아가며,	罰當暴
무고한 자를 죽이지 않고	不殺不辜
죄 지은 자를 놓치지 않을 것이다.	不失有罪
이것은 모두 화동을 숭상한 결과인 것이다.	則此尙同之功也.

묵자墨子/상현尙賢 중中

옛 성왕들은 민정을 잘 살필 수 있어	古者聖王能審
어진 자를 높이고 능한 자를 부려 정치를 했으니	以尙賢使能爲政
이는 하느님을 본받은 것이다.	而取法於天.
비록 하느님은 빈부, 귀천, 친소,	雖天亦不辯貧富貴賤
멀고 가까운 것을 차별하지 않지만	遠邇親疎
어진 자는 들어 높이고	賢者擧而尙之
불초한 자는 누르고 내친다.	不肖者抑而廢之.

【언론과 비판】

묵자墨子/상동尚同 중中

천자는 법을 공표하고 교화를 펴 말해야 한다.	天子爲發政施教 曰
무릇 착한 것을 듣거나 보면 반드시 위에 고하고	凡聞見善者必以告其上
착하지 않은 것을 보아도 반드시 위에 고해야 한다.	聞見不善者亦必以告其上
윗사람이 옳은 것은 옳다고 말하고	上之所是必亦是之
윗사람이 그른 것은 그르다고 말해야 하며	上之所非必亦非之
윗사람의 잘못을 비판하고 간하며	上有過規[37]諫之.
서민이라도 선한 사람이면 널리 물어 천거해야 한다.	民有善傍薦之.

묵자墨子/경經 상上/상上

비판은 악을 밝히는 것이다.	誹 明惡也.

묵자墨子/경經 하下/하下

비판을 비난함은 패덕이다.	非誹者誖.
비난하지 말라는 것에 대해 말한 것이다.	說在弗非.

❀ 천지天志는 인민의 뜻 천명론 반대

묵자는 이처럼 전통적인 천명론 즉 왕권신수설을 부정했다는 점에서 인류사에 영원히 기억될 진보적인 사상가다. 공자는 보수주의자였으므로 그의 천제는 지배계급의 수호신이었고, 묵자는 진보주의자였으므로 그의 천제는 인민의 수호신이었다. 그러므로 하늘의 뜻天志은 공자에게는 천명을 받은 천자의 뜻이었으나 묵자에게는 인민의 뜻이었다. 민중들에게 회자되는 '인심이 곧 천심'이라는 말은 성리학의 테제지만 정치론으로 발

---

[37] 規=以法正人.

전하지 못했으나 그 근원을 따지자면 공자가 아니라 묵자에게서 찾아야 할 것이다.

【천명설】

논어論語/요왈堯曰 1

요임금이 말했다. "아! 그대 순이여!	堯曰 咨爾舜
하늘의 운수가 네 몸에 있으니	天之曆數在爾躬
삼가 중^中을 잡아라.	允執厥中
만약 천하의 만민을 곤궁하게 하면	四海困窮
하늘의 녹이 영원히 끊어지리라."	天祿永終
순임금도 역시 우임금에게 이 말을 전했다.	舜亦以命禹.

【삼외三畏】

논어論語/계씨季氏 8

군자에게는 세 가지 두려운 것이 있으니	君子有三畏
천명을 두려워하라!	畏天命
가문의 대인을 두려워하라!	畏大人
선왕의 말씀을 두려워하라!	畏聖人之言.

논어論語/요왈堯曰 3

천명을 모르면	不知命
군자라 할 수 없고,	無以爲君子也
예를 모르면 바르게 처신할 수 없고,	不知禮 無以立[38]也
말을 깨닫지 못하면 남을 알 수 없다.	不知言 無以知人也.

【천명은 없다】

묵자墨子/비명非命 중中

삼가라! 천명은 없다.	敬哉 無天命

38_ 立=象人正立地上形, 成也(三十而立).

나는 사람을 높이고 말을 지어내지 않는다.	惟予二[39]人而無造言
운명은 하늘에서 내려온 게 아니라 스스로 만들어낸 것이다.	不自天降自我得之.
상나라 하나라 시서에서 이르기를	在於商夏之詩書 日
"운명론은 폭군이 지어낸 것"이라고 했다.	命者暴王作之.

【 천명설 반대 】

묵자墨子/법의法儀

그러므로 부모·학문·군주는	故父母學君三者
다스리는 법도로 삼을 수 없다.	莫可以爲治法.
그러면 무엇을 치법治法으로 삼아야 옳은가?	然則奚以爲治法而可
하느님의 뜻을 법도로 삼는 길밖에 없다.	曰莫若法天.

【 약자의 신 】

묵자墨子/천지天志 중中

하늘의 뜻은	天之意
대국이 소국을 공격하는 것을 바라지 않고	不欲大國之攻小國
강자가 약자를 겁탈하는 것을 바라지 않고	强之劫弱
다수가 소수를 폭압하는 것을 바라지 않고	衆之暴寡
지혜 있는 자가 어리석은 자를 속이는 것을 바라지 않고	詐之謀愚
높은 자가 낮은 자에게 오만한 것을 바라지 않고	貴之傲賤
거기에 그치지 않고	不止此而已
사람들에게 힘이 있으면 서로 돕고	欲人之有力相營[40]
도리가 있으면 서로 가르쳐주고	有道相敎
재물이 있으면 서로 나누기를 바란다.	有財相分也.

이처럼 공자와 묵자는 다같이 천제를 믿었지만 묵자의 천天은 인민을 두루 사랑하는 민중해방의 신이므로 천의天義의 계시 방법이 공자와는 다

39_ 二=上의 착간.
40_ 營=經護也.

르다. 유가들은 천이 인간과 감응하며 천변지요^{天變地妖}로 천자에게 계시한다는 천인감응설을 말했고, 묵가들은 백성이 눈과 귀로 보고 듣는 것과 백성의 이로움이 곧 하늘의 뜻이라고 말했다.[41] 따라서 황제를 뽑는 방법도 다르다. 즉 유가는 족장 중에서 다른 족장을 복종시킨 자가 천명을 받은 것이라 말하지만, 묵가는 인민들에 의해 선출된 자가 천명을 받은 것으로 이해한다.

특히 운명론은 이것이 통치의 기제가 되었으며 노예제를 유지시키고 그것을 감내하도록 하는 아편의 역할을 했다. 앞의 『논어』 예문에서 나타나듯 공자도 운명론자임을 알 수 있다. 이에 반해 묵자는 유가들이 말하는 운명론이란 폭군이 지어낸 술책이라고 폭로한다. 이것은 놀라운 것으로 혁명적이라고 표현할 수밖에 없을 것이다.

묵자墨子/비유非儒 하下
운명론을 고집하는 자들은 말하기를　　　　　有强執有命 以說議曰
"빈부, 수요, 안위, 치란은　　　　　　　　　　壽夭貧富 安危治亂
천명에 달려 있으니　　　　　　　　　　　　　固有天命
덜할 수도 더할 수도 없다"고 한다.　　　　　不可損益.
유가들이 이것을 도리로 가르침은　　　　　　以儒者以爲道教
천하인민을 해치는 짓이다.　　　　　　　　　是賊天下之人者也.

묵자墨子/비명非命 중中
옛 삼대의 폭군들은 반드시 말할 것이다.　　昔者三代之暴王 必曰
"망하는 것도 내 운명이요,　　　　　　　　　命故且亡
궁한 것도 내 운명"이라고.　　　　　　　　　我命故且窮.
이러한 운명론을 번지르르하게 꾸며 민중을 가르쳐　番飾有命以教衆
순박한 사람들을 어리석게 만든 지가 오래다.　愚樸人久矣.

41_ 묵자의 三表論 참조.

❀ 삼표론

묵자는 하느님을 믿지만 하느님이 역사를 지배한다고는 보지 않았다. 그러므로 공자의 천명론과 운명론을 반대한다. 그 대안으로 묵자는 천명론 대신에 삼표론三表論을 제시한다.

묵자는 하느님의 뜻天志만이 가치의 근원이며 가치의 표준이라고 주장한다. 그러면 누가 어떻게 무엇으로 그 천지를 알 수 있단 말인가? 그는 모든 존재판단과 가치판단의 기준으로 세 가지 표준 이른바 '3표'를 제시한다. 첫째로 본本이란 천지天志를 실행한 바 있는 성왕의 역사적 경험을 본으로 삼는 것이며, 둘째로 원原이란 판단 주체인 인민의 이목에 따르는 것이며, 셋째로 용用이란 실제 실천으로 검증된 인민의 이용후생에 이로운 것을 따른다는 것이다. 부연하여 설명한다면 본이란 본받을 표본이란 뜻으로 '표상'을 의미하는 것이며, 원이란 근원으로 삼아야 하는 '공동선'을 의미하는 것이며, 용이란 백성의 이익을 위한 '실용성'을 말한 것이다.

〖 가치의 표준 〗

묵자墨子/법의法儀

하늘은 행함이 넓으나 사사로움이 없고	天之行廣而無私
그 베풂이 후하나 자랑함이 없고	其施厚而不德
그 밝음이 영구하여 쇠하지 않는다.	其明久而不衰.
그러므로 성왕은 하늘을 본받아	故聖王法之
하늘이 바라는 것은 권장하고	天之所欲則爲之
하늘이 바라지 않는 것은 금지한다.	天之不欲則止之.

〖 하늘의 뜻 〗

묵자墨子/천지天志 중中

묵자는 하늘의 뜻을 가지고	子墨子之有天之意也
위로는 천하 왕공대인들의	上將以度
형벌과 제도를 헤아려보고,	天下之王公大人爲刑政也.

| 아래로는 만민의 학문과 | 下將以量 天下之萬民爲文學 |
| 담론을 헤아려본다. | 出言談也. |

【삼표론】
묵자墨子/비명非命 상上

말에는 반드시 본받을 표준을 세워야 한다.	言必立儀.
말에 표준이 없다는 것은	言而無儀
마치 돌림대 위에서	譬猶運鈞之上
동서남북을 가리키는 것과 같아서,	而立朝夕者也.
시비·이해를 분별할 수 없고	是非利害之辨
지혜를 얻을 수 없다.	不可得而明知也.
그러므로 말에는 반드시 세 가지 표준이 있어야 하며	故言必有三表
그것은 본·	曰 有本之者
원·용이다.	有原之者 有用之者.
첫째, 무엇을 근본으로 삼아야 하는가?	何於本之
위로 성왕의 역사를 본으로 삼아야 한다.	上本之於古者聖王之事.
둘째, 무엇을 근원으로 삼아야 하는가?	何於原之
아래로 백성들이 보고 들은 실정을 근원 삼아야 한다.	下原察百姓耳目之實.
셋째, 무엇을 실용으로 삼아야 하는가?	何於用之
이로써 정치를 하여	發以爲刑政
국가와 인민의 이익에 맞는지를 살펴야 한다.	觀其中國家人民之利.

이러한 묵자의 인식론에 비추어보면 유가들이 말하는 도덕론과 정치론은 지배자들이 자의로 지어낸 것이거나 관습에 불과한 것이며 검증되지 않은 허구에 불과한 것이었다.

묵자墨子/공맹公孟

묵자가 말했다.	子墨子曰
"유가들의 지식이란 것이	然則 儒者之知
어찌 갓난아기보다 어질다고 하겠는가?"	豈有以賢於嬰兒子哉.

묵자墨子/절장節葬 하下

후한 장례와 오랜 상례를 고집하는 자들은 항변한다.	今執厚葬久喪者言曰
"묵자의 말대로 후한 장례와	厚葬久喪
오랜 복상이 과연 성왕의 도리가 아니라면,	果非聖王之道
어찌 중국의 군자들이	夫胡說中國之君子
그치지 않고 행하여 왔고	爲而不已
또 붙잡고 놓지 않는 원인을 설명할 것인가?"	操而不釋哉
묵자가 말했다.	子墨子曰
"그것은 습관을 편리하게 생각하고	此所謂便其習
풍속을 의롭다 생각한 것뿐이다.	而義其俗者也
윗사람들은 이러한 풍습을 정치로 이용하고	此上以爲政
아랫사람에게는 습속이 되어	下以爲俗
끊임없이 행해지다 보니	爲而不已
이제는 붙잡고 놓을 수 없게 된 것이다.	操而不釋
그런즉 이것을 어찌 실체적 인의의 도리라 하겠는가?"	則此豈實仁義之道哉.

첫째, 삼표론은 가치의 근원인 하늘의 뜻이 인민의 뜻에 있다는 것이므로, 이는 가치의 근원이 군사부君師父에 있다는 봉건 지배이념을 부정하는 근거가 된다. 당시 봉건윤리에서는 부모와 스승에 대한 효경孝敬, 남녀와 신분의 차별有別, 임금에 대한 충의忠義를 나라와 사회를 지탱하는 삼정三正 또는 삼강三綱이라 하여 최고의 도덕규범으로 내세우고 있었기 때문이다. 그러나 묵자의 '삼표'는 이러한 지배자들의 이데올로기인 '삼강'을 반대하고, 본받을 표준은 오직 인민의 뜻과 이익이라고 선언한 것이다.

이것은 결과적으로 인민의 뜻을 하늘의 뜻으로 해석하고 전체 인민의 뜻에 총체성을 부여한 것이다. 그러므로 가치가 충돌할 때, 그 판단과 선택의 주체가 천신天神이 아니라 인민의 자유의지라는 것이다. 이것은 인본주의를 넘어 민본주의 내지 민주주의를 의미한다.

묵자墨子/법의法儀

하느님은 사람들이 서로 사랑하고 이롭게 하길 바라고	天必欲人之相愛相利也
서로 미워하고 해치는 것을 싫어하신다.	而不欲人之相惡相賊也.
「태서」에서도 말했다.	泰書曰
"민중이 하고자 하면 하늘도 반드시 따른다.	民之所欲天必從之
하늘은 우리 민중의 눈으로 보고	天視自我民視
민중의 귀로 듣는다."	天聽自我民聽.

묵자墨子/상동尙同 중中

옛 성왕들은 인민의 뜻을	古者聖王
하느님의 뜻에 화동|和同| 일치시키고자	唯能審以尙同
관장을 설치했다.	以爲正長
그런 까닭으로 상하의 실정이 통하여	是故上下之情爲通
아래에서 원망이 자라고 피해가 쌓이면	下有蓄怨積害
위에서 이것을 알고 제거할 수 있는 것이다.	上得而除之
이로써 수천 리 밖의	是以數千萬里之外
선한 자를 찾아 상을 주고	有爲善者 天子得而賞之
악을 행한 자를 찾아 벌을 줄 수 있다.	有爲不善者 天子得而罰之
이것을 보고 천하 백성들은	是以擧天下之人
감히 속이거나 포악한 짓을 할 수 없고	不敢爲淫暴
천자가 귀신처럼 보고 듣는다고 말한다.	曰 天子之視聽也神
선왕의 말씀에 이르기를 천자는 귀신이 아니라	先王之言曰 非神也
오직 인민들이 보고 듣는 것을 돕는 것뿐이다.	夫唯能使人之耳目助己視聽.

둘째, 도|道| 또는 인|仁| 등 관념적인 가치를 부정하고 인민의 실재적인 이익을 최고의 가치로 규정한 점에서 혁명적이다. 묵자는 하늘의 뜻을 민의 뜻인 '겸애'와 '교리'로 해석하고, 따라서 '의|儀|는 곧 이|利|'라고 규정한다. 여기서 의는 이이므로 가치는 관념적인 것이 아니고 경험에 기초한 사실의 기초 위에서 판단하고 선택되어야 한다. 그러므로 그는 유신론자면서도 당시 지배적인 인식의 틀인 유신론적 관념론을 거부하고 인간 개

개인의 경험을 중시하는 경험론으로 흐른다.

묵자墨子/경經 · 경설經說 상上/상上

의는 이利다.	義. 利也.
의는 뜻으로써 천하를 아름답게 하고	義. 志以天下爲芬
힘껏 인민을 이롭게 하는 것이다.	而能能利之
반드시 재화일 필요는 없다.	不必用.
이로움이란 그것을 얻으면 기뻐하는 것이고	利 所得而喜也
해로움이란 그것을 얻으면 싫어하는 것이다.	害所得而惡也.

셋째, 묵자의 '삼표론'은 미국의 실용주의와 유사하다. 그러므로 묵자야말로 인류 사상 최초의 실용주의자로 기록되어야 한다. 그가 '의는 곧 이'라고 선언한 것만으로도 혁명적이다. 그는 인민에게 이로우면 의라고 생각한 민중주의자였다. 정치, 도덕, 음악, 기술뿐만 아니라 신神까지도 인민에게 이롭지 않으면 의가 아니라고 생각했다. 그러므로 그는 귀신과 제사까지도 국가와 인민에 이로운 것이므로 인정할 수 있다고 말한다. 삼표론과 실용주의는 똑같이 결과를 진리의 기준으로 삼는다는 점에서 유사하다.

묵자墨子/노문魯問

공수반公輸盤이 대나무를 깎아 까치를 만들어	公輸子削竹木以爲鵲
하늘에 날렸더니	成而飛之
3일 동안이나 내려오지 않았다.	三日不下
공수반은 스스로 최고의 기술자라고 생각했다.	公輸子自以爲至巧.
그러나 묵자는 공수반을 비판해 말했다.	子墨子公輸子曰
"그대가 까치를 만든 것은	子之爲鵲也
내가 수레 굴대를 만든 것보다는 못한 것이오.	不如翟之爲車轄
잠깐 동안 세 치의 나무를 깎으면	須臾劉三寸之木
50석의 무게를 감당할 수 있소.	而任五十石之重.

그러므로 공적이란
사람에게 이로우면 뛰어난 것이고,
사람에게 이롭지 않은 것은
졸렬한 것이라 하는 것이오."

故所爲功
利於人謂之巧
不利於人
謂之拙.

❀ 정의론 대취와 소취

1 묵자는 하느님의 뜻을 '겸애'와 '교리'라 했고 이는 곧 '천하무인|天下無人|'의 '안생생|安生生|' 사회의 도덕률이 된다. 이러한 평등 자주사상은 정치적으로는 백성주권론|百姓主權論|, 군주선출론|君主選出論|, 군주계약설|君主契約說|로 표현된다. 그러나 이것들은 일반론이며, 구체적으로 사회적·경제적 가치가 충돌할 때 적용될 준거를 제시하는 실천적인 각론은 아니다. 그런데 묵자는 놀랍게도 2,500년 전에 이런 문제에 대해 응답했다. 그것이 바로 '교리'의 실천적 원리로서의 대취|大取|·소취|小取|론이다. 묵자는 이것을 저울에 비교한다. 부득이 해|害|를 선택할 수밖에 없을 때는 이|利|와 해를 저울질하여 해가 최소화하도록 균형을 잡아야 공정하다는 것이다.

대취는 '이익은 큰 것을 취한다'는 원칙이며, 소취는 '해로운 것은 작은 것을 취한다'는 원칙이다. 즉 자유의 평등은 이로운 것이므로 최대로 해야 하며, 차별과 차등은 해로운 것이므로 최소로 해야 한다는 것이다. 이러한 묵자의 공평 정의의 원리는 2,500년 후에 존 롤스|John Rawls, 1921~2002|의 정의론과 비슷하다. 롤스는 평등론을 정의론으로 접근했다. 사회적 경제적 불평등을 부득이 용인할 수밖에 없을 경우에도 그것이 사회적 약자에게 최대한 이익이 되도록 해야만 평등의 대원리를 훼손하지 않고 정의로운 것이 될 수 있다는 것이었다.

묵자의 대취·소취론도 정의론이다. 묵자는 "의|義|는 곧 이|利|다"라고 말했다. 바꾸어 말하면 '이|利|는 의요 해|害|는 불의'다. 따라서 해는 불의

이므로 최소화하는 것이 하늘의 뜻이다. 부득이 해를 취하는 것도 불의인 것은 마찬가지다. 그러기에 부득이 불의를 취해야 하는 경우에는 불의 중에서 가장 작은 불의를 선택해야 한다는 것이다. 그리고 그 작은 불의는 자기에게 이로운 것이 아니다. 그러므로 묵자는 "해 중에서 작은 해를 취하는 것은 의를 구하고자 함이며 이│利│를 위한 것은 아니다"라고 말한 것이다.

묵자墨子/대취大取[42]

개체들 가운데서	於所體[43]之中
경중을 헤아리는 것을 저울이라 말한다.	而權輕重之謂權
저울은 옳다고 말할 수도 없고	權非謂是也
그르다고 말할 수도 없지만,	亦非爲非也
저울은 공정한 것이다.	權正也.

2 오늘날 전해지는 『묵자』 책은 「대취│大取│」편과 「소취│小取│」편으로 나뉘어 있으며, 「대취」편의 내용은 정의론이고 「소취」편의 내용은 논리학적 내용으로 채워져 있다. 이것을 현상대로 해석한다면 「대취」편은 '의는 큰 것을 취하라'는 뜻의 정의론이었고, 「소취」편은 '명제는 작은 것을 취하라'는 뜻의 명론이다. 그러나 지금의 『묵자』 책은 죽간들이 흩어져 순서를 바로잡지 못했고 일부는 유실되었다고 보아야 할 것이다. 그리고 「소취」편의 명론은 전국시대에 명가│名家│들이 득세하고 묵가들이 묵변│墨辯│으로 기울었던 후기에 보충되었다고 보아야 할 것이다. 또한 남아 있는 글의 전체 내용으로 보면 「대취」편과 「소취」편 모두에 정의론과 명론이 혼합되어 있었을 것으로 추측해도 무방할 것이다.

42_ 이 글은 利는 大取하고 害는 小取함은 저울의 도(權道)라는 것이다.
43_ 體=兼이 나누어진 것(體分於兼也 : 墨子/經 上/上).

어쨌든 『묵자』는 대취와 소취의 구체적인 사례를 다음과 같이 예시하고 있다.

❶ 불의(不義, 害) 중에서 작은 것을 취하라

묵자墨子/대취大取

손가락을 잘라 팔을 보존했다면	斷指以存腕
이익 중에서 큰 것을 취한 것이며	利之中取大
해로운 것 중에서 작은 것을 취한 것이다.	害之中取小也.
해 중에서 작은 것을 취한 것은	害之中取小也
해를 취한 것이 아니라 이를 취한 것이다.	非取害也 取利也.
그것을 취하는 것은 사람마다 결정할 일이다.	其所取者 人之所執[44]也.

❷ 의(義, 利) 중에서 큰 것을 취하라

묵자墨子/대취大取

하느님이 인민을 사랑하는 것은	天之愛人也
성인이 인민을 사랑하는 것보다 두루 넓고 크다.	溥於聖人之愛人也
하느님이 인민을 이롭게 하는 것은	天之利人也
성인이 인민을 이롭게 하는 것보다 두루 넓고 크다.	溥於聖人之利人也.

묵자墨子/법의法儀[45]

그러므로 부모·학문·군주는	故父母學君三者
다스리는 법도로 삼을 수 없다.	莫可以爲治法.
그러면 무엇을 치법으로 삼아야 옳은가?	然則奚以爲治法而可
하느님의 뜻을 법도로 삼는 길밖에 없다.	曰 莫若法天.
하느님은 그 행함이 크고 사사로움이 없으며	天之行廣而無私
후하게 베풀되 자랑하지 않으며	其施厚而不德
그 밝음이 영원하여 쇠함이 없다.	其明久而不衰.

44_ 執=主也, 猶斷.
45_ 이 경우는 대취이며, 성인보다 천제를 취함은 義 중에서 큰 것을 취한 것임.

그러므로 성왕들은 하느님을 법도로 삼아	故聖王法之
하느님이 하고자 하는 바를 행하고	天之所欲則爲之
하느님이 바라지 않는 일은 금했던 것이다.	天所不欲則止.

❸ 불의로써 의을 취하지 말라

묵자墨子/대취大取[46]

노예를 사랑하는 것은 진정 인민을 사랑하는 것이니	乃愛獲之愛人也
노예에 대한 사랑을 버려 천하가 이롭다고 해도	去其愛而天下利
노예에 대한 사랑을 버릴 수는 없다.	不能去也

묵자墨子/대취大取[47]

한 사람을 죽여[不義] 천하가 보존된다 해도[義]	殺一人以存天下也
한 사람을 죽인 것은 천하를 이롭게 한 것이 아니다.	非殺一人以利天下也.
자기를 죽여 천하를 보존했다면	殺己以存天下也
자기를 죽인 것은 천하를 이롭게 한 것이다.	是殺己以利天下.
일을 하는 가운데	於事爲之中
경중을 헤아리는 것은 욕구라고 할 수 있다.	而權輕重之謂求.
욕구대로 하는 것은 옳다고 할 수도 없고	求爲之非謂是也
그르다고 할 수도 없다.	亦非爲非也.
해 중에서 작은 것을 취한 것은	害之中取小
의를 구하고자 함이지 이[利]를 위한 것은 아니다.	求爲義 非爲利也.

❹ 두루 이로운 것公義을 취하라

묵자墨子/대취大取

성인은 자기 집을 위하여 저장하지 않으며	聖人不爲其室藏之
오히려 사유를 비난한다.	非於藏
사유는 자기를 위할 뿐	藏之愛己
자기와 인민을 다 같이 사랑한 것이 아니다.	非爲愛己之人也

46_ 불의로 의를 행하는 것 즉 불의한 수단으로 선한 목적을 이룬다 해도 역시 불의라는 것이다.
47_ 이것은 義를 위해 不義를 행할 수 없다는 것이다.

인민을 후대하는 것은 자기를 제외하는 것이 아니다.	厚人不外己
사랑은 후하고 박함이 없다.	愛無厚薄
자기만 내세우면 어진 사람이 아니다.	擧己非賢也
의는 이(利)며 불의는 해(害)다.	義利 不義害
뜻은 인민을 이롭게 한 실적으로 분별될 뿐이다.	志功爲辨.

3절 묵자의 지상천국

❀ 안생생사회

하느님의 사도이며 절용문화운동과 반전평화운동을 조직적으로 전개한 묵자는 어떤 이상사회를 꿈꾸며 투쟁했는가? 그는 하느님이 이 땅에 지존으로 강림하기를 소원했다. 이것은 그가 하느님의 뜻이 실현되는 지상낙원을 꿈꾸었다는 것을 말해 주고 있다.

묵자墨子/천지天志 중中
밝고 지혜롭고 벼리가 되시는 하느님!　　　　　明哲維天
이 땅에 지존으로 강림하소서!　　　　　　　　臨君[48]下土.

묵자墨子/천지天志 중中
하느님의 뜻을 순종하고 받들어　　　　　　　故唯毋明乎順天之意

48_ 君=至尊也.

온 세상에 펴 시행하면,	奉而光施之天下
나라가 다스려져 태평하고	則刑政治
만민이 화목하고 부유하며	萬民和 國家富
재화가 풍족하여	財用足
온 백성이 모두 따뜻한 옷을 입고	百姓皆得煖衣
배부르게 먹으며	飽食
아무런 걱정 없이 편안하게 살 수 있는 세상이 되리라.	便寧無憂.

묵자는 이러한 지상낙원을 '안생생사회'라고 말하고 있다. 과연 안락한 생명살림의 세상은 어떤 모습일까? 『묵자』의 여러 글들에서 그 모습을 정리해 보면 다음과 같다.

묵자의 안생생사회

천지 天志(兼愛)	• 부모, 학문, 군주는 다스리는 법도로 삼을 수 없다. 그러면 무엇을 치법으로 삼아야 옳은가? 하느님의 뜻을 법도로 삼는 길밖에 없다. <div style="text-align:right">묵자墨子/법의法儀</div> • 삼대 성왕들은 무엇을 따라 정사를 했는가? 평등[兼]을 따르고 차별[別]을 따르지 않았다. <div style="text-align:right">묵자墨子/천지天志 중中</div>
민주·평등	• 군주란 인민들의 일반적인 계약이다. 묵자墨子/경經 상上/상上 • 하늘이 처음 백성을 지었을 때는 통치자가 없었고 백성이 주권자였다. 그러나 백성이 주권자였으므로 사람마다 자기의 뜻은 옳고 남의 뜻은 그르다 하며 크게는 전쟁이 일어나고 작게는 서로 다투게 되었다. 이에 천하의 뜻을 통일하고자 천자를 선출하였다. <div style="text-align:right">묵자墨子/상동尙同 하下</div> • 하느님의 뜻을 순종하는 것은 겸[兼]이요, 하느님의 뜻을 거역하는 것은 별[別]이다. 평등[兼]을 도로 삼으면 의로운 정치며, 차별[別]을 도로 삼으면 폭력정치다. <div style="text-align:right">묵자墨子/천지天志 하下</div>

공동체	• 천하에 남이란 없다.	묵자墨子/대취大取
	• 서로 사랑하고 이롭게 하려면 남의 나라를 내 나라처럼 보고, 남의 가문을 내 가문처럼 보고, 남의 몸을 내 몸처럼 보라.	묵자墨子/겸애兼愛 중中
	• 장님과 귀머거리가 서로 도우면 장님도 볼 수 있고 귀머거리도 들을 수 있다. 처자식이 없는 늙은이도 부양을 받아 수명을 다하고, 부모 없는 고아들도 의지할 데가 있어 무럭무럭 자란다.	묵자墨子/겸애兼愛 하下
복지사회	• 모든 노동자들은 각자 소질대로 일에 종사하며, 모두에게 필요한 만큼 공급해 주고, 그것으로 그친다.	묵자墨子/절용節用 중中
	• 어진 사람이 되려면 어찌해야 하는가? 힘 있는 자는 서둘러 남을 돕고, 재물이 있는 자는 남에게 나누어 주고, 도를 아는 자는 열심히 남을 가르쳐주어라. 그러면 굶주린 자는 밥을 얻고, 헐벗은 자는 옷을 얻고, 피로한 자는 쉴 수 있고, 어지러운 것이 다스려지리라. 그것을 '안생생사회'라고 말한다.	묵자墨子/겸애兼愛 하下
공유共有 · 절용節用	• 사유를 제약하지 않고는 결코 도둑을 없앨 수 없는 것이다. 성인은 집에 재물을 저장하지 않는다. 사유를 반대하기 때문이다. 사유는 자기만을 위한 것일 뿐 남과 자기를 동시에 사랑하는 것이 아니기 때문이다.	묵자墨子/대취大取
	• 성왕의 정치는 생산을 장려하여 풍족하게 재화를 쓸 수 있도록 하고, 이용후생에 유용하지 않으면 안 된다. 그러므로 재화가 낭비되지 않고, 백성들은 피로하지 않고, 이로움이 많이 일어나는 것이다.	묵자墨子/절용節用 상上
평화	• 하느님은 사람들이 서로 사랑하고 이롭게 하기를 바라고, 서로 미워하고 해치는 것을 싫어하신다.	묵자墨子/법의法儀
	• 대국이 의롭지 않으면 함께 걱정하고, 대국이 소국을 공격하면 소국을 구원해 주어라. 전쟁 비용으로 내치內治에 힘쓰면 공업功業이 배가 될 것이다.	묵자墨子/비공非攻 하下

⚜ 『예기』의 대동사회와 소강사회

그런데 『예기』라는 책의 「예운」편에서 사회구성체가 요순의 대동사회에서 삼대^{우·탕·문·무}의 소강사회로 변천했다고 말하고 있다. '예운'이란 '예의 변천운동'이란 뜻으로 시대의 변천에 따른 통치이념의 변천을 의미한다. 이를 정리하면 아래와 같다.

『예기』의 대동사회 요순시대	
대도 大道	• 대도가 행해지니
민주·평등	• 천하는 만민의 것이 되었고[天下爲公], 어질고 유능한 자가 선출됨으로써, 신의 있고 화목하게 되었다.
공동체 天下無人	• 자기 부모만 사랑하지 않고 자기 자식만 자애하지 않는다.
복지사회	• 늙은이는 수명을 다하고, 젊은이는 재능을 다하고, 어린이는 무럭무럭 자랐으며, 홀아비·과부·고아·늙은이·병자도 모두 편히 부양받았다. 남자는 직분이 있고 여자는 시집을 갈 수 있었다.
공유제 共有制	• 재물의 낭비를 싫어하지만 자기만을 위해 소유하지 않으며, 노동하지 않는 것을 미워했으나 반드시 자기만을 위하지 않는다.
평화세상	• 간특한 모의가 통하지 않고 도둑·변란·약탈이 없으니, 대문을 닫지 않고 살았다. 이것을 일러 '대동'이라 말한다.

『예기』의 소강사회 우·탕·문·무

예치 禮治	• 오늘날은 대도가 쇠미해지니
신분세습	• 신분세습으로 천하는 가문의 사유물이 되었다.|天下爲家|.
공동체 ↓ 가족주의	• 저마다 자기 부모만을 사랑하고, 자기 자식만을 어여삐 여기며, 재물과 노동은 자기만을 위한 것이 되었다.
평등사회 ↓ 신분사회	• 대인은 세습을 예로 삼았으며, 성곽과 못을 만들어 굳게 지키고, 예의를 만들어 기강을 세웠다. 이로써 군신이 바르고, 부자가 돈독하고, 형제가 화목하고, 부부가 화락했다.
공유제 共有制 ↓ 사유제 私有制	• 용감하고 지혜 있는 자를 어질다 칭송하니 모두가 자기만을 위하여 공을 세우려 했다. 예로써 제도를 설정하고 정전제|井田制|가 수립되었다.
평화 ↓ 전쟁 ↓ 군주제	• 이에 세상에는 간특한 모의가 일어나니 전쟁이 일어났다. 우·탕·문·무와 성왕과 주공 등이 이 어지러움을 수습했으므로 천자로 선출되었다. 이들 여섯 군자들은 몸소 예를 실천하고 예로써 다스렸다. 즉 마땅함을 드러내고|義| 믿음을 쌓고|信| 허물을 밝히고|知| 어진 마음을 본받아|仁| 겸양토록|禮| 가르쳐, 백성들에게 오상의 도를 보여주었던 것이다. 만약 이러한 도를 어기는 자가 세력을 가지게 되면 모두에게 큰 재앙이 될 것이므로 제거했다. 이것을 일러 '소강'이라 말한다.

『예기』라는 책의 내력은 복잡하다. 주의 봉건제도에 관한 제도와 의식을 설명한 『예경|禮經|』이 있었으나 진시황|秦始皇, 재위 BC 247~210|의 분서갱유를 거치면서 거의 일실되었는데, 서한|西漢|의 문헌학자인 유향|劉向, BC 77~6|이

전국시대로부터 서한 초까지 백가들의 『예경』에 관한 131편의 글을 모아 『예기』라는 이름으로 편찬한 것이다. 그 후 이것을 대덕[戴德]이 85편으로 정리한 것을 『대대예기[大戴禮記]』라 하고, 대성[戴聖]이 49편으로 정리한 것을 『소대예기[小戴禮記]』라 한다. 오늘날의 전해지는 『예기』는 『소대예기』다.

그러나 『예기』의 편찬자는 대동사상이 누구의 글인지를 밝히지 않았다. 자유[子游] 문인설, 순자설, 전국 말 또는 진한[秦漢] 시대의 어느 유학자의 작품일 것이라는 설 등 정설이 없는 실정이다. 나의 견해로는 예치주의를 주장한 순자의 글이라고 본다.

대동이라는 말의 일반적인 뜻은 대동소이[大同小異], 대동단결[大同團結], 태평성세[太平盛世]라는 의미로 쓰인다. 이 중에서 '태평성세'라는 의미의 어원은 『예기』 「예운」편에 최초로 보이는 이상사회로서의 '대동'이다. 동[同]은 평[平]과 화[和]의 뜻이며, 대동사회는 평등·평화사회를 의미한다.

❀ 대동사회론의 수난

1 그런데 어느 때부터인가 한동안 '대동'이라는 말은 불온한 사상으로 낙인찍혀 수난을 각오하지 않으면 꺼낼 수 없는 금기가 되었다. 그러나 지금은 '대동'이란 말이 우리에게 너무도 친숙한 말이 되었다. 요즘은 드물지만 1980~1990년대의 대학 캠퍼스에는 으레 '대동제' 또는 '대동굿'을 한다는 플래카드가 걸린 것을 흔히 볼 수 있었다. 그리고 문인단체가 주관하는 '대동장승제'가 곳곳에서 열리기도 했다. 우리나라 사람들에게 '대동'이란 낱말은 남다른 감회를 회상하게 한다. 전주 정여립[鄭汝立, ?~1589]은 대동계[大同契][49]를 조직했다가 역적으로 몰려 죽임을 당했고 수천 명의 선비들이 고초를 겪었다. 이후로 전라도는 역향[逆鄕]이라는 딱지가 붙어 조선이 망하기까지 전라도 출신은 중요한 관직에 나갈

수 없었기 때문이다.

『예기』에서의 대동사회는 '천하위공 天下爲公' 즉 천하는 어느 가문의 사물 私物 이 아니고 만민의 공물 公物 이라는 강령을 기본 테제로 한다. 그런데 바로 이러한 '천하위공'이라는 강령을 『예기』로부터 약 2천 년이 지난 16세기 말에 조선의 정여립이 대동계의 강령으로 내걸었다가 죽임을 당했던 것이다.

그러나 이보다 앞서 『예기』 이후 '대동' 사상을 말함으로써 수난을 당한 사람은 순자와 동시대인 진 秦 의 여불위 呂不韋, ?~BC 23 가 최초일 것이다. 여불위는 진시황이 천하를 통일하는 데 주도적인 역할을 한 진나라 재상으로 그의 집안에는 문하에 빈객이 3천이며 가동 家僮 이 1만이나 되는 대부호이기도 했다. 이때는 대동사상 大同思想 즉 상동 尙同 과 겸애 兼愛 를 주장하는 묵가들이 아직 활동하고 있던 시대였다. 여불위는 유가·묵가·명가·법가 등 빈객들의 도움으로 기원전 239년 『여씨춘추 呂氏春秋 』를 펴냈는데, 그는 이 책에서 대동은 '천지만물이 일신동체'라는 뜻이며, '천하는 한 사람의 것이 아니라 천하만인의 것'이라고 설명했다. 이러한 사상적 경향으로 여불위는 진시황과 충돌했고 급기야 진시황 11년 촉으로 귀양을 가던 중에 음독자살했다.

여씨춘추呂氏春秋/권13/유시람有始覽/유시有始

천지만물은 한 사람의 몸과 같다.	天地萬物一人之身也
이것을 일러 '대동'이라 말한다.	此之謂大同.

49_ 大同契=鄕約이라고도 불려지는 洞契 또는 洞約은 정여립이 활동할 당시는 농민 등 하층민들은 가입할 수 없는 士族들의 결사체였다. 그러므로 농민을 위주로 하는 반상의 구별 없는 정여립의 대동계는 선구적인 것이었다. 그러나 정여립이 죽고 3년 후에 일어난 임진왜란(1592~1596) 이후부터 시작하여 병자호란(1636) 이후에는 전후복구를 위하여 하층민들의 村契가 조직되기 시작했고, 이것과 기존의 사족들의 향약이 촌락을 기반으로 결합하여 대동계 또는 향약계라는 이름으로 조직되기도 했다. 지금도 그 흔적이 전해지고 있는 마을들이 있다.

여씨춘추 呂氏春秋/권1/맹춘기 孟春紀/귀공 貴公

옛 성왕들이 천하를 다스릴 때는	昔先聖王之治天下也
반드시 모두 더불어 하는 공평을 앞세웠다.	必先公.
공평하면 천하가 평등하고	公則天下平矣
평등하면 공평하다.	平得於公.
천하는 한 사람의 천하가 아니라	天下非一人之天下也
천하만민의 천하이다.	天下之天下也.

그러나 『육도 六韜』에 의하면 '천하위공 天下爲公'이란 말은 여불위보다 앞서 태공망 太公望이 주나라 문왕에게 한 말이라고 한다. 그러나 『육도』라는 책은 태공망이 직접 지은 것이 아니라 그의 이름을 빌려 전국시대에 지은 병서 兵書라고 한다.

육도 六韜/무도 武韜/발계 發啓

문왕이 풍에 있을 때 태공을 불러 말했다.	文王在酆 召太公曰
"오! 상나라 걸의 학정이 극에 달했으니	嗚呼 商王虐極
죄 없는 사람을 죄를 주어 죽이고 있는데	罪殺不辜
공께서는 오히려 짐을 책망하고 민을 걱정합니다."	公尙脇予憂民.
태공이 말했다.	太公曰…
"백성과 더불어 아픔을 같이하고 서로 보호해 주며	與人同病相救
마음을 함께하고 성공을 함께하며	同情相成.
싫은 것을 함께하고 도움을 함께하며	同惡相助
좋은 것도 함께하고 성취함도 함께해야 합니다.	同好相趣.
그러면 병사가 없어도 이길 수 있고	故無甲兵而勝
성을 허무는 기계가 없어도 공격할 수 있고	無衝機而攻
해자와 참호가 없어도 지킬 수 있습니다.	無溝塹而守.
큰 지혜는 지략을 쓰지 않고	大智不智
큰 꾀는 꾀를 부리지 않습니다.	大謀不謀
큰 용기는 용기를 뽐내지 않고	大勇不勇
큰 이로움은 이롭지 않습니다.	大利不利.

천하에 이로운 것은 모든 사람이 문을 열고 맞으며 　利天下者天下啓之
천하에 해로운 것은 모든 사람이 문을 닫고 막습니다. 　害天下者天下閉之.

천하는 한 사람의 천하가 아니라 　　　　　　　　　天下者非一人之天下
천하만민의 천하입니다.　　　　　　　　　　　　　乃天下之天下也
천하를 모으는 것은 들짐승을 사냥하는 것과 같으니　取天下者 若逐野獸
모든 사람이 고기를 나눠 갖고 싶은 마음을 가집니다. 而天下皆有分肉之心.
같은 배를 타고 물을 건너는 것과 같아서　　　　　　若同舟而濟
물을 건너면 다 함께 이롭고　　　　　　　　　　　　濟則皆同其利
실패하면 다 함께 해를 당합니다.　　　　　　　　　敗則皆同其害.
그런즉 모두에게 열려 있고 　　　　　　　　　　　 然則皆有以啓之
닫고 막는 일이 없어야 합니다."　　　　　　　　　 無有以閉之.

중국 학자들이 '대동'이란 말에 관심을 다시 갖게 된 것은 정여립보다 한 세대쯤 늦은 1630년경이며, 그 사정 또한 조선과 비슷하다. 1628년에 일어나 1644년 명나라를 멸망시킨 이자성[李自成, 1606~1645][50], 장헌충[張獻忠, 1606~1646] 등의 농민반란군은 '대동'이란 개념을 직접 사용하지는 않았지만 균전[均田]과 면부[免賦]를 혁명구호로 내걸고 봉건 토지 소유제도의 혁파를 주장했으며, 이에 영향을 받은 황종희[黃宗羲, 1610~1695], 왕부지[王夫之, 1619~1692] 등 진보적인 사상가들이 군주제를 완전히 부인하지는 못했으나 천하는 한 개인의 사유물이 아니라 모든 사람의 세상이 되어야 한다고 주장함으로써 '군주의 사'와 '천하의 공'을 구분하기 시작했다.

중국에서 대동사회에 대한 이상을 직접 고무하기 시작한 것은 청나라 말기에 홍수전[洪秀全, 1814~1864], 캉유웨이[康有爲, 1858~1927], 쑨원[孫文, 1866~1925] 등 반봉건 투쟁의 혁명가들이었다. 특히 농민혁명의 영수인 홍수전은 기독교의 평등사상과 『예기』의 대동사상을 결합하여 '천하가 한 가족처럼 다 함께 형통하고 태평한 태평천국'의 건설을 외치며 이것이 바로 '천하위

50_ 驛卒 출신으로 북경을 점령하고 闖王(틈왕)을 자처했으나 이듬해 淸에 패하여 자결함.

공의 대동사회'라고 선전했다. 특히 그가 주장하는 '경제 평균주의'가 바로 대동사회의 대도|大道|라고 말했던 것이다. 이처럼 대동이라는 말은 원래부터 봉건제도의 모순이 심화되어 토지겸병과 민중수탈로 민생이 피폐하고 민심이 흉흉하여 새로운 변혁이 요청될 때마다 나타나는 반봉건 혁명의 구호였던 것이다.

그 후 중국에서 대동이라는 말을 사회사상적 개념으로 다시 거론한 것은 청나라 말기 근대화를 위한 개량주의적 혁명운동을 영도한 캉유웨이가 변법자강|變法自强|의 기본 방향을 제시한 『대동서|大同書|』가 최초였다. 캉유웨이는 1913년 잡지 《불인|不忍|》에 발표한 「인류공리|人類公理|」[51]에서, 예기의 '대동사회→소강사회'로의 역사발전단계설을 기초로 하고, 『춘추공양전|春秋公羊傳|』의 '소전문세|所傳聞世|→소문세|所聞世|→소견세|所見世|'라는 공양삼세설|公羊三世說|을 덧붙여, 이를 다시 '거란세|據亂世|→승평세|升平世|→태평세|太平世|'라는 새로운 역사진화설을 주장했다. 그는 당시 중국의 현실을 봉건적인 '거란세'로 규정하고 '승평세'는 자본주의적 자유주의 사회에, 태평세는 사회주의 사회에 해당되는 것으로 보았으며 특히 대동사회를 태평성세로 규정하고 지평|至平|·지공|至公|·지인|至仁|·지치|至治|의 일체 평등의 무계급·무소유의 평등사회로 묘사하고 있다. 즉 캉유웨이의 역사발전단계설은 『예기』와는 반대로 '소강사회→대동사회'로 발전한다고 본 것이다.

⚜ 대동사회는 곧 안생생사회

앞에서 예시한 『예기』의 대동사회에 대한 기록과 묵자의 천하무인|天下無人|의 안생생사회에 관한 어록을 비교해 보면 너무도 같다는 것을 쉽게 알

---

[51] 1919년 『大同書』로 단행본 출간.

수 있다. 「예운」편의 "천하는 만민의 것"이란 말은 묵자의 "천하에 남은 없다"[天下無私], "백성이 주권자"[百姓爲主]라는 주장과 일치하며, 「예운」편의 "재물을 땅에 버리는 낭비를 싫어하지만 결코 자기만을 위하여 소유하지 않는다"는 말은 묵자의 사유제 반대 그리고 절용·절장과 일치하며, 「예운」편의 "몸소 노동하지 않는 것을 부끄러워했으나 반드시 자기만을 위하지 않는다"는 말은 묵자의 노동주의와 일치한다. 특히 이러한 절장, 노동, 반전사상은 다른 사상가에게서는 발견할 수 없는 오로지 묵자만의 특징이다. 그러므로 필자는 『예기』의 '대동사회'는 유가의 사상이 아니라 묵자의 이상사회인 '안생생사회'를 설명한 것이라고 본다.

그렇다면 『예기』는 유가들의 예론을 기록한 책인데 왜 대동사회를 기록했을까? 그것은 묵가들이 주장하는 대동사회를 선양하려는 것이 아니라 그 비현실성을 비판함으로써 이와 대립되는 유가들의 '소강사회'의 당위성을 설명하기 위한 것이라고 보아야 한다.

묵자는 평등공동체를 지향한 공화주의자였다. 그가 말한 '천하무인'은 천하만민은 모두 남이 아니라 한 형제요, 동포라는 뜻으로 공동체사회를 표현한 말이다. 묵자의 '상동'[尙同]은 대동을 숭상한다는 뜻이다. 묵자의 '안생생'은 '안락한 살림살이'라는 뜻으로 대동사회를 경제적으로 표현한 말이라고 보아야 할 것이다. 즉 대동사회와 안생생사회는 같은 말로 묵자의 이상사회였던 것이다.

그러므로 대동사회의 이념인 대도는 천지, 즉 하느님의 뜻을 높여 지칭한 것이다. 그렇다면 대동사회는 묵자의 하느님 나라를 말한 것이다. 즉 대동사회 또는 안생생사회는 묵자가 이 땅 위에 건설하려고 했던 하늘나라였던 것이다.

묵자는 천제를 겸애와 교리라고 말했다. 그는 자신의 가르침을 통틀어 '천하무인'[天下無私] 네 글자로 요약했다. 천하무인은 '겸'을 표현한 말이다. '겸' 또는 '천하무인'은 '대동'과 같은 뜻이다. 이를 도덕률로 삼는 사회는 혈연과 신분을 초월하여 만인이 두루 평등한 대동사회가 된다는 뜻이다. 다시 말하면 천하무인의 대동세상에서는 그 인간관계가 인류 보편적인 평등한 사랑, 즉 겸애가 되어야 한다.

묵자墨子/법의法儀

천하 대소 국가는	今天下無大小國
모두 하느님의 고을이며	皆天之邑也
사람은 어른과 아이, 귀와 천을 불문하고	人無幼長貴賤
모두 하느님의 신하다.	皆天之臣也.

묵자墨子/천지天志 중中

삼대 성왕들이 종사한 것은	三代聖王焉所從事
차별이 아니라 평등이었다.	曰從事兼不從事別.
삼대 폭군이 종사한 것은	三代暴王焉所從事
겸이 아니라 별이었다.	曰從事別不從事兼.

묵자墨子/소취小取

사람을 사랑한다는 것은	愛人
모든 사람을 두루 사랑한 연후에야	待周愛人
사람을 사랑한다고 말할 수 있다.	而後爲愛人
그러나 사람을 사랑하지 않는다는 것은	不愛人
모든 사람을 사랑하지 않는다는 것을 의미하지 않는다.	不待周不愛人
한 사람이라도 사랑하지 않으면	不周愛
사람을 사랑한 것이라고 말할 수 없다.	因爲不愛人矣

❀ 소강사회는 공자의 이상사회

대동사회는 '대도大道'가 행해진 사회이고 소강사회는 '인예仁禮'로 다스리는 사회다. 대동사회는 '천하가 만민의 공물天下爲公'인 평등사회인데 반해, 소강사회는 '천하가 한 가문의 소유天下爲家'가 된 봉건사회다. 그 시기는 요순시대를 대동사회라 했고, 대도가 쇠미해져 인예로 다스린 하·은·주 삼대를 소강사회라 했다. 즉 이는 사회구성체를 설명한 것으로서 요순·평등공동체·대동시대→삼대·신분차별의 예치·소강시대로 정리한 것이다. 그러므로 소강사회는 존주尊周와 인예仁禮를 주장한 공자가 지향하는 사회임이 분명하다.

논어論語/안연顔淵 1

안연이 인仁을 묻자 공자가 말했다.	顔淵問仁. 子曰
"사사로운 욕망을 이기고 예로 돌아가는 것이	克己復禮
인을 행하는 것이다.	爲仁也
날마다 '주기하여 복례'하면	一日克己復禮
천하가 인자에게 귀의할 것이다."	天下歸仁焉
안연이 인의 세목을 물었다.	顔淵請問其目.
공자가 말했다.	子曰
"예가 아니면 보지도 듣지도 말고	非禮勿視 非禮勿聽
예가 아니면 말하지도 행하지도 말라!"	非禮勿言 非禮勿動.

중용中庸/20장

공자가 말했다.	子曰
"인은 귀인다움이니, 친척을 사랑하는 것이 중요하다.	仁者 人[52]也.
의는 마땅함이니 어진 이를 높여주는 것이 중요하다.	親親爲大.
친척을 촌수에 따라 사랑하는 것은 차등이며	親親[53]之殺[54]
어진 이를 높여주는 것은 계급이다.	尊賢之等[55]
예는 여기서 생기는 것이다."	禮所生也.

52_ 人=聖人, 大人 등 귀족계급.
53_ 親=愛也, 長父兄也.
54_ 殺=差也.
55_ 等=差也 階級也.

맹자孟子/진심盡心 상上

요순의 인은 사람을 두루 사랑하는 것이 아니다.   堯舜之仁 不徧愛人.
친척과 현자가 더 중요하기 때문이다.   急親賢也.

【평등주의 비판】

맹자孟子/등공문滕文公 하下

양자는 위아주의이니 군주가 없으며   楊氏爲我 是無君也
묵자는 겸애주의이니 부모가 없다.   墨氏兼愛 是無父也
애비가 없고 군주가 없으면 금수일 뿐이다.   無父無君是禽獸也
그러나 양묵의 도가 천하에 가득하여 식을 줄 모르니   楊墨之道不息
공자의 도는 드러나지 않는다.   孔子之道不著
이들은 거짓 언술로 백성을 속이고 인의를 막는다.   是邪說誣民充塞仁義也
인의가 막히면 짐승을 몰아   仁義充塞
사람을 잡아먹을 것이며   則率獸食人
끝내는 사람이 서로를 잡아먹을 것이다.   人將相食
나는 이처럼 선왕의 도가 막힐까 두려워   吾爲此懼 閑先聖之道
양묵을 추방하여   距楊墨
거짓된 사설이 일어나지 않도록 하려 한다.   放淫辭邪說者不得作.

그러므로 공자의 인예|仁禮|는 대동사회의 '천하위공'과는 대립적이다. 그래서 묵자는 공자의 신분차별의 인예를 반대하고 그 대안으로 겸애를 주장했던 것이다.

묵자墨子/경經·경설經說 상上/상上

예는 공경이다.   禮 敬也.
예는 귀한 자에게는 공평이지만   禮 貴者公
천한 자에게는 신분과 직분을 제한하는 명분일 뿐이니   賤者名
공경과 멸시를 함께 갖고 있으며   而俱有敬僈焉
등급과 다름을 차례 지우는 것이다.   等異[56]論[57]也.

묵자墨子/경經·경설經說 상上/상上

공자가 말하는 '인仁[다]'이란 개인적인 사랑[體愛]이다.	仁體愛也
'인'은 자기를 사랑하는 것이지만	仁愛己者
자기를 이용하기 위한 것은 아니므로	非爲用己也
우마를 사랑하는 것과는 다르다.	不若愛馬者.

묵자墨子/대취大取

유가들은 친밀함이 크면 후하게 하고	親厚厚
친밀함이 적으면 박하게 한다고 하지만,	親薄薄.
그것은 친한 사람에게는 좋지만	親至
박한 사람에게는 좋지 않다.	薄不至[58]也
의리상 친한 사람에게 후하게 한다고 하지만	義厚親
공평하게 행하는 것이 아니라	不稱行
편파적으로 행하는 것에 불과하다.	而類[59]行.

56_ 異=分也, 不同也, 別貴賤也.
57_ 論=議也, 倫也, 次也, 別也.
58_ 至=善也.
59_ 類=偏頗也.

4절 묵자의 하느님 모습

⊗ 민중해방의 구세주

춘추전국시대 제자백가 중에서 공자와 묵자는 보수와 개혁을 대표하는 쌍벽이었다. 그런데 그 갈림은 공자의 천제는 왕권의 수호신이고 묵자의 천제는 민중의 수호신이라는 점에서 가장 두드러지게 나타난다. 하느님은 공자나 묵자가 발명한 것이 아니라 그들보다 2천여 년 전부터 믿어오고 있었던 것이다. 다만 묵자는 그것을 민중의 해방신으로 복원했을 뿐이다.

특히 묵자는 인간이란 모두가 다같이 하느님의 자손 즉 천손(天孫)으로 생각한다. 즉 만민은 누구나 하느님의 아들이라는 뜻이다. 이것은 단군신화나 후직신화와 유사하며 특히 동이족의 인내천 및 홍익인간 사상과 맥을 같이 한다. 이 점에서 예수만이 하느님의 외아들이라는 기독교와 크게 다른 점이다. 이처럼 묵자의 신관이 우리의 신관과 같은 것은 그가 고구려의 뿌리인 고죽국의 두 왕자 백이숙제의 후손이기 때문일 것이다.

묵자墨子/법의法儀

천하 대소 국가는	今天下無大小國
모두 하느님의 고을이며,	皆天之邑也
사람은 어른·아이·귀족·천민을 불문하고	人無幼長貴賤
모두 하느님의 백성이다.	皆天之臣也.

묵자墨子/천지天志 중中

하느님의 뜻을 밝혀 순종하고	故唯毋明乎順天之意
받들어 온 세상에 펴 시행하면,	奉而光[60]施之天下
나라가 다스려져 어지럽지 않고	則刑政治
만민이 화목하고 부유하며	萬民和 國家富
재화가 풍족하여	財用足.
온 백성이 모두 따뜻한 옷을 입고 배부르게 먹으며	百姓皆得煖衣飽食
아무런 걱정 없이 편안하게 살 수 있는 세상이 되리라.	便寧無憂.

묵자墨子/겸애兼愛 하下

하느님의 뜻을 따르는	是故子墨子曰
차별이 없는 평등정치는	別非而兼是者 出乎若方也.
장님과 귀머거리들이	是以聰耳明目
서로 협동하여 보고 들을 수 있으며,	相爲視聽乎.
팔 병신과 다리 병신도	是以股肱異
서로 협동해 온전하게 살아갈 수 있으며,	相爲動宰乎.
그러므로 처자식 없는 늙은이도	是以老而無妻子者
종신토록 봉양받을 수 있고,	有所侍養以終其壽
부모 없는 고아들도	有弱孤童之無父母者
무럭무럭 자랄 수 있는 것이다.	有所放依以長其身.

묵자墨子/대취大取

| 사유를 제약하지 않고는 | 非殺藏也 |

60_ 光=廣과 通用.

결코 도둑을 없앨 수 없다.	非殺盜也.
그러므로 성인은 자기 집에 재물을 저장하지 않고	聖人不爲其室藏之
사유를 반대한다.	故非於藏.
사유는 자기만을 위한 것일 뿐	藏之愛己
남을 동시에 사랑하는 것이 아니다.	非爲愛己之人也.

또한 예수의 '고난 받은 자들'은 역사와 구원의 주체인 하느님의 축복을 받는 은혜의 대상일 뿐 스스로 구원의 주체가 아니라는 점에서 원죄|原罪| 개념이 없는 묵자의 민중과는 차이가 있는 것 같다. 묵자에게 하느님의 뜻은 민중의 뜻이므로 하느님의 뜻을 실현하려면 민중의 뜻을 실현해야 하며 그 책임은 인간의 몫이다. 그러므로 하느님은 자신이 바라는 인간의 해방을 위해 인간 스스로 자기 목숨을 바쳐 투쟁할 것을 요구한다. 그래야만 하느님도 인간의 요구를 들어주신다. 이처럼 묵자에게는 메시아|Messiah|가 없으므로 민중 스스로 메시아가 되어야 한다.

묵자|墨子|/법의法儀

하느님은 의를 바라고	然則天之何欲何惡
불의를 미워하므로,	天欲義而惡不義
우리가 하느님이 바라는 의를 행하면	我爲天之欲
하느님도 우리가 바라는 것을 해주신다.	天亦爲我所欲.

묵자|墨子|/대취大取

한 사람을 죽여 천하가 보존되었다 해도	殺一人以存天下也
그 살인은 천하를 이롭게 한 것이 아니다.	非殺一人以利天下也.
자기를 죽여 천하가 보존되었다면	殺己以存天下也
자기를 죽인 것은 천하를 이롭게 한 것이다.	是殺己以利天下.

❀ 조물주

　묵자와 기독교는 하느님을 조물주라고 보는 점에서는 동일하다. 그러나 조물주와 피조물의 관계 설정은 차이가 있다. 기독교에서 말하는 조물주와 피조물의 관계는 절대적인 상하관계다. 그러므로 인간은 하느님을 경배하고 복종해야 한다. 반면 묵자의 하느님과 인간의 관계는 혈연관계로 파악한다. 그러므로 묵자는 하느님에게 효도하고 보답하라고 가르칠 뿐, 복종과 경배를 요구하지 않는다.

묵자墨子/천지天志 중中

하느님은 천하만민을 평등하게 아우르시고 사랑하시며	今夫天兼天下而愛之
만물을 덮어주고 자라게 하여 이롭게 하신다.	徼[61]遂萬物以利之
털끝 하나라도	若豪之末
하느님이 짓지 않은 것이 없으며,	莫非天之所爲也
민은 그것을 얻어 이롭게 쓰니	而民得而利之
가히 받들 만하다.	則可謂丕[62]矣.
그런데도 하느님에게 보답하지 않으면서	然獨無報夫天
그것이 어질지 않고 상서롭지 않은 것임을 모른다.	而不知其爲不仁不祥也.

묵자墨子/법의法儀

천하 대소 국가는	今天下無大小國
모두 하느님의 고을이며	皆天之邑也
사람은 어른과 아이, 귀와 천을 불문하고	人無幼長貴賤
모두 하느님의 백성이다.	皆天之臣也.

61　徼=遮也.
62　丕=大也, 奉也.

묵자墨子/노문魯問

귀신이 사람에게 바라는 것은 여러 가지다.	夫鬼神之所欲於人者多.
사람의 벼슬과 녹이 높으면	欲人之處高爵祿
어진 이에게 사양하기를 바라고,	則以讓賢也.
재물이 많으면 가난한 자에게 나누어 주기를 바란다.	多財則以分貧也.
귀신이 어찌 젯밥을 위해 기장의 싹을 뽑고	夫鬼神豈唯擢黍
희생을 위해 간을 도려내기를 바라겠는가?	拑肺爲欲哉.

❋ 유일신

　인류의 상고시대는 동서양이 대체로 같지만 특히 동양에서는 일찍이 일월성신, 풍우뇌전, 산천초목 등 자연의 위력에 공포감과 경외감을 품고 자연현상의 배후에는 영혼, 즉 신이 있어 인간의 운명을 좌우한다고 믿고 제사라고 하는 의식을 공동체의 중요한 행사로 지켜왔다. 이와 같은 자연 신앙의 범신론으로부터 발전하여 다신을 지배하는 상신上神인 천제 또는 상제로 발전한 것이다. 묵자의 경우 하느님을 최고의 상신으로 인정했으므로 유일신이라 할 수 있다. 그러나 단일신은 아니다. 묵자는 하느님 말고도 여러 신들의 존재를 인정하기 때문이다.

묵자墨子/천지天志 상上

하느님은 천하에 궁극적으로 고귀한 분이며	天帝天下之窮貴也.
부유한 분이다.	天下之窮富也.

묵자墨子/천지天志 중中

하느님만이 고귀한 분이며 지혜로운 분이므로	天爲貴天爲知而已矣.

의는 오직 하느님으로부터 나온다.[63]　　　　則義果自天出矣.

묵자墨子/**명귀**明鬼 하下

묵자가 말하길 옛부터 지금까지　　　　　　子墨子曰
귀신이라 하는 것은 다른 것이 아니다.　　　古之今之爲鬼非他也
하늘도 귀신이고 산과 물도 귀신이고　　　　有天鬼 亦有山水鬼神者
사람이 죽으면 귀신이 된다.　　　　　　　　亦有人死而爲鬼者.

　기독교의 야훼는 원래 유일신 하느님이 아니고 이스라엘 민족의 부족신이었다. 그러므로 야훼는 유대족에게 "내가 너희를 종살이에서 구해 주었으니, 내 앞에 다른 신을 두지 말라!"고 요구한다.[64] 이것을 단일신單一神이라고 말한다. 유일신은 인류 보편의 신이며, 단일신은 배타적인 부족신이다. 만약 야훼가 묵자의 하느님처럼 유일신이었다면 내 앞에 다른 신을 두지 말라는 계명이 필요하지 않았을 것이다.

　그러나 유대인들이 기원전 6~8세기경 수메르의 유일신 문명권인 바빌론에 유폐되는 민족 수난기를 겪고 난 이후부터 바빌론의 영향을 받은 이사야 등 선지자들이 야훼를 부족신에서 인류의 신으로 보편화하기 시작했다. 즉 야훼는 천지의 창조주이며 모든 인류와 역사의 심판자라고 가르치기 시작했던 것이다.[65]

　이러한 이사야의 가르침과 묵자의 하느님에 영향을 받은 예수의 하느님은 유일신이 되었고, 유일신이었으므로 질투의 신이 아니라 관대한 사랑의 신이 되었다. 그러나 이러한 예수의 하느님이 로마의 유일 제국에 귀화하면서 동양적인 요소가 탈각되고 본래의 배타적인 부족 수호신인 '야훼 하느님'으로 복귀해 버린다.

　소수 부족의 단일신은 부족의 정체성을 지키는 유효한 수단이었으나, 거

63_ 유가들의 의는 천자와 성인과 부모로부터 나온다. 근대의 의는 인간의 이성으로부터 나온다.
64_ 「출애굽기」 20장 1~3절.
65_ 「이사야」 40장 이하, 「아모스」 1장 이하.

대한 지배민족의 단일신은 다른 소수 부족의 정체성을 제거해 버린다. 로마의 단일신은 팍스로마나를 위한 제국주의 신이다. 인도의 타고르[Rabindranath Tagore, 1861~1941]는 이러한 단일신의 제국주의화를 경계했다. 그는 "단 하나의 종교가 세상에 범람하는 것은 인류의 재앙이다. 만일 그런 일이 일어나면 신은 자신의 피조물의 영혼을 구원하기 위해 틀림없이 두 번째 노아의 방주를 마련할 것이다"라고 말했다.

이처럼 야훼 '하느님'은 하나만 존재하는 배타적인 단일신이므로 만신을 거느리는 '하느님'이 아니다. 그러나 불행히도 오늘날 서양 제국주의 신은 약탈자이며 무사들인 그리스 신들이 로마화한 전쟁신과 여기에 부족신이며 전쟁신인 야훼가 결합되어 분노와 저주의 단일신이 되어버렸다.

그러나 묵자의 하느님은 부족신의 요소가 전혀 없으며 또한 전쟁신의 요소가 전혀 없다. 묵자의 겸애는 천하만민을 두루 평등하게 사랑하는 것이다. 그러므로 묵가들은 이단을 박멸하기 위한 종교전쟁을 하기는커녕 자기 부족이나 자기 나라가 아니라도 침략을 받으면 달려가서 돕는 반전 평화운동을 전개했다.

묵자墨子/소취小取

사람을 사랑한다는 것은	愛人
모든 사람을 두루 사랑한 연후에야	待周愛人
사람을 사랑한다고 말할 수 있다.	而後爲愛人
그러나 사람을 사랑하지 않는다는 것은	不愛人
모든 사람을 사랑하지 않는다는 것을 의미하지 않는다.	不待周不愛人
한 사람이라도 사랑하지 않으면	不周愛
사람을 사랑한 것이라고 말할 수 없다.	因爲不愛人矣.

묵자墨子/천지天志 중中

하느님의 뜻은	天之意

대국이 소국을 침략하지 않고	不欲大國之攻小國
강자가 약자를 겁탈하지 않고	强之劫弱
귀한 자가 천한 자를 능멸하지 않고	貴之傲賤
다수가 소수를 해치지 않고	衆之賊寡
지혜로운 자가 어리석은 자를 속이지 않고	詐之欺愚
부자가 빈자에게 교만하지 않기를 바라며,	富之驕貧.
이것으로 그치지 않고	不止此而已
힘이 있는 자는 서로 도와주고	欲人之有力相營
배움이 있는 자는 서로 가르쳐주고	有道相教
재산이 있는 자는 서로 나누어주기를 바라신다.	有財相分也.

❈ 인격신

묵자의 하느님이 인격신이란 점에서는 기독교와 다를 바 없다. 그러나 기독교의 신은 그리스적인 영향을 받아 육체를 가진 신이었으나 묵자의 신은 육신을 갖지 않는다. 그러므로 묵자가 말한 하느님의 인격은 섭리에 가깝다. 묵자에게 하느님은 역사의 주체가 아니었다. 즉 역사에 있어서는 하느님은 민중과 별도의 인격을 갖지 않고 민중의 뜻이 바로 하느님의 인격이었다. 이 점은 한국의 서남동, 안병무, 문익환 목사 등 민중신학의 그 출발점과 지평에서 매우 유사하다.

묵자墨子/상현尙賢 중中

옛 성왕들이 천하를 굽어살펴	古者聖王能審
어진 자를 높이고 능한 자를 부려 정치를 한 것은	以尙賢使能爲政
하늘을 본받은 것이다.	而取法於天.
비록 하느님은 빈부 · 귀천 ·	雖天亦不辯貧富貴賤

친소 · 원이 |멀고 가까움|를 차별하지 않지만,　　　　　　遠邇親疎
어진 자는 들어 높이고　　　　　　　　　　　　　　　賢者擧而尙之
불초한 자는 누르고 내친다.　　　　　　　　　　　　　不肖者抑而廢之.

묵자墨子/비명非命 중中
삼가라! 천명은 없다.　　　　　　　　　　　　　　　敬哉 無天命
나는 오직 사람을 높이고, 말을 지어내지 않는다.　　　　惟予二人而無造言
화복은 하늘이 내리는 것이 아니고 스스로 얻는 것이다.　不自天降自我得之.
상과 하의 시서에 이르기를　　　　　　　　　　　　在於商夏之詩書 曰
운명론이란 폭군이 지어낸 것이라고 했다.　　　　　　命者暴王作之.

❈ 인간을 자주하게 하는 신

　묵자는 고대 사상가 중에서 유일하게 '인간만이 노동을 하는 동물'임을 발견했다. 이것은 혁명적인 발견이었으며, 인간이 자주적 존재라는 선언이다. 이것은 노동을 할 수 없는 동물은 하느님이 직접 먹여주고 입혀주며 주재하는 것이므로 역사의 주체가 될 수 없으나, 하느님으로부터 노동의 특권을 부여받은 인간은 역사의 주체가 되어야 한다는 것을 뜻한다.
　그러므로 묵자는 운명론을 비난한다. 인간은 자기 운명의 주인이며 민중은 역사의 주인이다. 그러므로 인간의 운명은 하느님이 미리 결정해 놓은 것이 아니라 인간 자신이 스스로 선택하고 창조하는 것이다.
　또한 하느님은 백성 개개인을 모두 주권자로 창조했으므로 사람마다 각자의 의|義|가 다를 수 있다. 그러므로 서로 다른 것들이 서로 싸우지 않고 공존하기 위해서는 천자를 선출하여 만인의 의를 하느님의 뜻으로 통합해야 한다. 이러한 통합된 민중의 의|義|가 바로 하느님의 뜻이며, 이러한 하느님의 뜻과 일치하지 않는 천자는 하느님의 재앙을 면할 수 없다.

그러므로 묵자의 하느님은 인간의 역사를 지배 결정하지 않는다. 이처럼 묵자의 역사관은 기독교의 하느님 사상인 예정된 심판과 천국 등 결정론적 역사관이 아니며 또한 유가들의 하늘 사상인 역사결정론적인 운명론을 거부한다. 묵자의 하느님은 인간을 자주하게 하는 하느님이기 때문이다.

묵자墨子/비악非樂 상上

하늘을 나는 새들과 들에 뛰노는 짐승들과	今之禽獸麋鹿
물 위를 날고 땅속에 숨은 벌레들을 보라!	蜚鳥貞蟲
날개와 털로 의복을 삼고	因其羽毛以爲衣裘
발굽으로 신발을 삼고	因其蹄蚤以爲絝屨
물풀로 음식을 삼는구나!	因其水草以爲飮食.
그러므로 그들은 수놈이 밭 갈고 씨 뿌리지 않고	故唯使雄不耕稼樹藝
암놈이 실 잣고 길쌈을 하지 않아도	雌亦不紡績織紝
먹고 입을 것을 모두 하늘이 이미 마련해 주었다.	衣食之財固已具矣.
그러나 사람은 다른 짐승들과는 달라	今人與此異者也
노동을 해야만 살아갈 수 있으며	賴其力者生
노동을 하지 않으면 살아갈 수 없는 존재인 것이다.	不賴其力者不生.

묵자墨子/비명非命 하下

옛날 걸왕이 어지럽힌 것을 탕왕이 다스렸고	昔桀之所亂 湯治之
주왕이 어지럽힌 것을 무왕이 다스렸다.	紂之所亂 武王治之.
이것은 당시 세상이 바뀐 것도 아니고	當此之時 世不渝
백성이 변한 것도 아니다.	而民不易
임금의 정치가 변하고 백성의 교화가 바뀐 것이다.	上變政而民改俗
안위와 치란은	夫安危治亂
임금의 정치에 달려 있는 것이니	存乎上之爲政也
어찌 천명이나 운명이 있다고 하겠는가?	則夫豈可謂有命哉.

묵자墨子/상동尙同 상上

천하의 현자를 선출하여	是故選天下之賢可者

천자로 세우고,	立爲天子.
천자를 중심으로 민중의 뜻을 하나로 통일했다 할지라도	天子唯能壹同天下之義
하느님의 뜻을 숭상하고 통합하지 못하면	不上同於天
재앙을 면할 수는 없다.	則菑猶未去也.

강림하는 신

묵자의 하느님은 자신의 뜻이 이 땅에 실현되기를 바라기 때문에 자기의 뜻을 순종하는 자에게는 상을 주고, 자기의 뜻을 거역하는 자에게는 벌을 내리는 신이다. 이 점에서 기독교의 하느님과 기본적으로는 동일하지만 그 상벌을 시행하는 시기에 있어서는 다르다.

묵자의 하느님은 하느님의 뜻을 당장 실현하려 하지만 예수의 하느님은 최후의 심판 때까지 기다린다. 묵자는 천당을 예비하지 않고 이 땅 위에 천국을 건설하려 하지만 예수는 천당을 예비하고 심판의 때를 기다린다. 그러므로 묵자의 제자들은 행동으로 투쟁한 협객집단이었고, 예수의 제자들은 종말과 심판의 때를 예비하며 인내하는 비밀 종교집단이었다.

묵자의 하느님은 육신으로 강림하지 않고 뜻으로 강림하므로 하느님의 뜻을 이 땅에 펴는 임무는 민중의 몫이다. 다만 하느님은 민중의 뜻이므로 이 땅에 상벌을 시행하는 방법은 하느님의 뜻인 민중의 뜻에 따라 민중과 민중의 귀신들이 상벌을 대행할 뿐이다.[66] 그러므로 묵자의 하느님은 역사의 주체가 아니었고, 인간이 자기의 뜻을 이 땅 위에 실현하는 만큼만 복을 내린다.

묵자墨子/천지天志 중中

66_ 墨子/明鬼 참조.

또 선왕의 책에서는	又以先王之書
하느님의 밝으심을 훈도해 주었으니	馴[67]天明
풀 수 없는 도리를 알게 하시었다.	不解之道也知之.
오! 밝고 지혜롭고 벼리이신 하느님이시여!	曰 明哲維[68]天
이 땅에 지존으로 강림하소서!	臨君[69]下土.

❀ 사랑의 신

  공맹은 가부장적 가족질서와 씨족의 가문질서를 국가로 확대하는 봉건제를 지향했으므로 효와 충을 강조하고 그것을 인仁이라 했다. 그러므로 공자의 인은 혈연적인 차등 사랑이며 노예나 농노의 불평등을 인정한다.

  반면 묵자는 평등한 지역공동체를 지향했으므로 사회관계 속에서 이웃을 내 몸처럼, 남의 가족을 내 가족처럼, 남의 나라를 내 나라처럼 생각하고 이롭게 할 것을 강조하고 이를 겸애라 했다. 그러므로 묵자의 겸애는 혈연애血緣愛, 근친애近親愛를 초월하며 사회적 불평등을 용납하지 않는다. 묵가들은 겸애를 부처의 박애와 같은 것으로 이해한 것 같다. 이는 또한 훗날 예수의 이웃 사랑으로 표현된다.

묵자墨子/법의法儀

하느님이 우리를 두루 평등하게 사랑하고	奚以知天兼而愛之
이롭게 함을 어찌 아는가?	兼而利之也
하느님은 우리를 두루 존재하게 하시며	以其兼而有之
두루 먹여주시기 때문이다.	兼而食之也.

67_ 馴=訓也.
68_ 維=綱也.
69_ 君=至尊也(天子諸侯卿大夫有地者 皆曰君 : 儀禮/喪服傳).

묵자墨子/겸애兼愛 중中

그러면 겸애와 교리는	然則兼相愛交相利之法
어떻게 해야 하는가?	將奈何哉
묵자가 말했다.	子墨子言
"남의 몸을 내 몸처럼 생각하고	視人之身 若視其身
남의 집안을 내 집안처럼 생각하고	視人之家 若視其家
남의 나라를 내 나라처럼 생각하라."	視人之國 若視其國.

묵자墨子/대취大取

무릇 도술을 배운 사람이 사람을 사랑하는 것은	凡學愛人
삼천대천세계를 사랑함도	愛衆衆世
사바세계를 사랑하는 것과 같다.	與愛寡世[70] 相若
겸애도 이와 같아서	兼愛之有相若
상세를 사랑하고 후세를 사랑하는 것이	愛尙世[71] 與後世
금세를 사랑하는 것과 하나처럼 같다.	一若今之世.
"성인은 사랑만 있을 뿐 이익은 없다"고 하는 것은	聖人有愛而無利
유가의 말이거나 외지인의 말이다.	倪日之言也 乃客之言也.
"천하에 남이란 없다"는 것이	天下無人
묵자의 말이며 이것뿐이다.	子墨子之言也 猶在耳也.[72]

묵자墨子/대취大取

노예의 이익을 고려하지 않고	非慮臧之利也
노예를 사랑했다면	而愛臧之愛人也
진정으로 사람을 사랑한 것이다.	乃愛獲之愛人也
노예에 대한 사랑을 버려 천하가 이롭다 해도	去其愛而天下利
그 사랑을 버릴 수는 없다.	不能去也

70_ 寡世=娑婆世界.
71_ 尙世=上世.
72_ 猶在耳也=猶而已也.

묵자墨子/경經 하下/하下
그가 있는 곳을 몰라도 　　　　　　　　　不知其所處
그를 사랑하지 않을 수 없다. 　　　　　　　不害愛之.
잃어버린 자식에 대해 말하는 것이다. 　　　說在喪子者.

❈ 정의의 신

　묵자의 하느님은 정의의 근원이 되는 신이다. 정의는 부모와 스승과 군주로부터 나온다는 유가의 주장과 정면으로 반대된다. 그래서 유가들은 묵가를 부모도 모르는 금수와 같은 자들이라고 공격한 것이다.
　그런데 묵자가 말하는 의는 영구불변의 관념론적인 도리가 아니라 민중의 이익이라고 말한다. 묵자가 말하는 정의는 민중과는 상관없이 미리 정해져 있는 신비한 것이 아니라 민중이 결정하는 민중의 이익이었다.
　다시 말하면 하느님을 의의 근원이라고 하는 것은 하느님께서 민중의 뜻과 선택을 정의로써 재가한다는 뜻이다. 그래서 묵자는 옛날 민중이 선출한 군주들이 하느님의 뜻을 따라 하느님이 바라는 대로 민중에게 이로운 것을 행하고, 민중에게 해로운 것을 하지 않았기에 그들을 성왕이라고 칭송한 것이라고 설명한다.
　묵자에게는 목숨보다 귀중한 것이 정의였으므로 "자기를 죽여 천하가 보존된다면 그것은 천하를 이롭게 한 것"이라고 말했다. 즉 인민을 이롭게 하는 것이 내 생명보다 더 귀하고, 또한 그것이 하느님의 뜻이라고 한다. 묵자의 말은 마치 혁명가의 사자후와 같다.
　여기서 주의할 것은 성경의 '말씀'과 묵자의 '천지天志'는 다르다는 점이다. 『신약성경』 「요한복음」 첫 구절은 "태초에 말씀(로고스)이 있었다. 이 말씀은 신과 함께 있었으니 이 말씀은 곧 신이다"라고 기록하고 있다. 여

기서 '로고스'는 '언어'라는 뜻 외에도 '이성', '정의', '법칙'이라는 뜻을 포함하고 있다. 그러므로 성경의 '말'은 이성 또는 관념적인 정의를 뜻하지만, 묵자에서의 '하느님의 뜻'은 경험적인 민중의 이익을 뜻한다.

묵자墨子/천지天志 상上

하느님은 무엇을 바라시고 무엇을 싫어하는가?	天亦何欲何惡.
하느님은 의를 바라고 불의를 싫어하신다.	天欲義 而惡不義也
천하에 의가 있으면 생명이 살고	天下有義則生
의가 없으면 죽음이 있으며,	無義則死
의가 있으면 부유하고, 의가 없으면 가난하며	有義則富 無義則貧.
의가 있으면 태평하고, 의가 없으면 어지럽다.	有義則治 無義則亂
이로써 나는 하느님은 의를 바라고	此我所以知天欲義
불의를 싫어함을 알 수 있다.	而惡不義也.

묵자墨子/귀의貴義

지금 사람들에게 이르기를	今謂人曰
"너에게 귀한 신분이 될 수 있는 관복과 신발을 주겠으니	予子冠履
그 대신 너의 손발을 자르라"고 한다면	而斷子之手足
그렇게 하겠는가?	子爲之乎.
반드시 그렇게 하지 않을 것이다.	必不爲.
왜 그럴까?	何故.
신분이 아무리 귀해도 손발보다는 귀하지 않기 때문이다.	則冠履不若手足之貴也.
또 이르기를 "너에게 천하를 주겠으니	又曰 予子天下
그 대신 네 목숨을 바치라"고 한다면	而殺子之身
그렇게 하겠는가?	子爲之乎.
반드시 그렇게 하지 않을 것이다.	必不爲.
왜 그럴까?	何故.
아무리 천하가 귀해도 목숨보다는 귀하지 않기 때문이다.	則天下不若身之貴也.
그러나 사람들은 한마디 말로 다투며 서로를 죽인다.	爭一言以相殺
이것은 목숨보다도 의가 귀하기 때문이다.	是貴義於其身也.
그러므로 만사는 의보다 귀한 것은 없다고 말하는 것이다.	故曰 萬事莫貴於義也.

❈ 가치의 근원

유가들은 모든 법도의 근원이 성인이신 천자에게 있거나 아니면 그의 말씀인 경전에 있지만 묵자에게 법도의 근원은 천자가 아니라 하느님이며, 그 하느님은 민중의 뜻으로 나타난다. 『묵자』란 책에서는 하느님을 말할 때 상제 혹은 천제라고 쓰기보다는 항상 '천지(天志)'로 표기하는 경우가 많았으며, 천 혹은 천제로 표기할 때도 천지의 뜻으로 사용하고 있다. 이것은 묵자가 하느님을 '인민의 뜻'으로 인식했기 때문에 의도적으로 그렇게 표현한 것이다. 이 말은 사실상 민중의 뜻에 총체성을 인정한 것이다.

또한 이러한 묵자의 인식의 틀은 자연의 생멸이나 인간의 이익 곧 정의의 충돌을 모순으로 보지 않고 있다. 그러므로 묵자의 신들은 악마와 천사가 따로 없다. 조상귀신과 산천귀신들이 한을 풀지 못하여 신이 되지 못한 것이 귀일 뿐, 귀가 한을 풀면 곧 신이 되는 것이다. 그러므로 귀와 신은 하나다.

그러므로 묵자에게는 악마와 천사가 하나의 두 얼굴일 뿐이므로 영원한 선과 악의 모순이 있을 수 없으며, 또한 서양적 사고의 틀인 정반합의 변증법도 존재하지 않는다.

그의 가치론은 관념론적이 아니고 경험론적이며, 또한 동양의 귀신관을 기초로 한다. 그러므로 모순과 대립 또는 그것의 지양이라는 단선적인 것이 아니라 상보와 상생의 순환적인 역(易)의 원리를 기초로 하는 실천적인 것이라고 말할 수 있다.

묵자墨子/천지天志 중中

내가 하느님의 뜻을 가지고 있다는 것은	子墨子言曰 我有天志
목수가 곱자와	比若匠人之有矩
그림쇠를 가지고	輪人之有規.
온 세상의 모난 것과 둥근 것을 헤아리는 것과 같다.	子將以量度天下之方圓治

묵자墨子/법의法儀

그러므로 성왕들은 하느님을 법도로 삼아 　　故聖王法之
하느님이 하고자 하는 바를 행하고 　　天之所欲則爲之
하느님이 바라지 않는 일은 금했던 것이다. 　　天所不欲則止.

❀ 평등의 신

겸애의 '겸' 자는 온 천하에 '두루 편다'는 보편성이라는 뜻과 사회적 평등이라는 뜻이 결합된 개념이다. 묵자는 자신의 사상을 한마디로 "천하무인" 즉 "천하에 남이란 없다"는 것이라고 요약했다. 묵자의 평등사상은 사람은 누구나 하느님의 백성이므로 하느님은 천하만민을 평등하게 사랑하고 차별하지 않는다는 하느님 사상을 기본으로 한다. 이에 따라 묵자는 서양의 천부인권설보다 2천 년 앞서 인민주권설, 군주계약설, 천자선출론을 주장한다.

또한 묵자에게 국가는 인격자가 아니므로 자기 목적이 없고 인민의 뜻을 구현하는 것만이 목적이 되며, 그것은 소극적으로는 불의한 자가 세도를 부리거나 부귀를 누리지 못하게 하는 것이며, 적극적으로는 노동자, 농민, 장사치 등 누구나 유능하면 왕후장상으로 선출될 수 있는 평등을 실현하는 것이다.

묵자墨子/천지天志 상上

하느님의 뜻을 따르는 것은 평등주의요, 　　順天意者兼也.
하느님의 뜻을 거역하는 것은 차별주의다. 　　反天意者別也.
평등주의 정치는 의로운 정치요, 　　兼之爲道也義政也.
차별주의 정치는 폭력정치다. 　　別之爲道也力政也.

묵자墨子/겸애兼愛

평등주의 군주는 말할 것이다.	兼君之言曰
"내가 듣건대 밝은 군주는	吾聞爲明君於天下者
반드시 인민을 먼저 위하고	必先萬民之身
그 연후에 자기를 위했다.	後爲其身.
그러므로 만민을 보살펴	是故睹其萬民
배고픈 자는 먹여주고	飢卽食之
추위에 떠는 자는 옷을 주고	寒卽衣之
병든 자를 부양해 주고	疾病侍養之
피곤한 자는 쉬게 하고	勞者息之
죽은 자는 장사를 지내줄 것이다."	死喪葬埋之.

❀ 평화의 신

묵자의 하느님은 모세의 야훼처럼 전쟁영웅이 아니고 오히려 전쟁을 반대하고 평화를 바라는 인류 보편의 자비로운 신이다. 이 점에서 서양의 신 야훼와는 다르다. 대체로 인류 보편신은 평화의 신이고 부족신은 전쟁신이다. 부족신은 다른 부족이 쳐들어온다는 적대적 상상력으로 적국과 타인과 다른 신을 사탄과 그의 자식들로서 증오하도록 심리적 구조를 형성한다. 그리하여 부족민은 자신과 부족의 안전을 위한다는 신념으로 농기구 대신 칼과 창을 만들게 되고, 일단 창을 든 농군들은 수고로운 농사를 내팽개치고 남의 농작물을 빼앗는 전사로 바뀐다. 또한 이러한 전쟁영웅인 부족신의 망령은 단일신으로, 국가주의로 계승되면서 적국을 만들어내고 총과 폭탄을 만들어 쌓아간다. 그리고 총과 폭탄이 쌓여 갈수록 그 수량에 알맞은 또 다른 적을 만들어내고 증오와 공포를 키워 나간다. 우리는 대량학살의 시대를 살고 있다. 이것이 오늘날 세계의 모습이다. 그러므로 전쟁신과 평화의 신을 구별하는 것은 매우 중요하다.

묵자의 하느님|天帝|과 동방 예수의 신|God|은 평화의 신의 원조다. 묵자는 한 사람의 남의 목숨을 죽여 천하가 보존된다 해도 그 살인은 정의가 될 수 없다고 주장하며 전쟁을 반대하고 목숨을 걸고 조직적 집단적으로 침략전쟁 반대운동을 전개한 인류 최초의 반전평화주의자였다.

묵자墨子/비공非攻 하下

오늘날 천하 제후들은 모두가	今天下之諸侯
지금도 겸병전쟁을 하려 하는데	將猶皆攻伐並兼
어찌 이들을 분별이 있다고 하겠는가?	則豈謂有別哉
아니면 그것이 하늘에 이롭다고 생각하는가?	意將以爲利天乎.
하느님의 백성으로 하느님의 고을을 공격하여	夫取天之人 以攻天之邑
하느님의 백성을 죽이는 것이니	此刺殺天民
하느님에게 이롭지 않다.	則此上不中天之利矣.
아니면 그것이 사람에게 이롭다고 생각하는가?	意將以爲利人乎
대저 사람을 죽이는 것이 사람에게 이롭다 함은	夫殺人之爲利人也
각박한 말이다.	薄矣.
또 전쟁 비용을 따져보면 백성의 생업을 황폐하게 하고	又計其費 此爲害生之本
천하 백성의 재물을 고갈시킴이	竭天下百姓之財用
헤아릴 수 없으니	不可勝數也.
이것은 결코 사람에게 이로운 것이 되지 못한다.	則此下不中人之利矣.

묵자墨子/비공非攻 하下

(전쟁을 좋아하는 자는)	
천하만민을 즐겨 해치고 멸망시키는 자들이다.	則此樂賊滅天下之萬民也
어찌 천륜에 어긋나지 않겠는가?	豈不悖哉.

특히 묵자가 평생 동안 목숨을 걸고 반전운동을 한 것은 전쟁이야말로 패배한 약소국의 인민들을 노예로 삼는 제도였기 때문이며, 인민의 생명을 빼앗고 재물을 강탈하는 제도였기 때문이며, 지배자들이 자신들의 압제와 수탈을 유지 확대하는 제도였기 때문이다. 그는 반전운동을 민중해

방운동의 고리로 여겼던 것이다.

묵자墨子/천지天志 중中

하느님의 뜻은	天之意
대국이 소국을 침략하지 않고	不欲 大國之攻小國
강자가 약자를 겁탈하지 않고	强之劫弱
귀한 자가 천한 자를 능멸하지 않고	貴之傲賤
다수가 소수를 해치지 않고	衆之賊寡
지혜로운 자가 어리석은 자를 속이지 않고	詐之欺愚
부자가 빈자에게 교만하지 않는 것이다.	富之驕貧.
힘이 있는 자는 서로 도와주고	欲人之有力相營
재산이 있는 자는 서로 나누어주고	有財相分也
배움이 있는 자는 서로 가르쳐주기를 바라신다.	有道[73]相敎.

❀ 기복신앙 반대

묵자의 하느님 사상에는 복을 비는 기복적 요소가 전혀 없다. 묵자는 하느님을 해방의 신으로 인정했으나 천당이나 영생을 약속하지 않는다. 또한 제례도 종교적 의식으로 보지 않은 것 같다. 그러므로 귀신의 이름으로 제물을 요구하지 않았다. 묵자가 하느님께 제사를 드리는 것은 복을 빌고 천당에 가기 위한 기독교의 하늘제사[예배]와 달리, 다만 자식이 부모에게 보답하듯 인간을 평등하게 사랑하고 보살펴주는 하느님에 대한 보답일 뿐이다.

또한 묵자는 유가들처럼 제례를 지배자의 치도[治道]로 보지도 않는다. 그는 제례를 공동체와 해방의 축제적 측면을 강조했다. 즉 제사를 이웃과

---

[73] 道=多才藝者, 六藝也.

나누는 행사로 본 것이다. 그에게 제사는 하느님의 뜻을 따르겠다는 약속을 표시하는 의식이었으며 동시에 제사에 사용한 음식을 이웃과 함께 나누어 먹음으로써 하느님의 뜻인 이웃 사랑을 몸소 실천하는 행사였다.

묵자墨子/노문魯問

노나라 축관이 돼지머리를 놓고 제사를 지내며	魯祝以一豚祭
귀신에게 백 가지 복을 빌었다.	而求百福於鬼神.
묵자는 그 소식을 듣고 옳지 않다고 말했다.	子墨子聞之曰 是不可.
지금 남에게 베풀지 않으면서도 바라는 것이 많다면	今施人薄 而望人厚
남들은 그가 나에게 베푸는 것을 두려워할 것이다.	則人唯恐其有賜於己也.
지금 돼지 한 마리를 놓고 제사를 지내면서	今以一豚祭
백 가지 복을 빈다면 귀신도 그가 부해져서	而求百福於鬼神
소와 양을 놓고 제사를 지낼까 걱정할 것이다.	鬼神唯恐其以牛羊祀也.
옛 성왕들은 귀신을 섬기는 뜻으로	古者聖王事鬼神
제사를 지냈을 뿐이다.	祭而已矣.
지금처럼 돼지머리로 제사를 지내면서	今以豚祭
백 가지 복을 빈다면	而求百福
귀신은 그가 부하기보다 가난한 것이 나을 것이다.	則其富不如其貧也.

묵자墨子/명귀明鬼 하下

귀신이 사람에게 바라는 것은 여러 가지다.	夫鬼神之所欲於人者多.
사람이 벼슬과 녹이 높으면	欲人之處高爵祿
어진 이에게 사양하기를 바라고,	則以讓賢也.
재물이 많으면	多財則
가난한 자에게 나누어주기를 바란다.	以分貧也.
귀신이 어찌 젯밥을 위해 기장의 싹을 뽑고	夫鬼神豈唯擢黍
희생을 위해 간을 도려내기를 바라겠는가?	拑肺爲欲哉.

5절 묵자와 예수

❀ 하느님의 아들 天子

앞에서 이미 언급된 것이지만 논쟁의 여지가 많으므로 사족 같지만 이를 다시 부연하려고 한다. 묵자와 예수는 다 같이 인간을 하느님의 피조물로 본다. 이 점에서 묵자는 흙으로 사람을 지었다는 중국의 여왜신화나 창세기신화와 유사하다. 그러나 이것들은 중국의 후직신화와 조선의 단군신화처럼 사람은 모두 하느님의 자손이라는 천손신관[天孫神觀]과는 너무도 이질적이다. 창세기신화와 여왜신화는 똑같이 모든 인간은 신의 아들이라는 신성을 부인하는 것이기 때문이다.

원래 수렵 기마민족의 전통인 천신하강신화에서는 모든 사람이 하느님의 자손이라는 천손신관을 가지고 있었다. 천손신관은 인간은 누구나 신성을 가지고 있다고 보는 것이 특징이다. 이러한 특징을 잘 드러낸 것이 성리학의 '인심이 곧 천심'이라는 테제일 것이다. 묵자와 예수의 하느님도 이러한 천손신관에 뿌리를 두고 있었지만, 묵자는 여왜신화에서 영향을 받았고, 예수는 야훼와 그리스신화에서 영향을 받아 인간의 신성이 점점 탈락된 것으로 볼 수 있을 것이다. 특히 '육신을 가진 신'이라는 개념은 그리스신화에서 전파된 것이다. 신이 살과 피를 가졌다는 것은 인간과 똑같이 사랑·시기·질투·증오·살인·전쟁 등 희로애락과 선악의 정념을 가진 것을 의미한다. 그러므로 이들 신들은 전지전능하지도 않고 우스꽝스러울 정도로 평범한 인간의 모습일 뿐이다. 다만 야훼는 단일신이기 때문에 여기에 그리스의 다신들을 모두 결합하기는 곤란하므로 악의 부분만 떼어 '사탄'의 임무로 분리한다. 결국 내 앞에 다른 신을 두지 말라는 야훼의 단일신 개념은 수정이 불가피하게 된다.

　어쨌든 묵자와 예수의 하느님은 인간을 포함한 만물을 창조한 창조주라는 점에서 근본적으로 닮은꼴이다. 다만 약 500년이라는 시대의 간격, 유목국가인 유대 나라와 농업국가인 중국이라는 문화의 차이, 활동할 당시의 사회·정치적 상황의 차이로 약간 달리 표현되었을 뿐이다. 그러나 묵자와 예수는 쌍둥이처럼 닮았다.

　동이족의 천손신관은 하느님을 그들의 시조이며 군장이며 아버지로 생각했다. 서양인들은 하느님이 예수라는 외아들[독생자]을 낳고 그 외아들은 후손이 없이 죽은 것으로 생각했으나, 동이족은 그들 모두가 하느님의 아들이며 자손으로 생각한다. 그러나 자연에 순응해야만 하는 수렵경제로부터 자연을 극복하는 농업, 목축 등 재배경제로 발전하면서 인간과 신의 사이는 멀어지고 인간에게서 신성이 사라진다.

　그래서 인간은 하느님의 아들의 지위를 잃고 소외되었으며, 다만 임금이나 특정한 초인[74]만이 하느님의 아들로 인정되고 이러한 유일성과 예외성을 강조하기 위해 독생자 혹은 사생아로 신비화된다. 이에 하느님은 인간에게서 멀어지며 초월자가 되었고, 온 인류를 지배하는 유일자로 변신하여 절대성·단일성·보편성을 띠게 된다.

74_ 메시아, 그리스도.

특히 예수의 경우는 독특한 경로를 밟는다. 당초 유대민족의 수호신 야훼는 출애굽을 계기로 더욱 특정한 종족의 배타적인 신이 된다.[75] 그러나 야훼와는 달리 예수의 하느님은 동이족인 묵자와 혹은 동이족의 뿌리로 추정되는 수메르의 보편신의 영향을 받아 인류적 평화의 하느님으로 보편화된다. 이때 예수의 하느님도 동이족과 똑같이 신정(神政) 체제의 군장이면서 동시에 아버지며 아울러 조상신의 색채가 가미되었을 것이다.[76] 또한 그 신은 조상신일지라도 야훼와는 달리 우주에 하나밖에 없는 유일신이므로 야훼처럼 배타하고 질투하는 신이 아니었을 뿐이다.

특히 예수를 '하느님의 아들'이라고 한 것은 모세의 메시아와는 다른 것이다. 『구약성경』에는 하느님의 아들이라는 개념이 나타나지 않는다. 따라서 야훼가 외아들을 갖는다는 것은 있을 수 없다. 결국 '하느님의 아들'이라는 생각은 수메르 또는 동이족의 천손신관 즉 인내천 사상에서 나온 것으로 보아야 한다. 이러한 '하느님의 아들'이라는 유산이 그리스적인 메시아와 합쳐져 로마화되면서 예수를 '독생자 + 구세주'로 보는 오늘날의 예수 개념이 탄생되었다고 생각된다.

메시아는 '기름 부음 받은 자'로서 '영웅 중의 영웅', '왕 중 왕' 혹은 '예언자' 등 신적인 은사를 받은 초인을 말한다. 이 개념은 대체로 기원전 8세기 춘추시대보다 조금 뒤늦은 민족적 위기 시대에 나타나 해방자 혹은 구원자의 의미로 발전한다.

따라서 예수의 '하느님의 아들'이라는 구도는 본래 동이족의 사상이지만, 모세의 야훼를 믿는 유대 민중이 메시아 사상을 수용하면서 '이스라엘의 지배자' 혹은 '왕 중 왕'의 뜻으로 변질된 것이라고 보아야 한다. 본래 똑같은 묵자와 예수의 하느님이 이 지점에서 갈라지게 된다.

동이족이나 수메르 민족은 누구나 자기가 하느님의 아들이라고 생각

75_ 「출애굽기」 19:4~6.
76_ 「이사야」 2:1~5.

했으므로 예수도 그렇게 말했을 것이다. 그러나 이에 생소한 야훼를 믿는 유대 민중은 자기들을 해방시키기 위해 온 새로운 지배자인 왕이 나타났다고 받아들였던 것이다. 더구나 예수를 독생자라고 했다면 오직 하나뿐인 하느님의 외아들이므로 결국 '왕 중 왕'을 뜻하게 된다.

예수가 요셉의 아들이 아니고 성령으로 잉태한 사생아라는 주장은 '왕 중 왕'의 권위를 높이기 위한 수사일 것이다. '사생아신화'는 중국 주나라 시조인 후직이 하느님의 성령으로 잉태되었다는 구도처럼, 지배자의 탄생에 신비성을 덧붙여 인민들과의 차별성과 우월성을 강조하는 신화의 일반적인 현상이다.

후직의 성령잉태신화처럼 사생아신화는 인민으로부터 하느님을 빼앗아 지배계급 자신들만의 수호신으로 만들고 나아가 지배자만이 하느님의 아들인 '천자'가 되기 위해 만들어진 중국 절대왕조의 탄생신화다. 이로 미루어볼 때 예수가 '하느님의 아들'이라는 것은 인간이 누구나 하느님의 아들이라는 수메르의 천민신관의 평등사상을 설파하려고 한 것이었으나, 반대로 유대 민중들은 야훼의 그리스적 요소인 메시아 신앙을 가지고 있었으므로 예수를 자기들이 기다리던 절대군주로 받아들였던 것이다. 그리하여 예수는 본의 아니게 사생아로 그리고 '왕 중 왕'으로 호칭되었고 그 때문에 유대의 왕에 의해 죽을 수밖에 없었던 것이다.

❀ 예수의 하늘나라, 묵자의 땅의 나라

묵자와 예수의 하느님은 다 같이 구세주였다. 그러나 묵자는 현세의 구원이었고 예수는 내세의 구원이었다. 묵자는 '땅의 나라'를 말하고 예수는 '하늘나라'를 말한다. 묵자는 혁명가였고 예수는 종교가였기 때문에 입장이 달랐을 것이다.

묵자가 이 땅 위에 실현하고자 한 이상향은 만민이 하느님 앞에 평등한 공동체인 '천하무인'의 대동사회였다. 묵자의 대동사회는 구원의 주체인 소외된 민중이 다시 주인이 되는 공동체사회다. 그것은 하느님의 뜻을 따라 평등이 실현되는 의로운 정치가 행해져, 굶주린 자는 먹을 것을 얻고, 헐벗은 자는 옷을 얻고, 피곤한 자는 휴식을 얻고, 난리를 당한 자에게 평화를 주는, 만민이 자유롭고 풍요롭고 평화로운 안생생사회를 말한다.

묵자가 이상사회의 표상으로 삼은 우임금의 평등사회|BC 2000~1500|는 이스라엘의 가나안 공동체와 비슷한 공동체였다. 이때의 토지 소유제도는 '부족소유제'라고 말할 수 있다.

우임금의 나라는 평등한 분배가 이루어지고 신분계급이 없으며 인민주권과 보통선거에 의한 통치자의 선출 등 완전한 평등공동체였다. 또한 하느님은 유목사회의 야훼와 같은 절대지배자, 즉 '왕 중 왕'이 아니고 천하만민의 시조신이었을 뿐이다. 묵자는 이러한 평등공동체를 이 땅 위에 다시 건설하는 것이 하느님의 뜻이라고 보고 그것을 위해 목숨을 걸고 투쟁했다.

그러나 예수의 구원의 이상은 하늘나라였다. 예수가 말하는 하느님의 주권이 지배하는 '하느님 나라'는 그것이 땅 위의 나라가 아니라는 점 이외에는 묵자의 '안생생사회'와 일치한다. 유대민족은 동이족의 뿌리인 수메르 문명권에 인접해 있었으므로, 모든 사람은 하느님의 아들이며 그들로 이루어진 운명공동체, 즉 천손공동체를 지향하는 수메르의 하느님 신관에 영향을 받았으며, 출애굽 이후 가나안 땅에 이스라엘 해방공동체를 건설했으나 왕정에 의하여 곧 붕괴되었다. 그러므로 이스라엘 민족의 이상향은 땅 위의 해방공동체인 평등사회였던 것이다.

그러나 예수는 야훼가 지배하는 평등공동체인 아버지 나라가 다가왔다고 말하며 회개하라고 말할 뿐, 로마의 절대왕정 및 유대의 왕정과 충돌을 피하고자 지금 이 땅의 평등사회를 말하지 않았다.

❀ 구원의 주체가 민중인가? 신인가?

묵자가 말한 해방된 평등사회 혹은 안생생사회의 주인은 헐벗고, 굶주리고, 피로한 민중들이다. 그들은 도적, 노예, 약자, 빈천한 자, 어리석은 자, 소수, 소국, 홀아비와 과부, 고아, 불구자들이다. 이처럼 묵자의 구원의 주체는 민중이었다.

묵자가 이상적인 인간으로 설정한 현인은 하느님을 가치의 표준으로 삼고, 하느님의 뜻에 따라 민중에게 봉사하는 의로운 민중이므로, 그들은 하느님의 상을 받을 축복받은 자들이다. 그들은 바로 예수가 산상수훈에서 축복한 '고난 받는 자'들이었다.

다만 묵자의 민중들은 하느님을 믿고 경배를 드리는 것만으로는 구원을 받지 못한다. 그들은 스스로 투쟁하여 구원을 쟁취해야 한다. 다만 하느님은 민중의 편이다. 반면 예수의 고난 받는 자들은 역사와 구원의 주체인 하느님의 축복을 받는 은혜의 대상일 뿐 구원의 주체가 아니라는 점에서 묵자가 말한 역사의 주체인 의식화된 민중과는 차이가 있다.

❀ 전쟁신인가? 자비신인가?

묵자의 하느님은 섭리에 가까운 인민의 뜻 그 자체였으므로 희생을 바치는 것을 요구하지 않고 자기의 뜻인 겸애와 교리를 이 땅 위에 실천하기를 바라는 자애로운 아버지였다. 그러나 모세의 야훼 신은 인간을 지배하며 경배를 요구하는 절대 권력자인 왕 중 왕이며, 내 앞에 다른 신을 두지 말라는 단일신[하느님]이므로 다른 신을 믿는 자를 전멸시키고, 유대족과 계약을 맺은 부족신이고 유대족을 가로막는 민족은 모두 청소해 버리는 질투와 살육의 전쟁신이다. 나는 『구약성경』을 읽으면 좋은 말보다는 인종

청소의 피비린내가 진동하여 몸서리가 쳐진다. 니체|Friedrich Nietzsche, 1844~1900|가 야훼를 저급한 신이라고 질타한 것도 이 때문이었을 것이다.

신명기 7:1~4
너희 하느님 야훼께서 이제 너희가 들어가 차지하려는 땅에 너희를 이끌어 들이시고 인구가 많은 민족들을 너희 앞에서 모조리 쫓아내실 것이다. 그들은 너희보다 인구가 많고 강대한 헷족, 기르가스족, 아모리족, 가나안족, 브리즈족, 히위족, 여부스족, 이렇게 일곱 민족이다.
너희 하느님 야훼께서는 그들을 너희 손에 붙여 꺾으실 것이다. 그때 너희는 그들을 전멸시켜야 한다. 그들과 계약을 맺지 말고 불쌍히 여기지도 마라.
그들과 혼인을 맺으면 안 된다. 그들의 아들을 사위로 삼거나 그들의 딸을 며느리로 맞으면 안 된다.
그런 짓을 하면 너희 아들이 나를 떠나 다른 신들을 섬기게 될 것이고 그리되면 야훼께서 진노를 발하여 순식간에 너희를 쓸어버리실 것이다.

신명기 20:10~18
어떤 성에 접근하여 치고자 할 때에는 먼저 화평을 맺자고 외쳐라.
만일 그들이 너희와 화평을 맺기로 하고 성문을 열거든 너희는 안에 있는 백성을 모두 노무자로 삼아 부려라.
만일 그들이 너희와 화평을 맺을 생각이 없어서 싸움을 걸거든 너희는 그 성을 포위 공격하여라.
너희 하느님 야훼께서 그 성을 너희 손에 부치실 터이니, 거기에 있는 남자를 모두 칼로 쳐죽여라.
그러나 여자들과 아이들과 가축들과 그 밖에 그 성 안에 있는 다른 모든 것은 전리품으로 차지하여도 된다. 너희 하느님 야훼께서 너희 원수들에게서 빼앗아주시는 전리품을 너희는 마음대로 쓸 수가 있다.
여기에 있는 민족들의 성읍이 아니고 아주 먼 데 있는 성읍들에는 모두 그렇게 해야 한다.
그러나 너희 하느님 야훼께 유산으로 받은 이 민족들의 성읍들에서는 숨 쉬는 것을 하나도 살려두지 마라.

그러니 헷족, 아모리족, 가나안족, 브리즈족, 히위족, 여부스족은 너희 하느님 야훼께서 명령하신 대로 전멸시켜야 한다.
살려두었다가는 그들이 자기 신들에게 해 올리는 발칙한 일을 너희에게 가르쳐주어 너희가 너희 하느님 야훼께 죄를 짓게 될 것이다.

신명기 | 2:31~34

그리고 야훼께서 나에게 이르셨다. "보아라. 내가 바야흐로 시혼과 그의 땅을 너에게 넘겨줄 터이니, 이제부터 그의 땅을 하나씩 차지하도록 하여라." 과연 시혼은 우리를 치러 나왔다. 그는 자기 온 백성을 거느리고 나와서 야하스에서 우리와 싸움을 벌였지만, 우리 하느님 야훼께서 그를 우리에게 넘겨주셨으므로, 우리는 그와 그의 아들과 그의 온 백성을 쳐부술 수 있었다. 그 때 우리는 그의 성읍들을 모조리 점령하고 남자, 여자, 아이 구별하지 않고 모든 주민을 전멸시켰다.

사무엘 상 15:1~23[77]

사무엘이 사울에게 전했다.
"만군의 대장이신 야훼의 말씀을 들으시오. 그대는 당장에 가서 아말렉을 치고 그 재산을 사정 보지 말고 모조리 없애시오! 남자와 여자, 아이와 젖먹이, 소 떼와 양 떼, 낙타와 나귀 할 것 없이 모조리 죽여야 하오."
사울은 아말렉을 공격하여 왕 아각만 사로잡고 나머지 군대는 모조리 칼로 쳐 죽였다. 이스라엘군은 아각뿐 아니라 양과 소 중에서 좋은 놈과 기름진 짐승과 새끼 양들과 그 밖의 모든 탐스러운 것들을 없애버리기 아까워 그대로 살려두고 쓸모없는 하찮은 것들만 없애버렸다. 이 일이 있은 후 야훼의 말씀이 사무엘에게 내렸다.
"사울은 나에게 등을 돌렸고 내가 시키는 대로 하지 않았다."
사무엘이 사울에게 말했다.
"야훼께서 그대를 출정시키면서 무엇이라고 하셨소?
'가서 저 못된 아말렉족을 없애버려라! 그들을 쳐서 하나도 남기지 말고 모조리 전멸시켜라!' 하지 않으셨소?

77_ 「사무엘 상」 15:1~23을 요약한 것임.

그런데 그대는 어찌하여 야훼의 말씀을 듣지 아니하고 전리품에만 덤벼들어 야훼의 눈에 거슬리는 일을 하였소?
그대는 야훼의 말씀을 거역하였으니 그대를 왕의 자리에서 파면할 것이오."

유가와 묵가의 근본적인 차이는 공맹은 의전|義戰|을 주장했고, 묵자는 반전|反戰|을 주장한 데서 드러난다. 천명을 빙자한 공맹의 의전론은 묵자로부터 똑같은 살인행위라고 비난받았지만 그 전쟁은 야훼 신의 잔인한 살육전보다는 자비롭다 할 것이다.

논어論語/위영공衛靈公 1

위나라 영공|靈公|이 공자에게 진법을 물었다.	衛靈公問陳於孔子
공자가 대답했다. "제사 지내는 일은 일찍 들었었으나	對曰 俎豆之事則嘗聞之矣
군사에 관한 일은 배운 바가 없습니다."	軍旅之事未之學也.
공자는 그 이튿날 위나라를 떠났다.	明日遂行.

논어論語/헌문憲問 22

제나라 진성자|陳成子|가	陳成子
주군인 간공|簡公|을 시해하는 사건이 발생했다.	弑簡公.
공자는 목욕을 하고 조정에 나아가	孔子 沐浴而朝
애공|哀公|에게 고하고	告於哀公曰
자기 군주를 시해한 진성자를	陳恒弑其君
주벌할 것을 청했다.	請討之.

논어論語/계씨季氏 2

천하에 도가 있으면	天下有道
예악과 정벌이 천자로부터 나오고,	則禮樂征伐 自天子出.
천하에 도가 없으면	天下無道
예악과 정벌이 제후로부터 나온다.	則禮樂征伐 自諸侯出.

맹자孟子/진심盡心 하下

춘추시대에는 의로운 전쟁이 없었다.	春秋無義戰.

전쟁이란 위에서 아래를 주벌하는 것이다. 征者上伐下也.
적대하는 제후국끼리는 서로 전쟁을 할 수 없는 것이다. 敵國不相戰也.

맹자孟子/양혜왕梁惠王 하下

제나라가 연나라를 쳐서 이겼다. 齊人伐燕勝之
제나라 선왕|宣王|이 물었다. 齊宣王問之
"아예 빼앗아버리는 것이 어떻겠습니까?" 取之如何
맹자가 대답했다. 孟子對曰
"연나라 백성들이 그것을 원한다면 빼앗아버리십시오! 取之而燕民悅則取之
옛날에도 그렇게 한 사람이 있었으니 古之人 有行之者
무왕이 그렇습니다. 武王是也
연나라 백성들이 그것을 원치 않는다면 取之而燕民不悅
빼앗지 마십시오! 則勿取
옛날에도 그렇게 한 사람이 있었으니 古之人 有行之者
문왕이 그렇습니다. 文王是也
『서경』에 이르기를 '탕왕의 정벌은 書曰 湯一征
갈백|葛伯|으로부터 시작했는데 自葛始
온 천하가 그를 신뢰했다' 합니다. 天下信之
동쪽을 정벌하면 서쪽 오랑캐가 늦는다고 원망했고 東面而征 西夷怨
남쪽을 정벌하면 북쪽 오랑캐가 늦는다고 원망했습니다. 南面而征 北狄怨
백성들이 그들을 民望之
큰 가뭄에 비구름과 무지개처럼 소망했습니다. 若大旱之望雲霓也
장 보러 가는 것도 그치지 않고 歸市者不止
논갈이도 변함이 없었습니다. 耕者不變
그 군주를 주살하고 그 백성을 어루만져 위로해 주었으니 誅其君而弔[78]其民
마치 단비가 내리듯이 若時雨降
백성들이 크게 기뻐했던 것입니다. 民大悅.

이러한 전통은 전쟁을 직업으로 하는 병법가들에도 영향을 미쳤다. 기

78_ 弔=撫尉也.

원전 6세기 춘추시대의 병법가인 손무(孫武)는 그의 저서 『손자병법(孫子兵法)』에서 다음과 같이 말한다. 이를 보면 야훼의 인종청소전쟁과 얼마나 다른지를 알 수 있다.

손자병법孫子兵法/시계始計

전쟁은 국가의 대사다.	兵者國之大事
생사의 문제이며 존망의 길이기 때문이다.	死生之地 存亡之道.
전쟁은 속이는 도(道)다.	兵者詭道也.

손자병법孫子兵法/모공謀攻

무릇 용병의 법은	凡用兵之法
나라를 온전하게 하는 것이 최상이며	全國爲上
나라를 파괴하는 것은 그다음이다.	破國次之
군대를 온전하게 하는 것이 최상이며	全軍爲上
군대를 파괴하는 것은 그다음이다.	破軍次之.
그러므로 백 번 싸워 이기는 것은	是故 百戰百勝者
최선이 아니며,	非善之善者也
싸우지 않고	不戰而屈人之兵
이기는 자가 최선이다.	善之善者也.
그러므로 최상의 병법은 모의를 깨는 것이며	故上兵伐謀
다음은 외교전으로 교린을 깨는 것이며	其次伐交
그다음은 병사를 깨는 것이며	其次伐兵
최하는 성을 공략하는 것이다.	其下攻城.

한마디로 묵가 집단은 종교 단체라기보다는 반전운동 단체였다. 묵자는 죽음을 무릅쓰고 침략 국가를 찾아가 설득하여 전쟁을 중지시키기도 했으며, 묵가들은 자기 나라가 아닌데도 침략을 당하는 나라를 도와 방어전을 대신해 주기도 했다.

반면 중세의 피비린내 나는 십자군전쟁과 종교재판과 마녀사냥을 상기한다면 예수의 하느님과 묵자의 하느님이 전쟁과 평화에 관한 인식에 관한 한 얼마나 다른지를 짐작할 수 있을 것이다.

예수는 유대의 할례 등 정결의식과 율법주의를 고집하지 않고 전쟁신 야훼 하느님을 묵자와 같은 인간 중심의 하느님으로 변모시키려고 노력했지만,[79] 결국 그의 하느님은 자기를 믿지 않는 자들은 쭉정이를 불로 태우듯, 가라지를 뽑아버리듯 무섭게 심판하는 모세적인 징벌의 신성을 그대로 지녔다.

그러기에 예수는 제도적 전쟁에 대해 분명한 말을 하지 않았다. 예수는 "내 이웃을 내 몸처럼 사랑하라", "칼을 쓰는 자는 칼로 망하리라" 등 묵자의 말을 그대로 인용하면서 내면적인 부쟁[不爭]을 훈계했으나, "남의 나라를 내 나라처럼 사랑하라"는 묵자의 말은 모른 체하며 제도적 전쟁에 대해서는 침묵했다. 어쩌면 예수는 자신의 조국을 식민지로 삼킨 당시 세계를 제패한 로마를 내 나라처럼 사랑하라고 가르칠 수는 없었을지도 모른다.

예수가 이처럼 야훼를 단절하지 못함으로써 서양의 기독교 역사는 남의 나라를 침략하거나 민중을 억압하는 전쟁의 역사가 되었으며, 그리스도를 위하여, 예루살렘을 위하여, 상속받은 땅을 위하여, 거룩한 땅을 위하여 목숨을 잃는 자는 지옥의 고통을 받지 않고 낙원으로 올라가 빛나는 면류관을 얻어 영원한 안식, 영원한 생명, 영원한 행복을 얻게 될 것이라고 선전하며 살인 면죄부를 받은 거룩한 전쟁의 역사였다.

급기야 로마화, 서양화한 기독교는 평화의 사도인 예수를 전쟁의 지휘관, 왕 중 왕, 승리자로 찬양하기에 이르렀다. 오늘날 기독교인들은 핵폭탄을 축복하며 인류 구원을 위해 공산주의자들을 말살하는 성전을 승리로 이끈 여세를 몰아 이제는 이교도들과 자기와 다른 문화를 말살하려는 또 다른 십자군전쟁을 계속하고 있는 것이다. 이들이야말로 평화를 위해 오신 예수를 배반한 자들이 아니고 무엇인가?

79_ 「마르코의 복음서」 7:1~23, 「마태오의 복음서」 15:1~20.

❈ 심판인가? 선택인가?

묵자의 하느님은 인간의 역사를 지배·결정하지 않는다. 그러나 예수의 하느님은 인간의 역사를 지배하고 결정한다. 묵자의 역사관은 기독교의 하느님 사상인 예정된 심판과 천국 건설 등 결정론이 아니다. 또한 유가들의 하늘 사상인 역사 결정론적인 운명론도 아니다. 묵자의 하느님은 인간을 자주적이 되게 하는 하느님이기 때문이다. 그러므로 묵자에게 역사는 미리 결정된 것이 아니라 인간 스스로의 선택이었다.

그러므로 묵자는 운명론을 거부했다. 유가들의 운명론은 어질고 의로운 자를 선출하여 천자로 삼으려는 민주적 선출제도를 부정하려는 지배자들의 거짓된 술수라고 폭로했다. 또한 이러한 운명론은 인민을 낙담시켜 인민의 편에 선 의인을 배척하려는 폭군이 지어낸 술책이라 비판한다.

묵자墨子/비명非命 상上

오늘날 운명론을 고집하는 담론은	今用執有命者之言
천하의 의를 전복시키려는 것이다.	言 是覆天下之義.
천하의 의를 전복시키려는 자들이	覆天下之義者
백성들이 낙담하도록 유세한다.	說百姓之怿也.
백성이 낙담하도록 유세하는 자는	說百姓之怿者
천하의 어진 사람을 없애려 한다.	滅天下之仁人也.
그렇다면 의로운 사람을	然則
윗자리에 앉히려는 노력은 어찌 된다는 것인가?	所爲欲義在上者何也

❈ 해방투쟁인가? 기다림인가?

묵자는 하느님의 사도이면서 혁명가였다. 다만 그의 혁명은 폭력투쟁이 아니라 비폭력 해방투쟁이었다. 그는 두 가지 운동을 펼쳤다. 하나는 반전평화운동이었고 또 하나는 절용문화운동이었다. 전쟁은 인간이 인간을 살육하는 제도이며, 승자가 패자를 노예로 삼는 제도이며, 노동자가 생산한 재화를 파괴하는 제도이므로 하느님의 뜻을 반역하는 죄악이다. 묵자는 물속이라도 불속이라도 죽음을 무릅쓰고 뛰어드는 180여 명의 제자들과 침략을 받은 나라에 달려가서 방어전을 대행해 주는 협객집단을 이루고 있었다. 그리고 그들은 손수 노동을 하면서 검은 옷을 입고 검소하게 살았다. 묵자는 인민들이 헐벗고 굶주리는 원인을 전쟁과 초과소비에 있다고 보았다. 초과소비 또는 과시소비란 지배자들의 사치와 낭비와 전쟁과 후장厚葬과 연락宴樂처럼 재화의 본래 목적을 일탈하여 낭비되는 것을 말한다. 그래서 묵가들은 몸소 과시소비 또는 초과소비를 근절하고 절용문화를 실천했다.

묵자의 하느님은 예수의 하느님과는 달리 죽은 후 하늘나라를 약속하지 않으며, 오늘 이 땅의 해방을 실현하기를 요구한다. 예수는 현실의 불평등을 용납하는 대신 죽은 후에 하늘나라의 평등사회를 약속하지만, 묵자는 지금 이 땅 위에 인간 자신의 힘으로 평등공동체를 이루어내려고 투쟁한다. 따라서 예수는 당시 로마의 전제적 노예제 지배체제를 뒤엎고 자유평등사회를 구현하려고 투쟁하지 않았지만 묵자는 체제혁명을 외치며 행동으로 실천한다. 그러므로 묵자는 인간에게 의를 위해 싸우라고 요구하며, 천하에 의로움보다 더 귀한 것은 없다고 가르친다.

다만 묵자와 예수는 모두 기층민중 편에 서서 인간해방을 설교하고 그것을 위해 노력했으며 그 사상적 기초는 하느님의 사랑이었다는 점에서는 일치한다. 그러나 처한 상황에 따라 묵자는 현실투쟁을 중시했으며, 예수는 우선 위로와 희망을 중시했던 것 같다.

또한 당시 묵자에게는 목숨보다 귀중한 것이 의였으나 예수에게는 민족과 개인의 생존보다 귀중한 것은 없었다. 그래서 묵자에게는 투쟁이 중요했고 예수에게는 인내가 더 중요했는지도 모른다. 묵자와 예수는 모두 전쟁과 폭력을 반대했지만 예수는 용서를, 묵자는 저항을 외친 것이라고 이해할 수도 있다.

묵자墨子/대취大取

한 사람을 죽여 천하를 보존했다면	殺一人以存天下也
그것은 천하를 이롭게 한 것이 아니다.	非殺一人以利天下也.
자기를 죽여 천하를 보존했다면	殺己以存天下也
이는 천하를 이롭게 한 것이다.	是殺己以利天下.

예수는 묵자보다 약 500년 후에 제국주의 로마의 식민지였던 유대 나라에서 목수의 아들로 태어났다. 당시 유대는 정치적으로는 절대왕정 국가였으며 경제적으로는 반유목경제이며 사회적으로는 노예제사회였다. 여기에 더하여 외세의 압제와 부패한 지배계급의 착취에 견디다 못한 민중들은 젤롯 독립당을 중심으로 납세거부운동을 펼쳐 수천 명이 학살되는 등 민족해방운동의 열기가 고조되던 때였다.

그러나 막강한 로마 제국주의에 대하여 무력으로 항쟁한다는 것은 무모한 짓이었고 외세와 부패한 지배계급의 착취에 시달리는 민중은 오직 메시아(그리스도)의 도래만을 기다리는 처지였다.

예수는 이러한 민족해방도 민중해방도 절망적인 상황에서 묵자의 인류적 하느님을 만나게 되었을 것이다. 이에 그는 모세의 전쟁신 야훼를 따르지 않고 무력에 의한 민족해방전쟁을 거부했으며, 따라서 민중이 요구하는 메시아가 되기를 거부했다.

그리하여 그는 로마의 침략과 압제 그리고 이에 빌붙은 지배계급의 착취와 노예제도 등의 모순에 직접적으로 투쟁하지 않고,[80] 그 대신 사랑과 평화와 용서의 인류적 하느님을 설파했고, 종말과 천국의 도래 등의 복음을 전파하며 민중에게 위안과 인내와 희망을 심어주려고 노력했다. 예수

---

[80] 「마태오의 복음서」 22:21, 「마르코의 복음서」 12:17.

는 말했다. "너희들은 하느님 나라가 오는 것을 눈으로는 볼 수 없다. 또 보아라! 여기 있다, 혹은 저기 있다고 말할 수도 없다. 하느님 나라는 바로 너희 가운데 있다."[81]

이처럼 예수는 해방투쟁의 혁명가가 아니라 죽은 후 천국을 설파한 종교가였다. 예수는 말했다. "황제의 것은 황제에게, 하느님의 것은 하느님에게!" 그래서 그는 로마에 대한 세금거부운동에 동참하지 않았을 뿐만 아니라, "황제는 주권자이니 그들에게 복종하라"[82], "인간이 세운 모든 제도에 복종하라, 종들은 주인에게 순종하라"[83]고 가르쳤다.

그러나 민중은 이러한 무저항주의 투쟁을 외치는 예수의 참뜻을 이해할 수 없었고 자기들의 마음속에서 그려왔던 '왕 중 왕' 또는 모세적 해방자로 예수를 받아들였다. 그래서 민중들은 메시아의 기적으로 당장 자기들을 로마의 압제에서 해방시켜 줄 것을 요구했다. 당시 민중은 모두가 예수를 판 유다와 똑같은 생각을 가지고 있었던 것이다. 이에 예수는 자기의 피로써 이들의 해방 요구에 응답하지 않을 수 없게 되었던 것이다.

이러한 무저항주의와 타협적 자세를 빌미로 하여 그의 제자들은 로마에 협력했고 그 덕분에 예수는 로마의 승인을 받아 서양의 신으로 변질된다. 그는 동양인으로 태어난 하느님의 사도였으나 이제는 얼굴 색깔까지 서양인으로 바뀌어 서양의 수호신이 되었던 것이다. 오늘날 예수는 서양 제국주의의 수호신이 되어 무지몽매한 동양을 해방시키는 전쟁신으로 등장하기에 이르렀다. 동방의 자비로움으로 폭압적인 서양을 계몽하려던 예수는 이제 거꾸로 서양의 폭력을 등에 업고 어리석은 동양을 계몽하려는 피의 전사인 십자군이 되었으니 기구한 운명이 아닐 수 없다.

이처럼 변신한 예수는 이제 이 땅 위에 인간의 해방을 열망하는 민중

81_ 「루가의 복음서」 17:20~21.
82_ 「베드로의 첫째 편지」 2:14, 「디도서」 3:2.
83_ 「베드로의 첫째 편지」 2:13, 「골로사이인들에게 보낸 편지」 3:22, 「에페소인들에게 보낸 편지」 6:5.

을 억압하는 가장 무서운 힘을 발휘하고 있다. 오늘도 그는 제자들의 입을 통해 지배자에게 복종하는 사람에게만 복을 팔고 진정한 평등은 사후의 천국으로 만족하라고 민중들을 낙담시키고 있다.

✤ 오염되지 않은 해방의 말씀

일찍이 중국의 쑨원은 "고대에 사랑을 말한 사람으로 묵자를 능가할 사람은 없다. 묵자가 말한 겸애는 예수의 박애와 같은 것"이라고 말했으며, 한국의 유명한 성서학자 문익환 목사는 "묵자의 하느님은 예수의 하느님과 쌍둥이 같이 닮았으며, 석가·묵자·예수는 한 뿌리에서 나온 세 가지다"라고 주장했다. 이것은 중요한 의미를 가지는 것으로, 묵자와 예수가 같은 신관 내지 같은 문명권이라는 의미이며, 같은 민족이었다는 가설도 가능하다.

묵자는 그의 어록 『묵자』에서 300여 차례나 하느님에 대하여 말하고 있다. 『묵자』 53편은 모두 일관되게 겸애와 교리라는 하느님 사상을 기초로 진술된 글이다. 뿐만 아니라 그 내용은 모두 예수교의 교리문답이라고 해도 과언이 아닐 정도로 『신약성경』과 똑같은 말이 너무도 많다. 묵자를 따르는 무리들은 공동체적 집단을 이루고 활동한 것으로 보이며, 그 집단은 종교적 정치집단이었을 것으로 추측된다.

또한 여기서 필자가 특별히 주목하고 싶은 것은 『구약성경』, 『묵자』, 『논어』 등이 거의 비슷한 시대에 기록된 문서라는 점이다. 그러나 『구약성경』은 오랫동안 전해 내려온 구두 전승을 기록한 것이고, 『신약성경』은 로마의 폭압 아래서 그들에 의하여 정치범으로 처형된 예수의 가르침을 기록했다는 점에서, 그리고 노예제사회인 로마의 지배체제에 순종하며 타협했던 제자들에 의해 노예제사회를 혁명하려 했던 스승을 해석했다는 점에서 왜곡될 소지가 많았을 것이다. 그러나 『묵자』의 경우는 제자들이 비교적 자유롭게 묵자의 말을 기록한 것으로 믿어지며 왜곡·변질될 객관적 요인이 비교적 적었다고 믿어진다.

'가장 보잘것없는 자들'의 사상이었던 기독교가 노예의 나라 로마의 국교가 되어 지배자들의 종교로 변질되었고 공자는 한나라의, 노자는 당나라의, 불교는 양나라의, 성리학은 송나라의 국교가 됨으로써 그들의 사상이 봉건 지배계급의 통치이념이 되는 등 세계의 모든 사상이 압제자들에게 복무했으나, 묵자의 학문은 지배자들에게 복무하지 않은 유일한 민중사상이며, 인류 역사상 한 번도 실험하지 못한 귀중하고 이색적인 사상이기도 하다.

그러므로 필자는 외세와 지배계급에 타협 혹은 복무하기 위하여 변질된 서양 예수의 하느님을 동방 예수의 본래의 하느님 모습으로 복원하기 위해서는 묵자의 하느님이 중요한 단서가 될 수 있을 것으로 기대한다.

❀ 동방박사는 누구일까?

예수의 말씀과 묵자의 말씀은 왜 쌍둥이처럼 닮았을까? 묵자의 천손신관이 어떻게 예수에게 전파되었을까? 그 열쇠는 동방박사에서 찾아야 할 것 같다. 예수 탄생일을 맞추어 동방박사가 축하하기 위해 찾아갔다는 동방박사 설화가 신화가 아니라 역사적 사실이라면 이 문제의 중대한 전환점이 될 것이다. 그리고 그다음은 동방박사의 실체를 밝히는 일만 남을 것이다. 과연 동방박사는 어느 동방에서 온 누구란 말인가?

이 사건에서 우리가 얻을 수 있는 정보는 예수의 아버지 또는 어머니가 동방박사와 매우 긴밀한 관계였거나, 예수의 집안 내력이 '동방의 종교적 전통'을 이어받은 특별한 가문이었을 것이라는 가정일 것이다. 필자는 그들이 중국에서 쫓겨나 방황하던 묵가들이었을 것으로 추측한다. 다만 묵자의 제자들과 예수의 집안이 어떤 인연이 있었다는 것은 아직은 고증된 바는 없다. 그러나 다음과 같은 추측을 할 수는 있다.

첫째, 예수가 태어난 시기는 그 많은 묵자의 제자들이 중국에서 흩어졌을 때이며, 그때 서방으로 망명한 묵자의 제자들이 묵자의 하느님을 전파하며 동방박사로 행세했을 것이라는 추측이다.

둘째, 그렇지 않다면 동방박사는 동이족과 같은 종족인 수메르의 전통을 잇는 종교지도자였을 것이라는 추측이다.

셋째, 묵자는 목수였으며 그 제자들도 목수가 많았다. 그런데 예수의 아버지 요셉도 목수다. 여기서 우리는 요셉이 묵가의 제자였을 것이라는 추측이 가능하다.

넷째, 예수가 열두 살 때 사원에 가서 학자들과 담론할 정도로 해박했던 것은 아버지 요셉의 교육 덕분이며, 요셉은 동방박사가 방문할 정도로 동방 종교에 정통했을 것이라는 추측이다.

다섯째, 예수가 공적 활동을 시작했던 30세 전후까지 약 18년 동안의 기록이 전혀 없었던 것은 그 사이에 동방으로 구법여행을 떠났을 것이라는 추측이다.

여섯째, 요셉 가문은 모세가 이집트에서 이끌고 온 집안이 아니라 아브라함의 부인 '사라'처럼 동이족과 같은 족속인 수메르의 명문 집안의 후손이었을 것이라는 추측 등이다.

그러나 어떤 학자는 예수가 묵자의 영향을 받은 것이 아니라, 반대로 묵자가 아랍인이며, 고대 유목민족 또는 유대민족의 구약적 신관을 가지고 중국으로 들어왔기 때문에 묵자와 예수의 말이 같았을 것이라고 주장하기도 한다.

그러나 그런 주장은 앞뒤가 맞지 않는다. 왜냐하면 묵자의 하느님은

유목민족의 신 야훼처럼 살육과 증오와 질투의 전쟁영웅이 아니며, 또한 그리스적 요소인 인간의 모습을 한 메시아, 즉 초인적인 왕 또는 예언자적인 요소도 전혀 없기 때문이다. 오히려 묵자의 신관은 동이족의 평화의 한님|桓因| 신관과 유사하기 때문이다

 이상 살펴본 것처럼 묵자와 예수의 하느님 사업을 비교하면 여러 가지 차이점이 있으나 근본적으로는 한 뿌리임을 알 수 있을 것이다. 묵자로서는 500년 후의 예수를 자신의 후계자로 인정하지 않을지도 모르지만, 예수는 묵자의 하느님 사상을 전수하여 유대족의 부족신이며 전쟁신인 야훼를 인류적 평화의 하느님으로 발전시킨 종교개혁자라고 말할 수 있을 것이다.

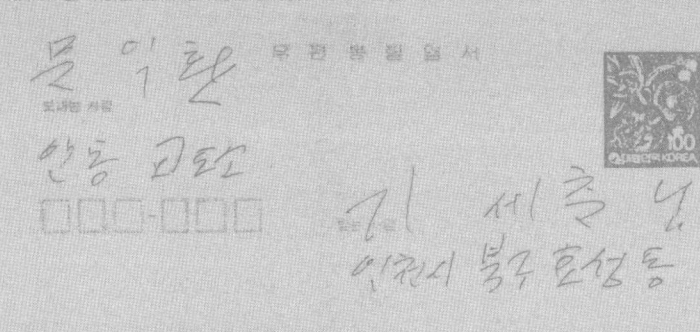

2부

문익환 목사의 옥중편지

이 글은 문익환 목사가 안동교도소에서 1992년 10월 21부터 1993년 2월 11일까지 5개월 동안 기세춘 선생에게 보낸 서른한 통의 편지로 묵자와 예수에 대한 학문적인 논쟁이다.

1절 예수와 묵자는 쌍둥이 같다

01 | 석가, 묵자, 예수의 평등사상의 뿌리

기세춘 선생님!

좋은 연구를 하셨군요. 저로서는 오직 놀라움뿐입니다. 묵자를 매개로 세계문화사, 전 인류사의 중요한 갈피를 찾을 수 있게 되었습니다. 기 선생님의 연구의 결과를 읽도록 해주신 일은 그냥 고마운 일이 아닙니다. 이것은 사건입니다. 사건이라도 엄청나게 큰 사건입니다.

고대 근동에서는 '평등'은 유목민 전통에 뿌리를 박고 자랐습니다. 낙타가 교통수단이 되기 전의 유목민 사회는 평등일 수밖에 없었습니다. 사막이라는 생활환경에 뿌리박고 자라던 평등사상이 출애굽과 함께 역사적인 자각으로 열리게 되는 거죠.

그런데 선생님의 책을 읽다가 그 평등사상이 수멜 전통에 잔뿌리가 있었다는 것을 깨치게 된 겁니다. 그것을 증명해 주는 또 하나 큰 정신이 석가입니다. 불교가 힌두교와 다른 점이 바로 '평등 아닙니까? 힌두교의 그 엄격한 계급을 타파하고 모든 사람이 부처일 수 있으니까요. 그 불교가 바로 메소포타미아에서 동진한 수멜 전통에서 나온 것이거든요. 불교의 성산 수미산은 수멜산 아닙니까?

불교에서 말하는 '서방정토'는 자신들이 살다가 떠나온 수멜의 옛 고토를 말하는 거죠. 성서에서 말하는 에덴동산이 바로 불교의 서방정토라고 생각되지 않습니까?

평등을 설파하고 그 실현을 위해서 살아간 두 큰 정신인 석가와 예수와 함께 여기 동양의 묵자 또한 같은 정신으로 살아간 사람으로 우리 앞에 우뚝 일어섰군요. 묵자를 모르고 살아온 자신이 부끄럽기까지 합니다.

02 | 수멜족과 동이족은 한 혈족

그 묵자가 동이족이었다니 놀랍군요!

수멜족과 동이족이 같은 종족이라는 것을 선생님은 당연한 것으로 보고 계시고 그걸 새삼 증명하려고 하지 않으셨습니다. 이 자리를 빌려서 제가 그 사실을 확인하게 된 경위를 좀 설명하겠습니다.

미국에 있을 때 클리블랜드 박물관에 가본 일이 있었습니다. 박물관에 들어서는데 처음 눈에 띈 것이 수멜인 석상이었습니다. 그 석상을 보면서 "너 삼자가 왜 여기 와 있지?"라고 중얼거렸거든요. 삼자란 제가 신학교에서 가르치던 한 여학생 이름입니다. 그렇게 같을 수가 없더군요.

다음은 수멜 문헌을 읽다가 수멜인들이 신을 '딩그리'라고 부른다는 사실이었습니다. 몽고에서 딩그리는 묵자의 귀신 정도의 존재를 말하는 것 아닙니까? 그것이 우리에게서는 당골로 살아 있는 거죠. 언어학 쪽에서는 우리말과 수멜어 사이에는 동사만 삼백 단어가 같은 것이 있다고 말합니다.

이것은 동이와 수멜이 한 혈족이었다는 걸 의심할 여지 없이 증명하는 거죠.

1992. 10. 21

03 | 아브라함은 수멜인

기세춘 선생님께

이스라엘 신앙의 조상이라는 아브라함이 수멜인이었다면 어떤 생각이 드세요? 저는 확신합니다. 아브라함은 수멜인이었다고. 아브라함은 수멜인의 중심지인 '우르' 출신이거든요. 그가 고향 우르를 떠난 것은 사막에서 밀려드는 유목민들에게 수멜이 정복당하고 동서남북으로 흩어지던 시기인 거죠. 그 유목민이라는 게 셈족이었던 겁니다. 미개인들이 문명인들을 밀어낸 거죠.

그때 동쪽으로 이동한 수멜인 전통에서 불교가 나왔던 거죠. 북쪽으로 이동한 수멜인이 시베리아를 거쳐 해 뜨는 쪽으로 이동해서 여기까지 온 우리 선조들 가운데 섞여 있었을 거라고 생각할 수 있겠지요. 그때 서쪽으로 이동한 수멜인들 가운데 아브라함이 있었던 거죠. 그의 부인의 이름으로 보아서 그는 수멜 왕족 출신이었을 가능성이 있습니다. 그의 부인 이름 '사라'는 왕후라는 뜻이니까요. 아브라함이 우르 출신이라는 것만으로 그를 수멜인이라고 단정하는 것은 속단이 되기 십상이지요. 증거는 또 있습니다. 아브라함은 가나안 땅의 여자를 며느리로 맞을 생각이 없는 것입니다. 그래서 일가친척이 있는 하란으로 며느릿감을 구하러 사람을 보내는 겁니다.

지방민셈족과 피를 섞을 수 없다는 거죠. 게다가 지방민을 같이 통혼할 수 없는 천민으로 보는 겁니다.

1992. 10. 22

04 | 예수는 수멜의 전통을 이었다

기세춘 선생님께

아브라함이나 이사악의 이야기에 어처구니없는 이야기들이 있지요. 기근이 심해서 다른 지역으로 이동할 때면 마누라를 누이라고 거짓말을 하지요. 그들의 아내가 지방 왕들이 몹시 탐내는 사람이었기 때문이지요. 애굽 사람들이 사라를 보자마자 왕에게 보고하거든요.

인물이 출중하기 때문일까요? 그게 아니고 인종이 달랐기 때문이라고 생각됩니다. 그 당시 근동 일대에서 수멜인은 최고의 문명인이었기 때문에 지방민이 수멜인 아내를 거느린다는 게 그렇게 영광이었던 겁니다.

아브라함이 그 일대에서 특별한 존경을 받았다는 증거가 또 있습니다. 아브라함이 수하 군대를 거느리고 침략군을 추격해서 쳐 이기고 포로로 잡혀가던 사람들을 찾아가지고 개선할 때 살렘 왕 멜기세덱이 친히 나와서 그를 환영하고 축하를 한 일이 있습니다. 살렘은 예루살렘의 옛 이름이죠. 왕이 이렇게 높이 대접하는 사람이었으니 일반 백성이야 더 말해서 뭘 하겠습니까?

사라가 죽자 아브라함은 그 지방민에게 사라를 장사 지낼 땅을 찾아 달라고 요청하지요. 그 요청에 대한 땅 소유자의 대응이 아주 정중합니다|창세기 23장|. 고대 근동에서는 제 고장을 떠난 떠돌이는 천덕꾸러기였는데 아브라함이 떠돌이 신세에 이렇게 정중한 대접을 받았다는 것은 주목할 만한 일입니다. 고대 근동에서 어디 가서나 이런 존경을 받을 수 있는 사람들은 수멜인뿐이었습니다.

그는 분명 수멜인이었는데 이스라엘 역사가들은 그를 셈족의 후손으로 만들어버렸던 겁니다. 그렇기 때문에 예수에게는 수멜의 전통과 셈족의 전통이 같이 흘러 들어왔던 겁니다.

05 | 묵자와 예수는 한 줄기에서 뻗은 두 가지

　선생님은 예수가 묵자의 영향을 강하게 받았다고 생각하시죠. 예수가 묵자보다 5백 년이나 늦게 나타나셨으니까 그렇게 생각하는 것도 무리가 아닙니다.

　각기 다른 문화가 서로 스며들어 영향을 주고받는 현상을 문화전이 |cultural transfusion|라고 하지요. 고대사회에서도 이런 현상은 상당히 멀리까지 넓게 번져가고 있었기 때문에 묵자의 영향이 예수에게까지 미쳤을 가능성을 전적으로 배제할 수는 없지요.

　그러나 예수는 이스라엘 종교의 전통에서 이해하는 것이 맞는다고 생각됩니다. 그러나 선생님이 그런 추측을 하리만큼 묵자와 예수는 너무나 같은 점이 많군요. 거의 쌍둥이 같은 느낌마저 드는군요. 역시 한 줄기에서 뻗은 두 가지라고 해야 할 것 같습니다. 그 줄기가 바로 수멜 전통 아니겠습니까?

1992. 10. 23

06 | 묵자와 예수의 하느님은 똑같은 유일신

　기세춘 선생님께

　묵자, 석가여래, 예수가 한 그루에서 뻗은 세 가지라는 걸 찾게 해주셨으니 제가 선생님께 뭐라고 감사한 말을 다 할 수 있겠습니까?

　그 셋의 공통점이 바로 평등인 거죠. 그런데 그 셋 가운데서 묵자는 석가여래보다는 예수와 훨씬 더 가깝군요. 어제 편지에서 그 두 사람을 쌍둥이 같다고 썼던가요? 묵자와 예수가 석가여래와 다른 점은 신관에 있다는 생각이 듭니다.

　석가여래에게서는 인격이 해소되고 마는데 묵자나 예수에게 있어서는 인격이 강조되는군요. 석가의 종교에 있어서 신은 철저하게 내재화되지요. 불교에서는 그걸 '불심'이라고 하지만 말입니다.

선생님이 지적하신 대로 묵자는 하느님을 평등 곧 정의를 원하시는 움직일 수 없는 뜻을 가지신 인격으로 보는군요. 창조주라는 말은 없어도 "털끝 하나라도 하느님이 하신 일 아닌 것이 없다"는 말에서 그가 하느님을 창조주로 믿었다는 것을 알 수 있습니다.

"하느님은 천하를 평등하게 사랑하시고, 만물이 서로서로 자라게 하여 사람을 이롭게 한다"는 묵자의 말은 그가 하느님을 '세계를 주재하시는 분'으로 믿었다는 것도 확실합니다.[1]

하느님은 유일무이하시다는 말은 안 했지만 이상의 말에서 그가 유일신 신앙을 가지고 있었다는 선생님의 주장에도 전적으로 동의하겠습니다.

중국에서 나서 중국의 문물을 배우며 자라고 그 울타리 안에서 사고한 묵자의 신관이 선생님이 지적하신 대로 어떻게 중국의 공맹이나 노장의 신관과는 다른 신관을 가졌을까? 수만 리 떨어져 있는 히브리인들의 신관과 이렇게도 같은 신관을 가지고 그 확신을 가지고 생을 관철해서 살 수 있었을까? 하늘의 법도〔천륜과 인륜을 일관하는〕를 말하는 '천치(天治)'이라는 말을 쓰면서도 묵자는 어떻게 히브리인들이 믿는 인격신을 믿었을까? 같은 뿌리에서 나온 두 가지이기 때문이라는 설명밖에 다른 설명이 있을 수 없을 것 같습니다.

예수도 셈족의 신 이름을 쓰면서도 실은 셈족의 신관과는 동떨어진 하느님을 믿고 있었다는 말을 이제 자신을 가지고 말할 수 있겠습니다.

모세의 신 야훼는 결코 유일신이 아니었습니다.

"내 앞에 다른 신을 두지 마라! 나 말고 다른 신을 섬기지 마라"는 말은 다른 신의 존재가 인정되어 있는 것 아니겠습니까?

그래서 학자들은 모세의 신앙은 '단일신' 신앙이었다고 하죠. 세상에

---

1 金夫天兼天下而愛之 遂萬物而利之 若毫之末 非天之所爲也(墨子 / 天志 中).

신이 많아도 너희는 너희를 구해준 나 야훼만을 섬겨야 한다는 거였으니까요. 그걸 학자들은 배일(拜一)신앙이라고도 말합니다.

1992. 10. 24

07 | 유일신은 수멜 전통

기세춘 선생님께

모세의 신앙이 유일신 신앙이 아니라 단일신 신앙이었다는 것은 저번 편지에 쓴 걸로 기억합니다. 그런데 이스라엘이 가나안 땅에 들어가서 만난 신앙의 세계는 어떤 것이었는가? 당시 가나안의 만신전에는 70여 명의 신이 있었거든요. 70여 신들 가운데서 우두머리가 '바알'이었던 겁니다.

"나밖에 다른 신은 없다(이사야 46:9)"는 야훼의 주장은 "내 앞에 다른 신을 두지 마라"는 십계명의 신앙과는 다른 거지요. 이 같은 유일신 신앙을 천명한 것은 바빌론에 포로로 잡혀가서였습니다. 이 야훼의 주장을 대신 전한 이사야는 주전 7세기의 예루살렘의 예언자가 아니라 주전 5세기에 바빌론에서 예언한 이사야인 겁니다. 묵자와 동시대 사람이지요.

바빌론에도 신은 많았지요. 주신(主神)은 마르둑이었구요. 어떻게 그 강대국들의 신들을 제쳐놓고 약소민족 이스라엘의 신 야훼가 그런 주장을 할 수 있었을까요? 이집트에서 종살이하는 노예들을 해방시켜 주고 바빌론에서 포로생활을 하는 천덕꾸러기들을 해방시켜 고국으로 돌아가게 하는 신만이 '참' 신이라는 깨달음에서 이런 유일신 고백이 나올 수 있었던 거죠. 그 신 앞에서 권력의 후광이나 되어주는 신들은 참된 신일 수가 없다는 깨달음인 거죠.

이 '참 신' 신앙이 유일신 신앙의 뿌리인 거죠. 그런데 이 둘째 이사야의 입을 통해서 표명된 유일신 신앙이 수멜 문화의 본고장이었던 곳에서 처음으로 명확하게 고백되었다는 사실을 주목할 필요가 있군요. 생각이 여기 미치자 시베리아에는 원시적인 유일신 신앙이 널리 퍼져 있었다는 학설을 내세운 Selmich라는 가톨릭 종교학자가 머리에 떠오르는 것이었습니다. 그는 너무 기독교적인 신관의 시각에서 시베리아 종교를 아전인수 격으로 해석한 것이 아닌가 해서 별로 탐탁스럽게 생각지 않았는데 이제 그의 연구에도 관심을 기울여야 할 것 같군요.

시베리아야말로 우리 선조들이 중앙아시아에서 이리로 이동해 오던 곳 아닙니까? 묵자의 유일신 신앙이 이런 흐름을 이어받아 가지고 있었던 거라고 확신해도 될 것 같습니다. 그리고 묵자와 예수는 이런 큰 정신사적인 같은 흐름에서 솟아난 두 큰 봉우리라고 보아야 할 것 같습니다. 영향을 주고받는 것보다 더 본질적으로 하나라는 친근감을 볼 수 있으니까요.

기 선생님이 예수와 묵자의 다른 점이라고 지적하신 점들도 제가 보기에는 다르지 않은 것입니다. 그래서 두 사람의 사상은 쌍둥이 같다고 했던 겁니다.

1992. 10. 28

08 | 묵자와 예수의 하느님은 하나

기세춘 선생님께

기 선생님이 지적하신 묵자와 예수의 다른 점에 동의할 수 있는 점도 있지만 동의할 수 없는 점을 이야기해 보겠습니다.

첫째, 예수는 하늘나라를 죽은 다음에 가는 곳이라 생각하는데 묵자는 죽은 후의 하늘나라는 약속하지 않는다는 점이 다르다고 했습니다. 하지만 예수가 주기도문에서 말한 하늘나라는 땅 위에 와서 실현되어야 할 나라입니다.[2] 그리고 그것은 모두가 일용할 양식을 구하고 그것으로 만

족하는 평등사회라는 것입니다. 물론 그 하늘나라는 죽음의 경계선 이
쪽에만 국한되는 것이 아닙니다.

둘째, 예수는 사랑을 강조하지만 묵자는 겸애^{兼愛}, 곧 평등한 사랑을
강조한다고 말한 차이점은 일용할 양식으로 대답이 된 줄 압니다.

셋째, 예수의 하느님은 인간을 지배하는 절대자로서 경배를 요구하
는 질투의 신이며 심판의 신인 데 반해서 묵자의 하느님은 하느님의 섭
리에 가까운 인민의 뜻 그 자체이므로 자기의 뜻을 실천하기를 바랄 뿐
이라는 것을 그렇게 단순하게 구별 지을 수 없을 것 같습니다.

예수는 자신을 인자^{人子}라고 불렀지요. '하느님의 아들'이라는 말은
제자들이 부른 칭호입니다. 인자라는 말은 『정감록^{鄭鑑錄}』에서 말하는
진인^{眞人}과도 같은 거라고 보면 됩니다. '참 사람다운 사람'이 곧 하느
님의 아들이었던 것입니다.

이렇게 되면 묵자가 하느님의 뜻과 사람의 뜻을 하나로 본 것과 다르
지 않다는 걸 알 수 있으시겠지요.

09 | 묵자와 예수의 인성론

그런데 예수는 인민의 뜻과 하느님의 뜻을 아무 모순이나 갈등 없이
일치시킬 수 없다는 걸 아셨습니다. 여기에 예수와 묵자의 인간 이해에
커다란 차이가 있다는 것이 드러납니다. 묵자는 사람은 선한 것도 아니
요, 악한 것도 아닌 무색투명한 것이라는 것 아닙니까? 사람이란 선으
로 물들면 선인이 되고 악으로 물들면 악인이 된다는 거죠?

2_ 예수의 기도문도 묵자의 말과 같다. 즉 '밝고 밝으신 벼리이신 하느님이시여! 천자와 이 땅에
임하시도다!' 이것은 하느님은 천자보다 귀하고 지혜로운 분임을 말한다. 그래서 하느님만이
고귀하고 지혜로울 뿐이라고 말하는 것이다. 曰明哲維天 臨君下土. 則此語天之貴且知於天子.
曰天爲貴天爲知而已矣(墨子 / 天志 中).

이 생각은 인민의 뜻이 하느님의 뜻이라는 묵자의 이론과는 모순되는 거죠. 이 이론에서 인간을 본다면 묵자는 당연히 성선설을 말했어야 한다고 생각되지 않으세요?

예수는 사람은 하느님의 형상으로 지음받은 존재라는 구약성서의 신앙에 서 있습니다. 신성이 곧 참 인간성이라는 거죠. 그런데 그 인간성이 죄로 말미암아 참모습을 잃었다는 겁니다.

1992. 10. 29

10 | 묵자와 예수는 계급해방론자

기세춘 선생님께

선생님이 생각하듯이 묵자는 예수보다는 에쎈파와 가까운 게 아닙니다. 에쎈파는 예루살렘 특권층인 사제계급이었습니다. 거기서 친로마 사제파에게 밀려났으니까 반로마적임에는 틀림없지요. 그러나 그들은 율법으로 민족해방을 이룩하겠다는 것이었습니다.

율법은 본래는 평등을 지향하는 것이었지만 유대교에 와서는 율법이 평등을 배신하고 있었거든요. 그 대표적인 것이 안식일 계명입니다.

안식일 계명은 본래 일에 시달리는 사람들에게 휴식을 주려는 데 목적이 있었습니다. 그런데 하루 벌어 하루 먹고사는 사람들에게는 안식일은 그림의 떡이었던 거죠. 그래서 안식일을 못 지키면 죄인이 되는 것이었습니다. 당시의 민중은 율법의 굴레에서 벗어나야 했습니다. 민중에게 굴레를 씌워 끌고 가는 지배자의 이데올로기가 유대교의 율법이었으니까요.

로마에 적극적인 항거를 한 것은 젤롯파였지요. 무력항쟁으로 유대를 로마의 기반에서 벗어나게 하자는 것이었지요. 요새 말로 민족자주 민족해방운동이었습니다. NL[National Liberty]인 거죠. 그런데 그들은 예루살렘의 친로마 특권층과 민중 사이에 가로놓여 있는 사회적 내부 모순에는 별 관심이 없었습니다.

예수는 그게 아니었습니다. 예수는 예루살렘 특권층과 민중 사이의 문제에 관심이 있었습니다. 계급 모순의 타파에 그의 모든 관심이 쏠려 있었던 겁니다. 요새 말로 하면 예수는 PD|People Democracy| 계열이지요.

그런데 예수는 그 계급 모순을 혁명으로 타파하려고 하지 않았습니다. 마카비가의 실패를 그는 분명히 의식하고 있었을 겁니다.

그의 관심은 민중의 의식화에 있었다고 보여집니다. 배고픈 서러움을 겪어 아는 사람만이 남의 배고픈 서러움을 알아주는 마음이 있다는 것을 그는 알았고, 이 마음만이 새 공동체를 묶어나가는 힘이라는 것도 알았습니다. 예수는 이것을 바빌론의 이사야에게서 배웠던 것 같습니다.|이사야 53장|.

1992. 10. 30

11 | 묵자와 예수의 하느님은 온 인류의 하느님

기세춘 선생님께

《신학사상》1992년 가을호를 구해서 안병무 박사의 논문「마태오의 민주민족주의」를 한번 읽어보세요. 기막힌 연구입니다. 그는 마가복음에서 예수를 민중 속의 민중으로 발견한 사람입니다. 이제 마태복음서에서 의식화된 민중을 발견해 주었군요.

예수가 민중의 의식화뿐만 아니라 예루살렘과 로마 지배자들의 의식화에까지 관심을 가지고 있었다는 말을 지난번에 썼습니다. 이것은 그냥 전략전술이 아니었습니다. 그의 신앙, 그의 세계관이 그의 관심을 그쪽으로까지 돌리게 했던 것을 알 수 있습니다.

그가 믿는 하느님은 유대인들의 하느님이 아니라, 온 인류의 하느님이셨습니다. 착한 사람들에게만 햇빛을 비추시고 비를 내리시는 것이 아니라 악인들에게도 골고루 햇빛을 비추시고 단비를 내리시는 하느님이셨던 겁니다.

만인에게 평등한 묵자의 하느님과 예수의 하느님은 이렇게 같군요.

12 | 예수에게는 원수가 없다

원수를 사랑하라는 예수의 말씀을 이런 문맥에서 이해하면 되는 것 아닐까요? 도대체 그에게는 원수가 없었던 거죠. 민중을 사랑하는 뜨거움이 높을수록 그만큼 민중을 억압하는 세력을 뜨겁게 미워해야 하는 것 아닙니까? 억압자들을 미워하지 않으면서 억압당하는 민중을 사랑한다는 것은 관념의 유희라고 생각되지 않으세요? 그런데 그것이 예수에게서는 관념의 유희가 아니고 목숨을 내건 전력투구였습니다.

억압자들을 미워하지 않고 한 형제로 생각하고 의식화시키는 것이 민중을 사랑하는 길이었던 겁니다. 적어도 예수에게는 그랬습니다. 예수의 하느님은 질투하시는 모세의 하느님과는 다른 차원의 하느님이었던 겁니다. 질투하는 하느님은 억압자들을 미워하는 신이었으니까요.

종살이하는 것들을 일껏 건져주어서 자유롭게 잘살게 해주었는데 억압자의 신을 모시고 억압자로 둔갑해 버리는 것을 모세의 하느님 야훼는 그냥 보고만 있을 수 없다는 것이었죠. 그의 질투는 배신하는 이스라엘 위에 무서운 진노로 떨어지는 것이었습니다.

1992. 11. 2

13 | 계약의 하느님과 아버지 하느님은 같다

기세춘 선생님께

어제 나의 글을 읽으시고는 '질투하는 신'이라는 말 때문에 유목민의 신 야훼에 대해서 사람들이 엄청난 편견을 갖게 되었다는 사실을 아시게 되셨지요.

선생님은 "묵자의 이상사회인 우임금의 평등사회 군장이신 하느님이 유목민의 신과 같은 절대지배자가 아니었으며 모든 인민의 아버지였다"고 하셨군요.

묵자뿐 아니라 공맹까지도 이상사회로 보았던 요순시대나 우임금시대는 유목민 전통이 살아 있던 시대가 아닙니까? 유목민 사회가 농경문화에 밀려나게 되지요. 그런데 묵자는 그 유목민의 평등을 고집하다가 부와 권력의 편중이 심화되어 가는 농경사회에서 고립되어 박해를 받게 된 것 아닙니까?

묵자의 하느님이 인민의 아버지였다면, 예수의 하느님은 더욱 아버지였습니다. 예수가 가르쳐준 기도에는 하느님이라는 말은 전혀 나오지 않습니다. 그냥 '아버지'지요.

묵자와 달리 예수는 하느님의 심판을 말하지요. 예수의 하느님은 당신을 믿지 않고 당신과 맺은 약속을 지키지 않으면 가차 없는 심판을 내리시는 하느님이셨죠. 그런데 그 약속이란 것이 십계명이거든요. 십계명은 계율이기 전에 민권헌장입니다. 약자의 인권을 유린하지 않고 존중한다는 것이 새 공동체의 생활규범이었던 거죠. 그 약속을 지키지 않는 것을 용납하실 수 없는 신이 모세의 신이요 예수의 신이었습니다. 그 심판은 하느님 자신의 권위를 위한 것이 아니라 약자의 인권을 위한 질투요 진노요 심판이었습니다.

묵자가 신의 심판을 말하지 않았다는 점에서는 예수와 달랐지만, 그의 사상의 골격은 예수와 너무 같다고 하겠습니다. 기 선생님께서는 예수가 묵자와 너무나 같다고 말해야겠지요?

1992. 11. 3

14| 사랑의 사회적 실천은 의義

기세춘 선생님!

기 선생님이 생각하는 것보다도 예수와 묵자는 그 바탕이 같다는 이야기를 꽤 장황하게 썼습니다. 기 선생님이 차이점이라고 지적한 것도 사실은 그 바탕은 다르지 않다는 걸 밝히려고 했습니다.

"묵자에게는 목숨보다 중요한 것이 의義였으나 예수에게는 목숨보다 더 중요한 것이 없었다"는 선생님의 판단은 아무래도 적잖이 편견에 치우친 것 같습니다.

예수가 목숨보다 중요한 것이 없다고 생각한 것은 틀림없습니다. 그런데 그에게 있어서 의란 천하를 주고도 못 바꾸는 생명을 짓밟는 일에 대한 분노였습니다. 그것은 생명사랑에서 터져나오는 분노였습니다. 그렇기 때문에 그에게 있어서 의와 생명은 이것이냐 저것이냐 하는 문제가 아니었습니다.³

예수는 사랑보다는 의를 더욱 강조했습니다. 예수를 사랑으로 본 것은 제4복음서 저자입니다. 새 공동체의 주인공들이 갖추어야 할 자질 여덟 가지 |마태복음 5장, 소위 팔복|에서도 예수는 사랑보다는 의를 부각시킵니

---

3 이 점에 있어서도 묵자와 같다. 다만 예수는 '목숨보다 의가 귀한 것' 임을 말하지 않는다.
〈묵자의 말〉
- 의는 목숨보다 귀하다.
- 한 사람의 생명으로 천하가 보존된다 해도 남의 생명을 끊는 것은 천하에 이로운 것이 아니다. 그러나 자기 목숨을 바쳐 천하를 보존했다면 자기의 생명을 버린 것은 천하를 이롭게 한 것이다.
- 노예에 대한 사랑을 버려야 천하가 이롭다 해도, 그 사랑을 버릴 수는 없다.

다. 사랑의 사회적인 실천은 의일 뿐이니까요.

그리고 예수는 그 의를 위해서 목숨을 바쳤습니다. 의는 생명을 위한 것이지만 그 일을 위해서 당신의 생명까지 바친 겁니다.

15 | 묵자와 예수는 평화주의자

평화에 관해서도 예수와 묵자는 그 바탕이 하나군요. 묵자가 전쟁을 막기 위해서 동분서주한 모습은 거룩하기조차 하군요. 평화주의자에 멎지 않고 평화 실천가 묵자를 기 선생님은 저에게 발견하도록 해주셨습니다.

그런데 예수에게 있어서도 평화가 궁극적인 목표였습니다. 예수의 복음은 평화의 복음이었거든요. 그가 제시한 새 공동체는 정의가 기둥으로 떠받치는 평화의 왕국이었거든요.

그런데 예수에게 있어서 평화는 그냥 전쟁이 없는 상태를 의미하는 것이 아니었습니다. 평등은 모든 선하고 아름답고 참된 것의 총화였습니다. 그의 복음을 평화의 복음이라고 하는 까닭이 바로 여기에 있습니다.

1992. 11. 5

16 | 묵자와 예수는 똑같이 민주·평등주의자

기세춘 선생님께

묵자의 사상 가운데서 벌어진 나의 입을 다물지 못하게 한 것은 "어진 자를 선출하여 천자[天子]를 삼는다"는 것이었습니다. 신분의 고하를 막론하고 농사꾼, 노동자, 장사치를 가리지 않고 어진 자를 찾아 천자로 모신다고 뚜렷이 말했군요. 지금부터 2,500년 전에 어떻게 이렇듯

민주적인 사고를 할 수 있었을까? 다만 놀라울 뿐이군요.

그런데 이 점에 있어서도 묵자와 예수는 너무나 같습니다. 예수가 왕[메시아]의 원형으로 생각했던 것이 「이사야」 53장에 표현된 '고난 받는 종'이었다는 것은 앞에서 이미 지적했지요. 하늘나라의 주인은 '가난한 자들'이라고 말하지요.[누가복음 6:2]

「마태복음」 5장에서는 올바른 일 때문에 가난을 택한 사람[마음이 가난한 사람], 마음이 맑고 어진 사람이 하느님 나라 곧 새 공동체의 주인공이 된다고 했거든요. 그의 열두 제자들은 모두 그런 사람들 아니었습니까?

17 | 묵자와 예수는 똑같이 사랑을 말했다

묵자가 생각하는 의는 겸애, 즉 공평한 사랑 아닙니까? 의를 구체적으로 이로움[체]이라고 갈파했군요. 만인에게 이로운 것이 의라는 것 아닙니까?

예수는 그것을 "네 이웃을 네 몸처럼 사랑하라"고 하지요. 내게 이로운 것은 남에게도 이로운 것이니까 모든 사람에게 그 이로움이 돌아가도록 하는 것이 사랑이라는 말 아니겠습니까?

그런 마음을 가지고 살아가는 사람이 천자가 돼야 한다는 거죠. 예수는 그런 사람이 메시아라는 거구요.

기 선생님! 제가 보기에 이것도 유목민 전통에서 온 겁니다. 최소한도의 소유를 공유해야 하는 유목민들, 언제 불어닥칠지 모르는 모래바람을 헤치고 사람과 양 떼를 제 목숨처럼 알고 이끌어갈 수 있는 마음과 능력을 가진 사람이 지도자가 될 수밖에 없는 것이 유목민의 생활공동체였으니까요.

1992. 11. 6

2절 평등·평화사상의 뿌리

18 | 민주·평등사상은 유목민의 전통에서 나왔다

기세춘 선생님께

묵자가 그리도 지키고 싶었던 지도자를 선택하는 전통이 만주에서는 1946년까지 계속 살아 있었습니다. 만주에 가보면 마을들이 대체로 씨족 원시공산사회였습니다. 마을 이름이 왕가보[王家堡], 강가둔[姜家] 등으로 불려졌습니다. 70~80명에서 한 백 명의 일가가 다 한 살림을 하는 것이었죠. 거기서 둔장[屯長]은 나이는 관계없이 유능한 사람이 선택되는 것이었거든요. 이 제도를 중공은 중앙집권에 지장이 된다고 깨려고 한 것으로 알고 있습니다.

이것이 유목민 전통이라고 저는 생각하는 겁니다. 수멜인이나 우리 동이족에게는 이 유목민 전통이 살아 있었던 거죠. 수멜은 이미 농경사회를 기반으로 한 도시문명을 이루어가지고 살면서도 그 전통을 잃지 않았던 것 같습니다. 이 문제는 별도로 연구해야 할 문제이기는 하지만요.

이 수멜 전통이 이스라엘에 흘러 들어갔을 때는 하비루 전통으로 더욱 강화되었던 것입니다. 하비루 전통에 관해서는 저의 『히브리 민중사』를 참고하시기 바랍니다.

이스라엘엔 세습적인 왕제도에 강한 반발이 있어왔는데 이것은 이런 전통에서 이해돼야 합니다. 왕제도가 확립된 다음에도 왕은 양들을 위해서 제 목숨을 바칠 수 있는 목자라고 이해되어 있습니다. 그렇게 불렀습니다. 그런 전통은 우리에게도 이조 말까지 남아 있었던 것 아닙니까? 현감을 목사(牧使)라고 불렀으니까요.

1992. 11. 7. 익환

19 | 묵자와 예수의 민족민중해방운동

기세춘 선생님께

기 선생님이 예수와 묵자의 다른 점이라고 지적하신 것도 제가 보기에 차이점일 수 없습니다. 그 두 사람은 뿌리가 같고 바탕이 너무나 같습니다. 차이점이라고 할 수 있는 것은 두 사람에게 놓여진 역사적인 정황과 사회적인 처지라고 해야 할 것 같습니다.

두 사람 다 수멜·동이·유목민 전통에 뿌리를 내리고 있는데, 예수에게 온 그 전통은 하비루 전통으로 강화되었다는 점이 다르다면 좀 다른 것이겠지요. 또 하나 지적해야 할 점은 묵자는 점점 우세해지는 권력과 부가 점점 더 편중되는 농민문화 앞에서 유목민들의 평등사회 전통을 지키려고 노력했는데, 예수는 이집트, 앗시리아, 바빌론, 페르시아, 그리스, 로마라는 고대 근동의 대제국주의 세력들 틈바구니에서 아브라함·모세의 전통을 지켜낸 약소민족이었던 겁니다. 이를테면 용광로에 여섯 번 들어가서 제련되었다고 할는지요. 그것은 엄청난 시련이기도 했지만 고도한 문화들과 만나 대화하면서도 정체를 잃지 않고 다듬어

온 전통인 거죠.

　예수 당시의 로마는 앞서 간 대제국들 어느 나라보다도 넓은 지역을 군대의 힘으로 완전 장악하고 철통같은 통치를 펴나가던 시대였지요. 예수의 현실인식은 무력항쟁으로 민중해방을 이룩할 수 없다는 것이었습니다. 주후 67년에 무력항쟁으로 독립을 쟁취하려는 젤롯당의 영웅적인 투쟁은 결국 유대인들을 그 후 2천 년 가까이 전 세계로 흩어져 천덕꾸러기로 살아가게 했던 겁니다. 예수의 현실인식이 젤롯당의 현실인식보다 옳은 것이었다는 걸 이제 와서 보면 알 수 있지 않을까요.

20 | 묵자의 평화운동

　거기에 비해서 묵자가 놓여 있던 처지는 매우 달랐습니다. 묵자의 시대는 유목민 후손들인 동이족은 지금의 만리장성 밖으로 밀려나서 고조선 판도를 형성하고 있을 때였지요.

　묵자를 위시한 많은 동이족들이 중국 대륙에 남아 있었지만 그들은 그 사회의 일원이었지요. 서로 대립하는 세력들이 제 세력을 확대하고 지키려는 싸움이 끊이지 않았지만 그들은 이스라엘처럼 외세의 지배 아래 있었던 것은 아니었지요. 공자가 이 나라에서 뜻을 펴보려고 하다가 받아들여지지 않으므로 다른 나라로, 그 나라에서 받아주지 않으면 또 다른 나라를 찾아다녀도 아무 모순이 없었던 것 아닙니까?

　묵자도 어느 나라에서나 요청이 오면 제자들을 이 나라 저 나라 가리지 않고 보냈군요. 이것도 내 나라 저것도 내 나라였던 거죠.

1992. 11. 9

21 | 평화의 누룩이 되는 가르침

기세춘 선생님께

예수가 처해 있는 상황은 그렇지 않았습니다. 로마가 예수의 제자들을 부르지도 않았고 부른대도 갈 처지가 아니었던 겁니다. 따라서 예수는 묵자처럼 권력들 사이의 분규와 전쟁을 평화적으로 해결하는 해결사로 나설 처지가 아니었습니다.

따라서 예수가 할 수 있었던 평화운동은 소극적일 수밖에 없었지요. 로마와 무력항쟁을 일으키려는 젤롯파들에게 무력항쟁을 포기하고 평화의 누룩이 되는 길을 가르치는 것이었습니다. 그의 현실인식이 그를 묵자처럼 구체적인 평화운동에 나설 수 없게 만들었던 겁니다. 그러나 그것은 그의 현실인식 때문만이 아니었습니다. 평화는 평화로운 길로써만 성취될 수 있다는 그의 소신 때문이기도 했습니다. 원수를 사랑하라는 예수의 가르침은 이런 그의 평화의 신념을 표현한 것으로 보아야 한다고 저는 믿습니다.

그가 실천한 평화운동의 적극적인 면은 병 고치는 그의 행동에서 나타나는 겁니다. 평화는 사회적인 건강이기 전에 한 사람 한 사람의 몸의 건강이기 때문이죠. 그러나 평화는 몸의 건강에 멎는 게 아니죠. 그것은 몸의 건강인 동시에 마음의 건강이죠. 모든 사람이 몸과 마음으로 건강을 누리는 사회의 건강인 거죠.

묵자의 평화운동과 예수의 평화운동을 하나로 묶어야 평화의 온전한 모습을 찾는 것이 될 것 같군요.

석가여래의 평화는 어떤 것이었을까요? 우선 그에게는 원수가 있을 수 없지 않습니까? 평화의 적인 전쟁과 가장 거리가 먼 종교가 바로 불교 아닙니까? 석가여래가 평화에 기여한 최대 업적은 계급타파였지요. 그는 사회적인 평화의 실천자였습니다.

수멜, 동이족의 전통에서 솟은 인류의 이 세 거봉을 이렇게 정신사적으로 보게 해주신 기 선생님 정말 고맙습니다. 더욱더 진전된 연구로 많은 사람의 눈을 뜨게 해주세요.

1992. 11. 10

22 | 수멜과 우리는 한 뿌리

기세춘 선생님께

그동안 보내주신 글월 네 통을 잘 받아 읽고 많은 것을 배웠습니다. 박순경 박사에게 통일신학에 관해서 편지를 계속해서 쓰느라고 이렇게 늦게야 회신을 올리게 돼서 미안합니다. 이만큼 뜨거운 진리 탐구자의 변명을 받아보기는 난생 처음입니다. 진리 탐구의 여정에 더없이 소중한 동반자를 만난 기쁨 무어라고 다 말할 수 없습니다.

우선 한문에 그렇게 능통하셔서 얼마나 부러운지 모르겠군요. 나도 중학 시절에 외조부에게서 한문 공부를 좀 하기는 했는데 50여 년 서양에서 들어온 학문에 매달리다 보니 그나마 다 잊어버렸거든요. 아쉽기 그지없습니다. 우리 같은 사람은 어차피 기 선생 같은 전문가들의 번역과 해석에 의존하는 수밖에 없는 일이지요.

선생님의 연구에서 나를 깜짝 놀라게 하는 것이 있습니다. 우리의 고대 기록에 수멜[須密爾]이 단군 열두 지파[支派]의 하나였다는 것이 있다는 점입니다.[1] 나는 구약의 배경사를 공부하다가 수멜과 우리가 한 혈족이라는 것을 확신한 것인데 이제 그것을 고문헌으로 확인할 수 있게 되었습니다.[2]

이것은 수멜 연구에서 아직 밝혀지지 않고 있습니다. 수멜어가 단음절 언어이기 때문에 중국말과 같은 계열이 아니겠느냐는 추측을 하는 정도이거든요. 그런데 수멜어는 첨가어[agglutinative language]입니다. 말을 하자면 우랄알타이어계라는 말이죠. 그리고 보면 우리말도 모두 단음절이라는 것을 알 수 있습니다. 눈, 코, 입, 귀, 손, 발, 집, 골 등등 명사,

가(다), 오(다), 잡(다), 먹(다), 입(다), 눕(다), 놀(다) 등등 동사도 본래 단음절이었느냐는 것은 한국어 전문가들이 앞으로 밝혀주어야 할 일입니다. (계속)

1992. 12. 9

23 | 한국의 열두 지파와 이스라엘의 열두 지파

기세춘 선생님께

수멜족이 여기까지 와서 우리의 뿌리의 하나가 되었다는 사실을 확인한다는 것도 중요하지만 열두 지파 제도가 여기도 있었다는 사실이 역사적으로 매우 중요합니다. 그것이 약 4천 년 전의 일이었다면 이스라엘 열두 지파가 역사에 등장하기 1천여 년 전 일이 됩니다.

그런데 열두 지파 제도가 그리스에도 있었습니다. 그리스에서는 그걸 'amphictyony'라고 부르지요. 부족동맹, 종교연맹이라고 번역들 합니다.

각기 다른 신을 섬기던 부족들이 한 성소를 중심으로 동맹을 맺은 겁니다. 왜 열두 지파라고 하면 열두 개 부족이 돌아가면서 한 달씩 중심

1_ 古記云 波奈留之山下 有桓仁氏之國 天海以東之地 亦稱波奈留之國. 其地廣 南北五萬里 東西二萬里. 摠言桓國 分言 卑離／養雲／寇莫汗／句茶川／一群／虞婁(혹은 畢那國)／客賢汗／句年額／賣句餘(혹은 稷臼多國)／斯納阿／鮮卑(혹은 豕韋國 또는 通古斯國)／須密爾 合十二國也. 天海 今日北海(三聖記, 三聖密記).
- 천해는 바이칼 호수, 구다천국은 캄차카, 선비국은 퉁구스를 뜻한다. 『晋書』에서는 肅愼氏의 나라가 파나류국인 桓國이라고 했으며 한국 12개국 가운데 비리, 양운, 말리, 포도, 숭여, 사루, 구마han, 일군 등 몇 나라의 遺使의 기록이 나타난다. 숙신은 조선의 원음이며 '수밀이'는 '소머리'의 원음이다.

2_ 檀君世記 :
- 제1세 단군 丁巳 50년(BC 2284)에 대홍수가 나자 팽우로 하여금 다스리게 했으며 그 비석이 牛首 주에 있다. 牛首는 소머리 즉 수미리의 뜻.
- 제15세 단군 辛巳 2년(BC 1660)에 대홍수가 나다. 養雲, 須密爾 두 나라 사신이 특산물을 바치다.
- 제27세 단군 辛卯 8년(BC 990)에 天海가 넘쳐 阿蘭山이 무너지다. 須密爾, 養雲, 句茶川 등이 사신을 보내 특산물을 바치다.

성소를 책임지는 거죠.

가나안 남쪽에는 여섯 지파가 어울려서 살고 있었습니다만 그 여섯이 결국 유다 지파로 합쳐진 것이라고 보아야지요. 신라가 6부의 통합으로 이루어졌던 것과도 비슷한 일이지요. 여기에 동맹 같은 것이 있었다면 한 지파가 두 달씩 성소를 책임졌다고 상정해 볼 수가 있지요.

이스라엘 열두 지파 동맹은 성소 중심이기보다는 해방신 야훼 중심이었을 것 같습니다. 왜냐하면 그들은 시내산을 떠메고 다닐 수가 없었기 때문이죠.

1992. 12. 10

24 | 동이족은 수멜의 한 지파

기세춘 선생님께

열두 지파가 여기에 있었다는 것도 중요한 사실이지만 수멜인이 한 지파를 형성할 만큼 되었다는 사실 또한 대단히 중요합니다.

단군과 아브라함은 거의 동시대의 인물들로서 이를테면 주전 2천여 년 전 인물들인데, 아브라함의 이동은 고작 한 가문 정도였거든요. 동쪽으로 이동한 수멜인도 상당한 수였을 것 같습니다. 거대한 인도문명 속에서 불교문화를 이룩해 낸 것을 보아서 그런 추측을 해봅니다.

사막에서 밀려드는 셈족에게 밀려나서 북쪽으로 이동한 세력은 동쪽으로 이동한 세력보다 많으면 많았지 적지는 않았을 거라는 생각이 드는군요. 북쪽으로 이동한 세력이 다 동쪽으로 온 것이 아닐 테니까요. 북쪽으로 이동한 사람들의 일부가 동진해서 여기까지 왔을 텐데 그들만으로 한 지파가 형성되었으니 말입니다.

수멜은 우랄알타이어계라고 보이는데 그렇다면 수멜의 중심 세력이 본고향을 향해서 북으로 이동했을 것이라고 상정해 보아도 과히 틀리지는 않을 것 같습니다.³ 한문 글자는 동이족에게서 시작되었고 수멜 글자와 한자에 공통점이 많다는 학설이 있지 않습니까? 그렇다면 상형문자인 한자를 개발하기 시작한 것이 수멜인이었다고 생각해도 과히 틀리지 않을 것 같습니다.

또 하나 중요한 사실은 동이의 열두 지파에는 수렵인들만이 아니라 고도의 도시문화를 이룩했던 수멜인들까지 포함되어 있다는 사실입니다. 그렇기 때문에 동이족은 수렵인이었다고만 단정하는 것은 재고되어야 합니다. 동이족은 수렵인, 유목인, 수멜인 같은 도시생활자들까지 포함되어 있었다고 보아야 합니다. 수멜인은 메소포타미아에서 하던 농사경험도 가진 사람들이었지요.

동양의 고대 전설적인 왕 복희(伏義)의 희 자를 분석해 보면 그 사실이 잘 드러납니다. 우선 꼭대기에 양(羊)이 있습니다. 유목민을 말하지요. 그다음 과(칙)가 있습니다. 이것은 수렵인을 말하는 거구요. 또 화(禾)가 있습니다. 이것은 농경민을 말하는 거겠죠.

1992. 12. 11

25 | 동이족 문화에는 유목 전통이 있다

기세춘 선생님께

복희 황제의 희(義) 자의 만(万)은 공(工)이 아닌가요? 수멜인들은 꼭대기가 하늘문인 높은 탑을 세우는 기술을 개발했거든요. 그것을 지구랏이라고 불렀지요. 어쩌면 그것은 인조산이 아니었나 싶습니다. 우리 선조

3_ 수메르인은 메소포타미아 원주민이 아니라는 것이 정설이다. 『檀君古記』는 파나류산의 桓國, 즉 조선족이 서쪽의 메소포타미아로 이동한 것으로 본다. 그러나 일본의 가지마 노부로는 한국사는 수메르 역사의 모방으로 해석하고 있으며 '한웅' '단군' 은 오리엔트의 '다곤' 과 '바알' 신을 뜻한다고 보고 있다.

들은 신이 산으로 하강한다는 신앙을 가지고 있었다는 기 선생의 글을 읽고 그런 생각을 해봅니다.

우리 선조들은 사람이 많이 모여 있는 걸 보면서 양이 무리 지어 있는 걸 생각했던 것 아닙니까? 군(群) 자가 그걸 잘 보여주는 거죠. 우리 선조들은 양(羊)을 아주 긍정적으로 보았던 것 같습니다. 묵자가 생명처럼 생각했던 의(義)에도 양(羊)이 있거든요. 양 같은 '나(我)'가 의이군요. 그동안 짧은 운동 경험에서 양같이 약한 듯한데 착하고 어진 사람들이 정의감이 강하다는 것을 발견하고 놀라게 되더군요. 그리고 그 정의감은 양 같은 평화를 지향하는 것이라는 것도 알게 되었습니다. 의는 양같이 약하기 때문에 무리 지어 사는 민중을 위한 민중의 힘인 동시에 그것을 나의 것으로 자각하는 것이라는 것을 우리의 선조들은 알았던 것 아닙니까?

양(羊)에게서 의(義)만 본 것이 아니라 선(善)도 보았고 미(美)도 보았던 것 아닙니까? 양을 의와 선과 미의 실체로 보았다면 양을 치는 목자들도 긍정적으로 보았던 것이 아니겠습니까? 유목민에 대한 기 선생의 생리적인 거부감이 어디서 생긴 것인지는 모르지만 재고돼야 하지 않을까 싶습니다.

우리의 전통에 수렵인 전통이 있었다는 사실을 별로 생각지 못했던 나를 기 선생이 깨우쳐주었습니다. 나의 전문인 고대 근동에는 유목민, 농경민, 도시인들만이 있고 수렵민이 없었기 때문이었습니다.

기 선생은 우리 전통에 수렵민이 차지한 몫이 컸기 때문에 그것을 중요시하다 보니 우리 전통 속에 들어와 있는 유목민 전통을 못 본 것이 아닌가 싶군요. 우리의 전통 속에 유목민 전통이 들어와 있다는 것은 글자 풀이로써만 증명되는 게 아니죠. 최근 중국에서 나오는 고대사는 이 점을 아주 강조한다고들 하지 않습니까? 이 점은 소식으로 듣기만 한 것이기 때문에 직접 확인할 필요가 있지요. 오늘은 이만.

1992. 12. 12

3절

전쟁신과 평화의 신

26 | 유목민의 신은 평화의 신

기세춘 선생님께

아브라함 일족이 서쪽으로 이동하면서 양 떼를 몰고 갔듯 북상한 수멜인들도 양 떼를 몰고 올라갔을 것 같지 않습니까? 중앙아시아에도 유목민들이 있었는지 그쪽의 역사|역사래야 선사시대 이야기겠지요마는|는 저로서는 알 길이 없습니다. 우리의 전통 속에 흘러 들어와 있다고 보이는 수렵민 전통과 유목민 전통이 어떤 관계를 가지고 있었을까? 갑자기 궁금해지는군요.

나의 전공이라고는 할 수 없지만 이스라엘 문화의 배경이 되어 있는 유목민 전통에 관해서는 내가 조금 이야기할 수 있습니다. 선생님이 생각하듯이 유목민의 신은 종을 부리는 가혹한 상전이 아니었습니다. 목자는 양을 위해서 목숨을 바치는 사람으로 이해되어 있거든요. 아흔아홉 마리 양을 들판에 내버려 두고 잃은 양 한 마리를 찾아 맹수가 들끓는 벌판을 헤매는 것이 목자가 아니냐고 예수는 수사학적인 질문을 합니다. 청중들도 당연히 그렇다고 고개를 끄덕일 질문이지요. 아흔아홉 마리를 지키는 목자들도 있는 거죠.

평화의 왕 메시아의 탄생을 알리는 소식이 목자들에게 제일 먼저 전해졌다는 것은 의미심장한 이야기입니다. 호세아와 예레미야는 농경문화나 도시문화요 타락한 백성에게 광야를 떠돌던 유목민 시대를 회상시킵니다. 그 유목민 시대의 신과 인간의 관계는 주인과 종의 관계가 아니었습니다. 그것은 깨끗하고 순결하게 사랑을 주고받는 연인 관계라는 것이었습니다.[호세아 3:16~22, 예레미야 2:1~3] 호세아는 그 하느님을 자식을 품에 안아 키워주고 걸음마를 가르쳐준 아버지라고 합니다.[호세아 11:3]. 호세아의 하느님은 아버지이기도 하지만 어머니의 마음을 가진 분이라는 것이 강조됩니다.

다윗은 양을 잡아먹으려고 달려드는 맹수들을 때려잡을 때에 쓰는 돌팔매와 목자의 지팡이를 들고 골리앗을 치러 나갑니다. 양을 인도하는 지팡이가 고대 근동에서는 왕의 상징이었거든요. 그런데 왕들은 목자의 지팡이를 잡고서도 목자의 본분을 저버리고 양을 잡아먹거나 하는 폭군이 되었다고 에제키엘은 왕들을 규탄하지요. 그래서 야훼는 그러한 삯꾼 목자들을 내치고 당신이 직접 목자로 나서겠다고 하십니다.[에스겔 34장].

목자의 심정은 동서고금을 막론하고 이런 것이 아니었을까 싶습니다. 그런데 왜 유목문화에 대해서 기 선생은 그런 편견을 가지게 되었을까? 거기는 상당한 이유가 있습니다. 목자들이 양을 치는 곳은 농사가 되지 않는 거친 들이지요. 거기는 농경지에서 밀려나고 쫓겨난 변두리 인생들이 모이는 곳입니다. 그들이 강도떼나 무법자로 변하기 십상인 곳이었습니다. 법보다는 주먹이 가까운 곳이었습니다.

1992. 12. 14

27 | 약자를 지켜주는 유목민의 전쟁신

기세춘 선생님께

이 땅에서는 농경지에서 밀려난 사람들이 산으로 들어가 화전민이 되든가 강도가 되었지만 고대 근동에서는 그들이 사막지대로 도망쳐서 광야의 무법자들이 되었던 겁니다. 큰 나라들 사이에 싸움이라도 생기면 용병으로 변하기도 하구요. 그들을 하비루라고 불렀던 겁니다. 그 하비루가 히브리인인 거죠.

야훼는 분명히 하비루의 신이었습니다. 전쟁신이었던 거죠. 기 선생이 유목민의 신을 하비루의 전쟁신과 동일시하는 데 문제가 있는 게 아닌가 싶습니다.

분명히 유목민적인 것과 하비루적인 것은 분간해 보아야 합니다. 농사가 안 되는 광야에서 살았다는 점에서 둘은 같지만 생활양식은 전혀 다를 겁니다.

유목민들은 하비루의 공격에 늘 대비하지 않으면 안 되었던 겁니다. 「사무엘상」 25장을 읽어보세요. 다윗의 부대는 나발이라는 사람의 양떼를 성처럼 감싸주었다고 하거든요.[16절] 짐승들로부터만 감싸준 게 아니었지요. 광야의 무법자들로부터 지켜주었던 겁니다. 같은 광야의 무법자들인데 다윗의 무리는 목자들을 지켜주었던 겁니다. 다윗이 그 땅의 지배자 블레셋 편에 붙어 있는 부락들을 쳐서 약탈한 이야기는 27장에 나옵니다.

나의 결론은 이런 겁니다. 유목민과 하비루는 같은 광야에서 살았지만 다른 두 생활양식으로 살아가는 사람들이었다는 것입니다. 유목민이 평화로운 생산자였다면 하비루는 남의 것을 약탈해 먹고사는 무법자들이었다는 겁니다. 그러나 같은 하비루라 하더라도 무차별 약탈하는 무리가 있는가 하면 다윗처럼 선별해서 약자는 보호해 주는 의적 떼도 있었던 겁니다.

유목민들은 평화적인 생산자였지만 광야에서 하비루들과 접촉을 가지며 살아가는 동안 전투적이 되어갔던 것도 사실입니다. 집단적인 자기방어책을 강구하다 보니 어느샌가 유목민과 하비루는 많은 공통점을 가지게 되었습니다. 이집트 임금 앞에서 요셉의 형제들은 "우리는 히브리 땅에서 온 목자들이다"라고 하지요. 다윗의 고을은 레헴의 신전이 있었는데 레헴은 전쟁신이 아니었나 싶습니다.

아브라함의 신이 방패였다면, 이사악의 신이 두려움이었다면, 야곱의 신이 강자였다면 이 신들도 모두 전쟁신이었을 가능성이 있습니다. 한 가지 분명한 사실은 이 신들이 전쟁신이었다고 해도 약탈을 하는 전쟁신이 아니라 약자를 지켜주는 전쟁신이었다는 것입니다.

1992. 12. 15

28 | 전쟁신 야훼는 약자의 해방신

아브라함, 이사악, 야곱의 이야기에서 우리는 침략적인 요소를 전연 발견할 수 없기 때문에 그들의 신이 전쟁신이었다손 치더라도 그 신들은 약자를 지켜주는 신들이었다고 결론을 내릴 수 있습니다. 야훼도 그런 신이었다고 생각됩니다. 그렇지 않다고 하더라도 야훼는 모세와 함께 하비루, 노예들을 해방시키려고 발 벗고 나선 해방신이었습니다.

야훼가 질투하는 신이라는 것 때문에 사람들은 야훼에 대해서 엄청난 편견을 가지게 됩니다. 내가 그게 무엇이냐는 걸 설명했는데도 기 선생의 머리에 박힌 편견을 씻어내지 못했군요. 그만큼 질투하는 신 야훼에 대한 편견이 뿌리 깊다는 것을 새삼 실감하게 됩니다.

야훼는 왜 질투하시는가? 다시 설명하지요. 이집트에서 종살이하면서 갖은 학대와 수모를 받으며 때리면 맞고 죽이면 죽을 뿐인 노예들의 편을 들어주는 신은 야훼뿐이었던 거죠. 발 벗고 나서서 열 가지 재앙

을 내려 강대국 이집트를 치시고 홍해를 갈라 자유의 길을 들어서게 해 주었는데 그 야훼를 저버리고 지배자의 신을 섬기는 것을 야훼는 그냥 보고 있을 수가 없었던 것입니다. 야훼가 바알 종교를 용납하실 수 없다는 것은 바알 종교가 성적인 문란을 종교의 이름으로 조장하기 때문만은 아니었습니다. 바알은 지배자의 종교이기 때문이었습니다. 그것을 단적으로 보여주는 것이 아합, 이세벨과 엘리야의 대결입니다.|열왕기 상 18:16절 이하, 또 21장|

야훼는 묵자의 하느님과 같은 평등을 위해서 칼을 뽑아들고 나선 신입니다. 기 선생은 예수의 하느님이 로마를 향해서 선전포고를 하지 않은 것이 불만 아닙니까? 그렇다면 모세의 하느님 야훼에게는 박수를 보내야지요.

야훼의 질투가 무엇이었느냐는 걸 몰랐다는 점에서 유대인들이라고 해서 하나도 다를 것이 없습니다. 그 편견은 유대교를 통해서 모하메드에게 이르러 무서운 것이 되었습니다. 기독교는 유대인들이나 회교도를 나무랄 자격이 없습니다. 기독교인들도 야훼 이외의 모든 신은 박멸해 버려야 한다고 믿고 무지막지한 죄를 저질렀으니까요.

유대교, 회교, 기독교가 야훼에게 뒤집어씌운 편견이 나의 설명 몇 마디로 기 선생 머리에서 쉽게 빠지리라고 생각한 게 잘못이었던 것 같습니다. 다시 말합니다. 야훼의 질투는 지배자의 신을 용납할 수 없는 약자에 대한 뜨거운 사랑의 표현입니다. 묵자가 모세나 엘리야와 한자리에 있었다면 막역한 동지가 되었을 것입니다.

1992. 12. 16

29 | 모세의 전쟁신과 예수의 평화의 신

기세춘 선생님께

　기 선생의 질문이 유목민 전통과 하비루 전통이 다른 두 가지 전통이라는 것, 그들이 광야에서 어떻게 서로 영향을 주고받으며 한 전통을 이루게 되었느냐는 것을 밝히는 계기를 나에게 준 셈입니다. 이래서 학문적인 대화는 좋은 거군요.

　내가 『히브리 민중사』를 쓸 때만 해도 「이사야」 11장의 평화가 어떻게 그 살벌한 하비루 전통에서 나왔는지 그냥 놀라울 뿐이었는데 이제 와서 생각하니까 그건 분명히 유목민 전통에서 나온 것이라는 걸 알 수 있군요.

　다윗 같은 목자가 깊이 잠든 양 무리 옆에서 달밤에 거문고를 뜯으며 불렀음직한 노래라는 생각이 드는군요. 다윗 같은 사람은 유목민 전통과 하비루 전통을 한 몸에 지닌 사람이었죠. 그런 사람이 많았을 것입니다.

　모세의 하느님과 예수의 하느님은 분명히 달랐습니다. 모세의 하느님이 노예들의 해방에 발 벗고 나선 '전쟁의 신'이었다면 예수의 하느님은 철저하게 평화의 왕국을 세우려는 '평화의 신'이었습니다. 그렇지만 모세의 해방신 야훼가 추구한 것은 예수가 추구한 것과 같은 것이었습니다. 고생하는 노예들에게 주려는 해방의 의미는 평화였으니까요. 예수가 추구한 평화 또한 로마와 예루살렘의 이중 착취 아래서 고생하는 갈릴리 민중의 해방을 의미하는 것이었죠.

　그러면 예수와 모세와 다른 점은 무엇인가? 예수는 평화는 평화로운 길로만 이루어질 수 있다는 것이 아니었을까 싶습니다. 전쟁은 증오와 보복의 악순환만 되풀이할 뿐이라는 것을 그는 지난날의 역사에서 터득했을 겁니다. "칼을 쓰는 자는 칼로 망하리라"는 것이 그의 확신이었던 거죠. "원수를 사랑하라"는 그의 생활신조도 그런 깨달음에서 온 것이라고 생각됩니다.

전쟁신 야훼의 전통을 이어받은 것은 에쎈파가 아니라 젤롯당입니다. 에쎈파는 반로마운동을 예수보다도 소극적으로 한 파입니다. 광야에 나가서 율법을 공부하는 것으로 국권을 회복할 수 있다고 생각한 사람들이었으니까요. 거기 비해서 예수는 무력으로 세계를 지배하는 로마의 판도 안에 평화를 누룩처럼 퍼뜨리며 살다가 죽은 사람이었죠. 그의 이 작업은 그의 제자들이 3백 년 동안 로마의 카타콤에 살면서 해낸 것 아닙니까.

주후 68년 마싸다에서 영웅적인 항전 끝에 옥쇄한 무력항쟁파는 젤롯당이었습니다. 그의 제자 가운데 젤롯당이 두 사람 있었습니다. 하나는 시몬, 가롯 유다도 젤롯당이었다고 봐야지요. 유다는 예수가 추구하는 평화의 길에 회의를 느끼기 시작했던 거죠. 예수 대신 풀려난 바라바도 젤롯당이었을 거고요.

1992. 12. 17

4절

선악과와 생명나무

30 | 평화에 몸을 바친 사람들

기세춘 선생님께

이번 대선에서 기대하던 결과가 나오지 않았다 해서 우리의 소중한 대화를 끊을 수는 없는 일이지요.

평화는 전쟁을 막는 일에서 시작되지요. 그 점에서 묵자는 평화운동의 올바른 출발점에 나섰다고 해야겠지요. 그러나 묵자가 전개한 평화운동의 본론은 평등사회의 건설이었습니다. 그것은 사회의 구조적인 문제인 동시에 사회 성원 전체의 의식 문제이기도 한 것 아니겠습니까?

예수는 전쟁을 막으려고 동분서주하지는 않았습니다. 그러나 묵자처럼 전쟁으로 바라는 평화를 성취하려는 젤롯당의 생각은 따라갈 수 없었습니다. 그 상황에서 최선의 길은 민중의 의식 속에 평화를 누룩처럼 퍼뜨리는 일이었습니다.

전쟁을 막는 것만으로는 평화가 오지 않습니다. 6·25 전쟁 이후 우리는 근 30년 동안 전쟁 없이 살아왔습니다. 그렇다고 우리가 그동안 평화를 누려왔느냐고 하면 그렇지 못한 것 아닙니까? 우리의 사회에서 우리의 삶에서 평화를 앗아간 것이 무엇입니까? 그게 바로 불평등입니다. 불평등은 빈곤의 문제입니다.

지금은 고인이 된 브란트|Willy Brandt, 1913~1992|가 주재한 위원회|국제개발문제 독립위원회|가 제3세계를 조사한 『남-북』이라는 책을 보면 평화의 적은 전쟁과 빈곤 두 가지라고 하거든요. 빈곤 자체가 평화의 부재인 거죠. 빈곤은 사회적인 온갖 모순과 갈등과 대립의 원인인 거죠. 전쟁과 전쟁 준비가 빈곤의 원인도 되고 결과도 되지만 한 원인, 한 결과이지 모든 원인, 모든 결과인 것은 아니지요. 전쟁보다 더 근원적인 것이 폭력 아니겠습니까? 불평등사회를 유지하려고 가진 자들이 휘두르는 힘은 물리적인 힘도 있지만 구조적인 힘이 더 큰 거죠.

평등이 평화의 핵심이라는 것을 동양사람들은 일찍이 알았던 것 같습니다. 평화의 평|平|은 높낮음이 없는 걸 말하지 않습니까? 평화의 화|和|는 입에 들어가는 양식이 고르다는 것을 말하는 것이구요. 평등이라는 말에 없는 기쁨이 평화에는 내포되어 있는 거죠. 높낮음이 없고 입에 들어가는 것이 고를 때라야 화목 화합이 이루어진다는 걸 동양의 옛 어른들은 알고 있었군요. 그게 바로 평화 아닙니까? 묵자, 석가, 예수가 다 같이 평등사회를 이루는 것을 삶의 목적으로 삼았다는 것은 그 세 분이 모두 평화에 생애를 바친 사람들이라는 것을 말하는 겁니다.

예수가 병을 고치는 일에 신명을 바쳤는데 그것이 바로 예수의 특이한 평화운동이었다는 점을 다음 편지에 쓰기로 하겠습니다.

1992. 12. 18

31 | 평화의 길은 의義요, 의는 이利다

기세춘 선생님께

불교가 평화라는 말을 쓰고 있는지는 모르겠지만 불교가 지향하는 궁극적인 경지 니르바나가 평화가 아닐까 싶군요. 모든 대립, 갈등, 모순이 해소된 경지, 모든 차별성이 사라진 경지가 니르바나니까요.

평화에 이르는 길이 의라는 점에 있어서 묵자와 예수는 완전히 일치합니다. 그러면 그 의는 무엇인가? 묵자는 의는 이라고 말하지 않습니까? 이 점에 있어서도 예수와 묵자는 같습니다. 남에게 이로운 것, 모두에게 이로운 것을 추구하는 것이 의라는 것인데 무엇이 남에게 이로운 것이냐의 척도는 자기 자신이지요. 나에게 이로운 것은 남에게도 이롭다고 보는 것이니까요. 그것이 겸애, 곧 평등한 사랑이라는 거죠.

"남이 내게 해주기를 바라는 일을 네가 남에게 해주라"는 「마태복음」 7장 12절이 그것 아닙니까? 공자는 이것을 뒤집어 말하지요. 내가 해롭다고 생각되는 일은 남에게도 해로울 거니까 그런 일을 하지 말라는 것이니까요.

"네 이웃을 네 몸같이 사랑하라 [레위기 19:18]"는 말이 그대로 묵자에게 있는 것을 보고 놀랍기도 했지만 그지없이 기쁘기도 했습니다. 예수는 레위기의 이 말을 인용하면서 이것이야말로 모든 윤리의 마지막 규범이라고 하는 거거든요. 이것도 묵자의 이인[利시]사상과 같은 것이죠.

레위기는 제사법을 집대성한 책인데 제사도 그 마음 없이 드리는 것을 말짱 헛것이라는 거거든요. 제사 지내는 것을 전문으로 하는 사람들, 그것으로 밥 먹고 사는 사람들에게서 이 말이 나왔다는 것이 놀라울 뿐입니다. 그래도 거기에는 그럴 만한 까닭이 있습니다. 그들은 제사법뿐만 아니라 모든 법 곧 인류도덕에 관한 이스라엘의 전통을 보존하고 가르쳐 실천하게 하는 책임도 있었던 것입니다. 레위기가 최종 편집된 것은 묵자보다는 연대적으로 늦은 시기였기 때문에 그 말이 쓰여

진 것은 확실히 묵자가 앞서는 것이지요.

　묵자나 예수나 모든 도덕의 표준을 무엇이 나에게, 따라서 남에게 이로우냐 좋으냐에 두었다는 데 일치합니다. 그러면 무엇이 이로우냐? 무엇이 좋으냐를 판단하는 기준이 어디 있느냐는 것이 문제가 되지요. 내일 이 이야기를 해보기로 하겠습니다.

1992. 12. 22

32 | 의의 본질은 생명사랑

　기세춘 선생님께

　무엇이 나에게, 따라서 남에게도 이롭고 좋은 것이냐는 것이 문제인데요. 그것은 곧 생명에 유익하고 좋은 것이라는 점은 이미 지적했습니다.

　"너에게 천하를 준다 한들 네 목숨을 버리겠느냐?" 이 말을 묵자에게서 찾았을 때의 나의 기쁨은 이루 말할 수 없었습니다. 예수의 생각과 100퍼센트 일치하는 것이었기 때문입니다.

　그런데 묵자는 생명보다 더 큰 것이 의였다고 선생님은 지적하셨습니다. 예수도 자신의 생명보다 의가 중요하다고 믿고 자신의 생명을 희생제물로 바치셨습니다. 그러나 그것은 의가 생명보다도 더 소중해서가 아니라 다른 많은 생명을 위해서 자신의 생명을 바치신 거죠. 묵자가 한 말도 그렇게 이해해야 한다고 생각합니다.[1]

　"사람은 말 한마디로 많은 생명을 죽이지 않느냐? 그러므로 세상에 의보다 귀한 것이 없다"고 묵자가 말하지 않았습니까? 의만이 많은 사람의 생명을 죽음에서 건질 수 있다는 거죠. 그리고 많은 생명을 죽음

1　殺一人以存天下 非殺一人利天下也. 殺己以存天下 是殺己利天下(한 사람을 죽여 천하가 보존되었다 해도 살인이 천하를 이롭게 하는 것이라고 말할 수 없다. 그러나 자기를 죽여 천하가 보존되었다면 자기를 죽여 천하를 이롭게 했다고 말할 수 있다. : 墨子 / 大取).

에서 건지는 일만이 의라고 불릴 수 있는 거죠. 의가 생명에 이로운 일이니까 가치가 있다는 말도 되는 거구요.[3]

예수가 "너희는 하느님의 나라와 하느님의 의를 무엇보다도 먼저 구하라"고 하셨을 때 그의 생각과 묵자의 생각은 한 치도 틀리지 않는다고 생각되지 않으세요?

그러면 생명에 이롭고 좋은 것은 무엇인가? 예수는 그것이 일용할 양식이라고 했습니다. 양식은 생명을 지탱하는 기본이지요. 예수는 이렇게 유물론적입니다. 그리고 일용할 양식은 평등도 의미합니다. 모두가 일용할 양식만 구하라는 것이니까요.

예수는 생명을 짓밟는 것이 무엇이냐는 데 대한 대답을 회피하셨다고 했지만 일용할 양식이라는 말로 충분히 답변한 게 아닐까요? 불공평 곧 불의가 생명을 짓밟는 것이라는 거죠. 불공평을 유지하려는 기득권자들이 온갖 횡포를 부리고 급기야 전쟁도 일으키는 거죠.

그러면 생명에 좋은 것은 먹는 것 뿐인가? 아니죠. 빵과 함께 오고 가는 마음 또한 생명에 중요한 거죠. 서로 아끼고 믿고 사랑하고 존경하는 마음으로 주고받는 양식이라야 살로 가는 것 아닙니까? 공동체의 식이죠. 예수가 세우려고 애쓴 하늘나라가 바로 그겁니다. 평화공동체인 거죠. 의는 이 평화공동체의 기둥인 거구요. 평화의 본질은 생명사랑인 거구요. 여기서 우리는 묵자의 윤리와 예수의 윤리의 본질이 생명사랑이라는 것을 확인하게 됩니다. 그리고 그 사랑의 사회적인 실천이 의요, 그 실현이 평화라는 것도 확인할 수 있습니다.

그런데 절대 공평한 사랑은 하느님에게만 있다고 묵자는 믿었군요.

2_ 子子冠履 而斷子之手足 子爲之乎 必不爲. 何故 則冠履不若手足之貴也. 又曰 子子天下 而殺子之身 子爲之乎 必不爲. 何故 則天下不若身之貴也. 爭一言以相殺 是義貴於其身也. 故曰 萬事莫貴於義也(墨子/貴義).

3_ 非慮臧之利也. 而愛臧之愛人也. 乃愛獲之愛人也 去其愛而天下利 不能去也(노예에 대한 사랑을 버려야 천하가 이롭다 해도, 그 노예에 대한 사랑을 저버릴 수가 없었다. : 墨子/大取).

예수도 그렇게 믿었습니다. 윤리의 마지막 기준은 하느님에게만 있다는 거지요. 그러면서도 천륜과 인륜은 같다는 것이 묵자의 생각 아닙니까? 그 신학적 근거는 사람은 하느님의 아들이라는 데 있는 거죠? 이 점도 예수와 묵자는 같습니다. 예수도 사람은 모두 하느님의 자녀라고 믿었으니까요. 그리고 예수는 하느님의 일을 언제나 세상일로 설명합니다. 그것은 그냥 비유가 아닙니다. 같다는 거예요. 탕자의 비유 있지 않습니까? 돌아온 탕자를 맞이하는 지상의 아버지의 마음이 곧 하늘 아버지의 마음이라는 겁니다.

그러면 천륜과 인륜은 어디서 만나는가? 생명에서 만납니다. 사람도 하느님도 똑같이 생명을 소중히 여기고 사랑한다는 점입니다.

1992. 12. 23

33 | 묵자의 성선설 거부는 모순

기세춘 선생님께

묵자의 탄신일은 언제입니까? 아마도 그날은 기록으로 남아 있지 않을 거라는 생각이 드는군요. 예수의 탄신일도 아는 사람이 없었습니다. 기독교가 로마의 국교가 되면서 예수의 탄신일을 지키고 싶은 사람들이 동지 후 사흘인 이방 절기를 택일해서 지키게 된 것이니까요.

생명 사랑이 모든 윤리의 마지막 기준이었다는 점에서도 예수와 묵자는 하나였군요. "안식일이 사람을 위해 있는 것이지 사람이 안식일을 위해 있는 것이 아니라"는 예수의 말은 그 당시로는 폭탄선언이었습니다. 안식일법이 구약의 모든 법 위에 군림하는 최고의 법이었기 때문입니다. 도덕법마저도 안식일법의 하위법이 되어 있었던 거죠. 모든 것은 유대교의 제도를 위한 이데올로기가 되어 있었던 겁니다.

나는 어제 천륜과 인륜이 생명 사랑에서 만난다는 이야기를 썼습니다. 생명을 무엇보다도 더 소중히 여기고 사랑하는 점에서 사람의 마음과 하느님의 마음은 일치한다는 겁니다.

그뿐 아니라 어떻게 하는 것이 생명을 사랑하는 것이냐는 점에서도 사람의 생각과 하느님의 생각은 일치한다 그 말이죠. 마음을 주고받으며 밥을 고루 나누어 먹는 것이 생명을 사랑한다는 점이죠. 그것이 도덕적인 선이죠. 거기서 무엇 무엇을 해야 한다는 적극적인 도덕률이 생겨난 거구요.

생명을 위축시키고 죽이는 것은 악인 거죠. 거기서 무엇 무엇을 해서는 안 된다고 금지하는 도덕률이 생긴 거죠. 구약에서 인간이 저지른 첫 죄는 카인이 아벨을 죽인 살인행위죠. 살인이 죄의 알파라면 그것은 죄의 오메가인 겁니다. 모든 죄는 살인에 이르는 거죠. 여기서도 사람의 마음과 하느님의 마음은 일치하는 거죠. 물론 사람의 본연의 마음을 말합니다.

묵자와 예수는 여기서 갈라지는군요. 예수는 성선설을 말한 적이 없으나 인간에 대한 그의 깊은 신뢰에서 우리는 예수를 성선설에 서 있다고 말할 수 있을 겁니다. 그런데 묵자는 성선설을 거부하는군요. 성선설이 지배 이데올로기가 되어 있는 데 대한 반발이었다는 점은 나로서는 새로운 깨침입니다. 천자는 선하니까 그 뜻을 따라야 한다면서 유교는 성선설을 지배 이데올로기로 삼았다면 기독교는 그 반대의 길을 걸었습니다. 인간은 완전히 타락했기 때문에 천국 열쇠를 가지고 있는 교황에게 복종해야 한다는 것이었으니까요.

사람의 마음과 하느님의 마음의 일치를 믿은 묵자가 성선설을 거부했다는 것은 논리적인 모순이라는 나의 판단에 대한 기 선생의 반론은 별 설득력이 없어 보입니다. 악의 문제를 성서는 타락설로 설명하지요. 그런데 예수는 타락에 관한 이야기도 하지 않습니다. 논리적인 일관성을 찾으려고 하지 않은 거죠. 그러나 그의 제일성이 "회개하라"는 것이었거든요. 그 말은 "돌아오라"는 말입니다. 본연의 모습으로 돌아오라는 말일 테지요. 여기서 그는 타락설을 믿고 있는 게 아니냐고 추론할 수 있지 않을까 싶습니다.

1992. 12. 24

34 | 선악과를 따먹은 것은 원죄인가 해방인가

기세춘 선생님께

천륜이 인륜이요 민심이 천심이라지만 사람에게는 한계가 있다는 것을 묵자는 사람의 사랑은 공평할 수가 없다는 식으로 표현했군요. 하느님의 사랑만이 평등이기 때문에 사람은 하느님의 사랑을 따라야 한다는 것 아닙니까? 기독교는 그걸 타락이라고 보는 거죠.

사람의 사랑이 하느님의 사랑처럼 평등일 수 없듯이 선악에 관한 사람의 판단이 하느님의 판단과 같을 수 없다는 점은 기 선생도 수긍이 가리라고 믿습니다. 그런 사람이 하느님과 같은 선악의 판단을 할 수 있다는 것은 교만이라는 겁니다. 그래서 타락의 본질은 교만이라고 기독교는 주장해 왔습니다. 그런데 이것이 로마 교회의 지배 이데올로기에 중요한 한몫을 하거든요. 교만이 원죄의 본질이니까 이 원죄에서 해방되는 중세기 기독교의 최고의 덕목은 겸손이 될 수밖에 없는 거죠. 이 겸손이 구체적으로 교황을 향한 겸손이 되게 된 거죠. 이렇게 해서 교만·겸손은 로마의 지배 이데올로기로 작용했던 겁니다.

이것을 처음 갈파한 것이 니체가 아니었을까 싶군요. 그의 눈에 기독교의 윤리는 노예의 윤리로 보였지요. 다음은 포이어바흐|Ludwig Feuerbach, 1804~1872|가 아니었을까요? 사람이 가지고 있는 모든 선하고 아름다운 것을 객관화시켜 놓고 그것을 신이라고 섬기면서 사람은 자기가 만들어놓은 신에게서 소외되었다는 것이 그의 기독교 비판 아닙니까?

나는 그의 『기독교의 본질|Das Wesen der Christentums|』을 1986년 서대문 구

치소에 세 번째로 들어갔을 때에 처음으로 읽었습니다. 그냥 아-멘, 아-멘 하면서 읽었습니다. 하느님의 형상을 가진 하느님의 자녀들을 겸손이라는 미명으로 거지발싸개로 만들어버린 기독교 신학에 문제가 있었던 겁니다. '벌레보다도 못한'이라는 말은 한국 기독교인들의 기도에서 항용 나오던 말입니다. 겸손은 결코 자기비하가 아닌데 말입니다. 문제는 「창세기」3장의 실낙원 이야기를 잘못 해석한 데 원인이 있었던 겁니다.

성서가 민중의 눈으로 읽혀지지 않고 지배자의 눈으로만 읽혀졌기 때문입니다. 성서는 민중에게 주어지지도 않았으니까요. 지배자의 견지에서 해석된 성서를 민중은 겸손하게 받아들일 뿐이었지요. 루터|Martin Luther, 1483~1546|, 칼뱅|Jean Calvin, 1509~1564|의 종교개혁으로 그것은 깨어졌는데 신학 자체는 깨어지지 않았습니다. 그러면 실낙원 이야기를 어떻게 해석할 것인가? 기 선생은 사람이 선악과를 따먹은 것은 타락이 아니라 인간해방이라고 말씀하셨어요. 홍근수 목사도 그렇게 보더군요. 과연 그렇게 보아도 되는 것일까?

월요일 나의 이해를 적어 보내드릴게요.

1992. 12. 26

35 | 에덴동산의 선악과와 생명나무는 다르다

기 선생께

실낙원 이야기의 해석에서 모두가 빠뜨리는 점이 있습니다. 그것은 에덴동산에 선악과나무와 함께 생명나무가 있다는 사실입니다. 선악과를 따먹은 아담과 하와가 생명나무에 못 가도록 불칼이 생명나무를 지키고 있다는 거거든요.

이 이야기를 이해하려면 이 이야기를 쓴 사람들이 어떤 사람들이냐는

걸 알 필요가 있습니다. 그 사람들은 현자|Wiseman|들입니다. 백성들의 고난에 찬 일상생활의 경험에서 걸러낸 슬기를 모아서 다음 세대의 교육 자료로 쓰는 사람들이었습니다. 그 자료라는 게 속담이나 격언이지요.

구약에는 큰 정신적인 세 광맥이 있습니다. 하나는 사제 계층이 전해주는 율법입니다. 하나님의 절대명령이죠. 그 핵심은 십계명인 거고요. 둘째는 예언자들의 전통입니다. 율법의 정신이 제대로 실천되고 있느냐는 걸 눈을 밝히고 채찍을 휘두르는 사람들이지요. 셋째가 현자들이 이어준 지혜문학의 전통입니다.

이 현자들은 무엇이 도덕적으로 선하냐 악하냐는 것을 기준으로 생각하는 사람들이 아니거든요. 그들의 판단의 기준은 무엇이 구체적으로 사람들에게 이로우냐는 데 있었습니다. 자연과학적인 지식을 포함하는 모든 지식이나 기술도 다 이 현자들의 몫이었습니다. 묵자의 세계와 같다고 생각되지 않으세요?

이제 실낙원 이야기로 돌아가 볼까요? 선악의 판단력을 갖추었을 때 생명나무에 손을 내밀 수 없다는 건 무얼 말하는 것일까요? 모든 것을 도덕적인 선악의 기준으로 판단하는 사람은 생명의 소중함을 모른다는 거죠. 도덕이 생명 위에 군림해서는 안 된다는 거죠. 생명은 도덕의 저쪽에 있는 거라는 말입니다. 이 현자들이 쓴 역사서에서 인간의 첫 역사적인 행위가 살인이었거든요. 카인은 농산물을 바치는 게 좋으냐 짐승을 바치는 게 좋으냐는 것이 아우 아벨의 목숨보다 더 소중한 것이었습니다. 예수 당시의 유대인들은 사람의 목숨보다 안식일이 더 중요했던 거죠.

하느님의 계명이라고 해서 사람의 목숨 이상일 수는 없다는 겁니다. 바울이 믿음과 은총이 도덕의 피안이라고 외친 것도 같은 생각입니다. 도덕의 피안은 권력의지라고 주장한 니체는 이것도 저것도 아닌 거죠. 선악과를 따먹은 사람은 정직은 선이요 거짓말은 악이라고 생각하는 것이죠. 그런데 이스라엘의 현자들은 사람을 죽을 자리에서 살려내는 거짓말은 악이 아니라 선이라는 거죠. 사람을 죽을 자리에

몰아넣는 정직은 악인 것이고요. 이것이 바로 상황윤리입니다. 지혜의 전통이죠.

1992. 12. 29

36 | 도덕과 지혜는 생명에서 만나야 한다

기세춘 선생께

무엇이 선이고 악이냐는 것을 판가름하는 도덕과, 무엇이 생명에 이로우냐 해로우냐를 가리는 지혜는 분명히 다른 차원에 속하지요. 그러면서도 이 두 세계가 하나로 통일되지요. 묵자는 그것을 "의는 이다"라는 공식으로 표현한 것 아닙니까?

그 만나는 자리가 천륜과 인륜이 만나는 바로 그 자리입니다. 생명이지요. 생명을 죽을 자리에서 건지는 거짓말은 선이지요. 그러나 거짓말을 안 하고도 살 수 있는 세상이 더 크게 생명에 이로운 거죠. 도덕이 사람의 생명에 굴레를 씌워서 속박함으로 생명을 시들어가게 하는 것이 아니라 생명을 더욱 풍성하고 싱싱하고 아름답게, 기쁘고 즐겁고 자유롭게 키워가는 데 도덕과 지혜는 손을 잡고 힘을 모을 수 있다는 거죠. 도덕이 사람을 속박하는 것이 아니라 자유롭게 하기 위해서는 지혜가 돼야 한다는 말 아니겠습니까?

십계명의 뿌리는 지혜에 있었다는 주장을 하는 학자들이 있습니다. 모든 죄는 궁극적으로 살인이라는 구약성서의 죄인식이 바로 그걸 말하는 거죠.

예수가 도덕과 지혜가 하나라는 걸 말한 것은 그가 광야에서 받은 첫째 시험 답안에 잘 나타나 있습니다. 사람은 빵으로만 사는 게 아니라 하느님의 입에서 나오는 말씀으로 산다는 말이 그 답안이죠. 하느님의 입에서 나오는 말씀의 내용은 곧 의인 거죠. 그렇다고 '빵으로 사는

나'와 '의로 사는 나'가 따로 있다는 말이 아니었습니다. 예수는 먹을 것, 입을 걸 걱정하는 사람들에게 하느님의 의로운 통치를 구하는 것이 모든 것에 우선하는 일이라는 것이었거든요.|마태복음 6:32|

하느님의 의가 이루어지는 것이 먹고 입을 것을 필요한 만큼 얻는 길이라는 것이었죠. 마귀의 첫 시험에 대한 예수의 답변의 뜻도 그것이었죠. 이렇게 예수에게서도 도덕과 지혜는 생명에서 만나 서로 보완하며 하나가 되었습니다.

이렇게 묵자와 예수는 같은 뿌리에서 나온 두 가지라고밖에 볼 수 없을 정도로 일치합니다. 기 선생이 생각하듯이 예수가 묵자에게서 영향을 받았을 가능성을 배제할 수는 없지만 제가 보기에 예수는 모세에게서 시작되어 1천여 년 흘러 내려온 이스라엘의 전통에 서서 그 전통에 새로운 조명을 비추어 사람, 세계, 역사의 문제를 밝힌 분이라고 보는 것이 역사적으로 정확한 판단인 것 같습니다. 그런데도 이렇게 같다는 사실에 대한 나의 견해를 꽤 장황하게 설명했습니다.

다른 점은 같은 내용을 다른 처지에 적용한 데서 생긴 것이며, 이는 이미 저번에 이야기한 대로입니다.

1992. 12. 30

37 | 관념적인 하느님, 인간적인 하느님

기세춘 선생께

이번 대선 결과를 보면서 민의 마음이 하늘 마음이라고 한 묵자의 생각을 과연 어떻게 받아들여야 할까 하는 생각이 들지 않으세요? 묵자식으로 말하면 물감을 잘못 물들였기 때문이라고 말해야 하겠지만요.

불교에서는 특히 『대승기신론|大乘起信論|』에서 일심|一心| 곧 불심은 중생의 마음이라고 하지요. 중생의 마음이 집착을 털어버릴 때 불심에 이른

다고 하는 거구요. 잘못 물든 것을 씻어낸다는 말도 되겠지요. 예수는 회개라고 말했던 거구요.

　불교 이야기가 나온 김이니까 지혜와 도덕에 관한 불교의 생각을 살피고 넘어갈까요. 불교가 지향하는 해탈, 열반은 처음부터 선악의 피안이지요. 그렇기 때문에 계율은 저쪽 언덕에 다다르면 버릴 뗏목과 같은 거죠. 그러나 건너가는 뗏목으로서는 필요한 것이고요. 내가 보기에 불교에서 차지하는 도덕의 무게는 예수나 묵자보다는 가벼운 것 같습니다. 그 대신 해탈의 깨달음은 지혜의 세계에 속하는 거죠. 그런데 그 지혜라는 것도 묵자나 예수의 지혜와는 성격이 매우 다른 것 같습니다. 그 지혜는 구체적 생을 살아가는 지혜가 아닌 세계와 인생이 무엇이냐는 걸 깨치는 철학적인 지혜인 거죠.

　석가여래·묵자·예수, 세 분 가운데서 석가가 놓인 문화적인 환경은 예수와 묵자가 놓여 있던 문화적인 자리와는 많이 달랐던 것 아닌가 싶습니다.

　묵자와 예수는 더 가까웠지만 역시 다른 점이 있었지요. 그 다른 점이라는 게 앞에서도 이런 점 저런 점이 지적되었는데, 한 가지 더 지적하고 넘어가야 할 것 같군요.

　묵자의 하느님은 '평등한 사랑을 사람에게 베푸는 신'으로 묶여 있지요. 따라서 사람은 그를 공경하면서 그 뜻을 따라 의를 행하면 되는 것이고요. 그런데 예수의 하느님은 그게 아니었습니다. 예수의 하느님은 역사에 직접 개입하셔서 노예들을 해방시켜 주시는 모세의 하느님이었습니다. 그리고 그의 손이 닿을 때마다 사람을 온갖 질병에서 구해 주시는 하느님이었습니다. 예수의 하느님이 인간적이었다면 묵자의 하느님은 관념적이었다고 말할 수 있지 않을까요? 묵자는 하느님을 겸애라는 사상으로만 경험했으니까요. 신관에서 상당한 차이를 보이지만 유일신관이라는 큰 테두리에서 '공평한 사랑'이라는 신의 속성에서 예수와 묵자는 일치하지요.

　기 선생이 제기하신 문제들에 나 나름으로 해명하느라고 해보았습니다. 나의 이해에 잘못된 점이나 미비한 점이 있다면 지적해 주십시오. 묵자가 기 선생과 나를 진리탐구의 길동무로 만나게 해주어서 얼마나 기쁘고 다행한 일인지 모르겠습니다.

1993. 1. 5

38 | 기 선생은 야훼에 대한 편견으로 닫혀 있다

기 선생님!

진리를 탐구하고 학문을 하는 일에서뿐 아니라 모든 일에 있어서 바른 판단을 내리려면 편견을 버리고 열린 마음을 가져야 합니다. 그런데 기 선생은 모세의 야훼 신앙에 대한 편견으로 마음이 닫혀 있습니다. 내가 그렇게 설명했는데도 그게 하나도 기 선생 마음속으로 들어갈 수 없었습니다.

나의 『히브리 민중사』를 읽고도 그 편견이 벗겨지지 않았습니다. 이래서야 어찌 진리를 같이 논할 수 있겠느냐는 생각마저 듭니다. "모세의 야훼는 전쟁신이었다. 그러니 나쁘다." 이런 단선논리에 빠져 있어가지고서야 어떻게 역사를 제대로 이해할 수 있습니까. 홍범도 장군의 독립군을 지원한 것이 북간도 국민회입니다. 그 국민회는 교회가 중심이 되어 있었습니다. 교회가 홍범도 장군 부대가 일본군과 싸우는 걸 도와준 것은 못할 일을 한 겁니까? 대종교가 김좌진 장군을 지원한 것도 못할 일을 한 겁니까?

노예들을 해방시키려고 발 벗고 나서서 애굽과 싸운 야훼가 어찌 세계를 침략, 정복, 착취한 백인 기독교의 신과 같을 수 있습니까? 세계를 정복, 착취하여 온갖 부귀영화를 누린 기독교 지배자들과 40년이나 해방된 노예들과 함께 사막을 떠돈 모세가 같을 수 있습니까?

묵자의 정의에 심취되어 있는 기 선생의 눈에 이것이 안 보인다니 불가사의군요. 따지고 보면 기 선생에게 이 안경을 씌워준 것이 기독교이죠. 그 안경의 색깔이 얼마나 짙으냐는 걸 생각하며 몸에 소름이 끼치기조차 합니다. 나의 『히브리 민중사』로도 그 색깔이 벗겨지지 않을 정도니까요.

노예해방의 목적은 무엇입니까? 그건 평등사회의 건설입니다. 그 평등이 평화의 기본 조건입니다. 이 하비루 전통에서 「이사야」 11장에 표현된 평화의 세계가 싹텄습니다. 하비루는 목자들의 적이 되는 수도 있었습니다. 다윗처럼 보호자가 되는 수도 있었고요.

출애굽 할 때는 하비루나 목자들이 같이 나왔습니다. 노예로서 같이 고생하고 같이 해방되는 경험을 하는 동안 그들 사이에는 일체감이 생겼습니다. 그 일체감 속에서 「이사야」 11장이 생긴 거죠. 그런데 우리는 거기서 전쟁의 이미지를 찾을 수 없습니다. 전적으로 목자들의 세계가 반영되어 있습니다.

생각해 보세요. 양을 수백 마리, 수십 마리라고 해도 좋지요. 그 많은 양을 거느리고 전쟁을 할 수 있겠습니까? 그들 손에 들려 있는 것은 양떼를 이끄는 지팡이와 맹수를 물리치는 데 쓰는 돌팔매 정도입니다. 그들을 위협하는 것은 맹수만이 아니었습니다. 광야의 무법자들[하비루]은 맹수 이상으로 무서운 적인 경우도 많았던 거죠.

목자들도 자기들을 지키려고 집단적으로 전쟁을 해야 하는 경우도 있었지요. 그럴 때도 그들의 전쟁은 방어적인 전쟁이기 십상이었습니다. 때로는 그들은 하비루들과 손을 잡고 침략 세력이 되는 수도 물론 있었습니다. '수멜'인들을 메소포타미아에서 밀어낸 '아카드'인들이 그런 사람들이었죠. 이집트를 한 3백 년 지배한 힉소스 왕조도 그들이었죠.

그러나 목자들이 바라는 것은 평등이요 평화였습니다. 목자들은 농경지에서 밀려난 소외계층이죠. 농사가 안 되는 곳이니까 땅은 어디나 양들을 몰고 다니며 풀을 뜯겨도 되는 소유주가 없는 열린 땅이었지요. 그들이 바라는 것이 평등이요, 평화라고 했을 때 그것만이 아니고 완전한 자유도 그들이 바라는 것입니다.

지금도 사막지대의 유목민들은 아무리 농사가 잘되는 곳에 자리잡고 농사를 지으면서 살라고 해도 못 한답니다. 끝없는 광야를 거칠 것 없이 양 떼를 몰고 떠도는 자유가 그렇게 좋은 겁니다. 그렇기 때문에 그들이 바라는 것은 아무 위협도 없이 있는 걸 고루 나누어 먹으면서 자유로이 떠도는 평화로운 생활입니다.

모세의 야훼에 대한 편견이 벗겨져야 기 선생의 눈에 평화를 사랑하는 유목민이 보일 겁니다.

1993. 2. 11
안동에서 늦봄 올림

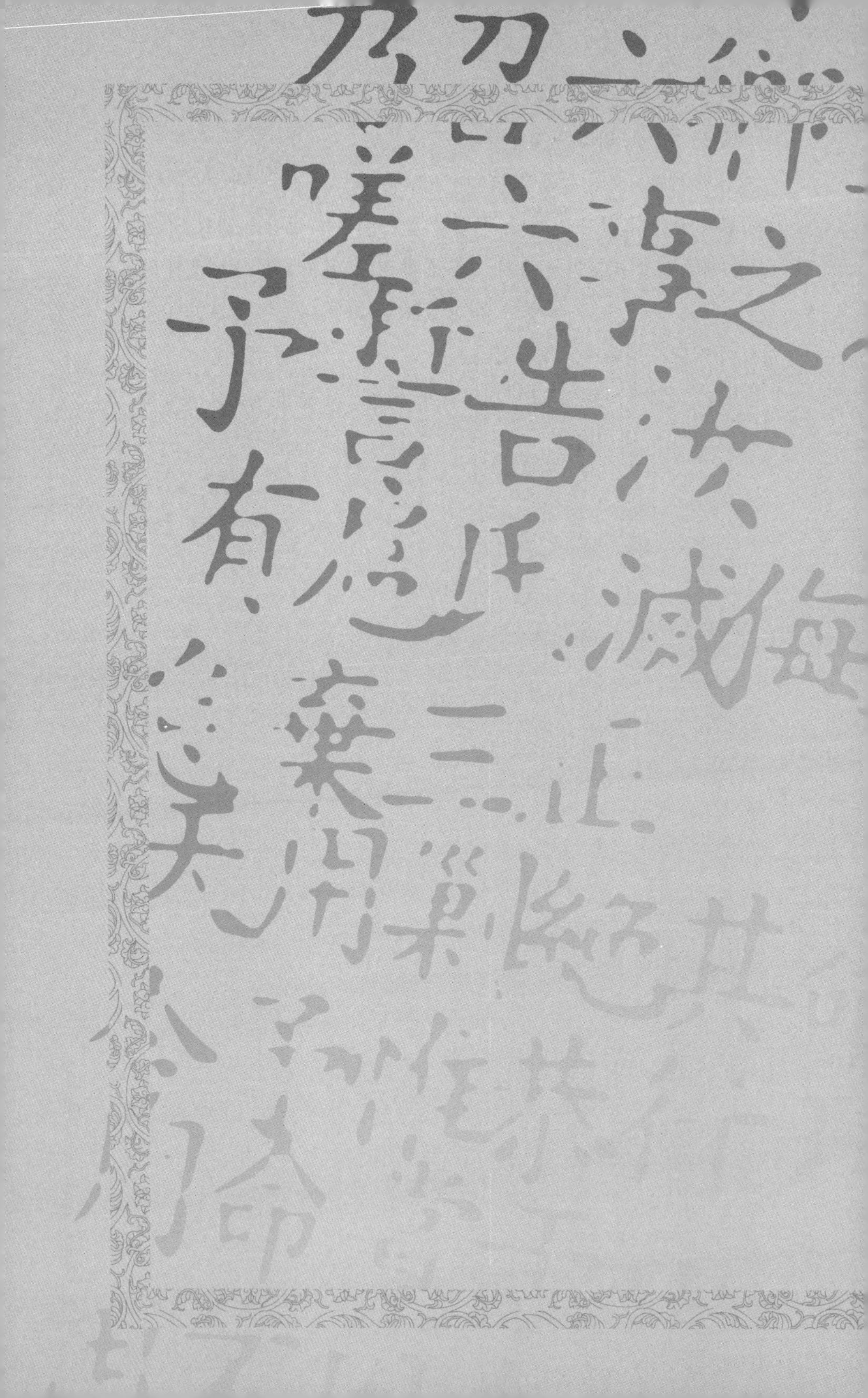

존경하는 문익환 목사님께

이 글은 문익환 목사의 묵자와 예수에 관한 옥중편지에 대한 기세춘 선생의 답장이다.

1절
묵자와 예수의 하느님은 동이족의 하느님이다

01 | 선생님의 옥중서신은 큰 사건입니다

존경하는 문익환 선생님!

선생님의 옥중서신을 며칠 전에야 출판사를 통하여 받았습니다. 박용길 장로님은 전에 여러 집회에서 자주 뵈었고 선생님의 노벨상후원회에도 이름만을 걸어놓았으나 한 일이 없고 특히 임수경후원회에서 자주 만나고 있으나 제 이름을 밝힌 적이 한 번도 없어 장로님께서 저인 줄을 몰라 출판사로 부쳤답니다.

선생님! 이 답신을 쓰면서 선생님을 어떻게 불러야 할지 망설였습니다. 저는 50년대 사범학교 학생 때부터 함석헌 선생님을 마음의 스승님으로 모셨고, 장준하 선생님의 《사상계》로 사회를 알게 되었답니다. 두 선생님이 돌아가신 후로는 학계에 계시다가 60세가 다 되어서야 나라와 사회에 말씀하시기 시작한 선생님을 흠모하고 선생님을 늘 생각하며 저 같은 사람도 사회와 고통 받는 이웃을 위하여 이제부터 시작해도 늦지 않겠구나 반성하며 채찍질하는 선생님의 제자 같은 사람입니다. 그래서 친근하면서도 또한 최고의 존칭이라 생각되어 선생님으로 부르렵니다.

추워지는 초겨울 날씨에 감옥에서 간수의 집필 허가를 얻어 조그만 엽서 한 장을 받아 몽당 볼펜으로 묵자와 예수에 대하여 글을 쓰시는 백발의 노스승님의 모습을 상상하면 가슴이 메어옵니다.

선생님의 글에 어떻게 감히 반론을 펴겠습니까? 다만 선생님의 논문이 끝나면 제 소견을 조금 말씀드릴까 하오니 용서해 주시기 바랍니다.

그런데 선생님의 글을 읽다 보니 참으로 큰 사건을 저지르고 있지 않나 겁도 납니다. 다름이 아니라 아브라함의 자손들과 우리가 같은 혈족일 것이라는 말이나, 예수와 묵자가 쌍둥이 같다거나, 모세의 신과 예수의 신이 다르다거나, 예수의 신과 우리 조상들의 하느님이 원래부터 하나였다는 등 모두가 새로운 말들이라서 나라 안팎으로 구설수에 오를 수도 있는 일입니다.

선생님의 말씀대로 제가 『묵자』를 복원, 해석한 것이 사건이 아니라 선생님의 논문이 |편지라고 하기에는 부적당하여| 커다란 사건일 것 같습니다.

묵자와 예수와 석가의 다른 점은 그 지역의 문화적인 토착 전통과 처한 시대적 상황의 차이일 뿐이라는 선생님의 말씀에 전적으로 동의합니다. 그러나 그 토착문화에 어떻게 적응했는가가 바로 변화이며 차이라고 보는 것입니다.

예컨대 석가의 경우에는 강이나 바다에서의 어업이 생산력이었습니다. 때문에 신은 물속이나 땅속에 셀 수 없이 많고 사람은 알에서 나왔다가 알로 되돌아가고 다시 부활한다는 난생신화와 지석묘의 토착문화에 접촉하면서 육신윤회 부활신관과 타협하여 자신들의 |수렵이나 유목민들의| 풍장風葬을 화장으로 변화시켜 수메르적인 전통을 지켰습니다. 한편 사리를 보관하는 것 등으로 토착문화에 적응하면서, 또한 사람은 누구나 마음속에 신을 가졌다는 사랑과 평화의 신을 내면화시켜 평등을 담보

하는 수메르 전통을 지켜내는 변화일 것입니다.

02 | 인간해방과 평등을 담보하는 신관

묵자의 경우에는 우리 동이족은 원래 산생활과 수렵이 생산력이었으므로 신은 하늘에서 내려오고 사람은 그 신의 아들이라는 천신하강신화나 천민신관|天民神關, 사람은 모두가 하느님의 아들이라는 신관| 및 풍장 등의 하느님 유일신관과 문화가 중국 농경문화의 지신|地神| 숭배사상 즉 인간을 흙으로 빚었다는 여왜[1]신화와 만남으로써 사람은 신의 아들이라는 천민사상|天民思想|이 수정되어 사람이 죽으면 혼|魂|과 백|魄|으로 나뉘어 혼은 하늘로 오르고 백은 생산의 근원인 땅으로 돌아간다는 식으로 적응하면서 본래 정신인 인민의 해방과 평등의 담보를 고수한 천민신관의 원형이 잘 보존된 변화였다고 봅니다.

예수의 경우는 수렵문화인 수메르[2]의 천신하강신화와 사람은 천신의 아들이라는 천민신관이 목축을 생산력으로 하는 유목민족과 접촉 또는 정복당하면서 그들의 동물 모양의 여러 별자리처럼 수많은 동물 모양의 여러 신들의 유목적 전통과 타협하여 천민신관은 수정되고 또한 남방의 난생신관의 영향으로 육신 부활을 수용하는 등으로 적응하고 변화되었으나 인간해방과 평등의 원천이었던 천민신관의 정신은 유일신 신앙으로 담보되었다고 추단해 볼 수 있을 것입니다.|수메르가 동이족의 열두 지파

1_ 중국 신화에 나오는 천지창조의 여신.
2_ 檀君世記 :
- 제1세 단군 丁巳 50년(BC 2284)에 대홍수가 나자 팽우로 하여금 다스리게 했으며 그 비석이 牛首주에 있다. 牛首는 소머리, 즉 수미리의 뜻.
- 제15세 단군 辛巳 2년(BC 1660)에 대홍수가 나다. 養雲, 須密爾 두 나라 사신이 특산물을 바치다.
- 제27세 단군 辛卯 8년(BC 990)에 天海가 넘쳐 阿蘭山이 무너지다. 須密爾 養雲, 句茶川 등이 사신을 보내 특산물을 바치다.

중 한 지파라는 기록이 있습니다! 3

이와 같이 수렵인들이 발견한 하느님 사상 즉 모든 사람은 하느님의 아들이라는 인간해방과 평등을 담보하는 신관이 생산력이 발전하면서 근동의 유목민문화와 접촉하여 예수의 하느님을 낳고, 중국의 농경문화와 접촉하여 묵자의 하느님을 낳고, 남방의 어업문화와 접촉하여 석가의 불심을 낳았다고 한다면, 어느 신관이든지 그 뿌리는 같을지 몰라도 여러 문화적 요소들이 혼합되어 다양한 모습으로 달라졌다고 할 것입니다.

선생님! 우선 생각나는 대로 한 가지 짧은 의견을 아뢰었습니다. 선생님의 논문을 저로서는 감당할 수 없고 또한 저에게 보낸 편지 형식이지만 사신이 아니고 공사도 커다란 공사라 생각하여 제가 자주 뵈옵는 박순경 교수님과 홍근수 목사님, 두 분께 선생님의 글을 보냈습니다. 박순경 교수께서 곧 편지하시겠지만 용서하리라 믿습니다.

저는 요즈음 돌베개 출판사와 계약으로 『중국역대시가선집』을 편역하고 있어 정신이 그리로 팔려 있답니다. 처음에는 우리나라와 중국의 민중시를 모아보았는데 우리 것은 미진하여 미루어놓고 중국에서 펴낸 중문과 학생들의 교재를 보니까 민중시가 주종을 이루었기에 그것을 저본으로 하고 우리들 선인들에게 회자되던 산수 전원시와 민가와 사 부분을 조금 보태어 펴내기로 했답니다.

중국시와 노래를 섭렵하면서 느낀 것은 이백|李白, 701~762|이 감옥에 간

3_ 古記云 波奈留之山下 有桓仁氏之國 天海以東之地 亦稱波奈留之國. 其地廣 南北五萬里 東西二萬餘里. 摠言桓國 分言 卑離/養蔶/寇莫汗/句茶川/一群/虞婁(혹은 畢那國)/客賢汗/句牟額/賣句餘(혹은 稷臼多國)/斯納阿/鮮卑(혹은 豕韋國 또는 通古斯國)/須密爾 合十二國也. 天海 今日北海(三聖記, 三聖密記).
• 천해는 바이칼 호수, 구다천국은 캄차카, 선비국은 퉁구스를 뜻한다. 『晉書』에서는 肅愼氏의 나라가 파나류국인 桓國이라고 했으며 한국 12개국 가운데 비리, 양운, 말리, 포도, 승여, 사루, 구마한, 일군 등 몇 나라의 遺使의 기록이 나타난다. 숙신은 조선의 원음이며 '수밀이'는 '소머리'의 원음이다.

것과 같이 후세에 기림을 받는 거의 모든 시인이 감옥에 가거나 유배를 당하고 배척을 받으며 가난과 고통 속에서도 인민의 고통을 동정하며 투쟁한 것을 알았습니다. 그런데 선생님같이 감옥에 오래 사시는 시인은 처음 보았습니다. 잠시 휴식을 취하시면서 두보|杜甫, 712~770|와 백거이|白居易, 772~846| 시를 몇 수 읽으시도록 동봉합니다. 곧 다시 편지를 하겠습니다. 부디 건강하시기를 빕니다.

1992. 11. 20
부족한 기세춘 절하며 올림

2절 동이족과 수메르족은 한 뿌리다

03 | 하느님은 동이족이 발견한 유일신

존경하는 문익환 선생님!

선생님! 그동안 안녕하셨습니까? 저는 오늘 13일 만에 선생님의 11월 9일과 10일자 글을 받았습니다. 선생님의 예수와 묵자에 대한 글이 일단 마무리된 것 같군요.

사실은 선생님의 옥중서신을 받고 너무나 감격스럽고 너무나 놀랐습니다. 옥중에서 이런 글을 쓰신다는 것 자체에 저는 너무도 놀랐습니다. 그리고 그 내용 또한 놀라운 것이며 참으로 사건이 아닐 수 없습니다.

선생님께서는 제가 수메르 신관과 동이족 신관이 같은 뿌리임을 전제하면서도 그것을 증명하려고 하지 않았다고 지적하셨습니다. 솔직히 말씀드리면 증명할 만한 연구가 없었습니다. 제가 그러한 추단을 하게 된 경위를 말씀드리겠습니다.

첫째, 저는 오래 전부터 딩그리와 당골과 단군이 같은 어원이라고 믿어왔습니다. 그리고 우랄알타이어계가 시베리아와 근동의 터키, 유럽의 헝가리까지 광범위하게 연결되어 있는 것에 놀랐습니다.

둘째, 저는 선사시대는 역사시대보다 몇백 배나 긴 역사이며 그 긴 선사시대에 분명히 신관이 있었다고 믿었으며 그 신관은 다른 문화보다도 그 원형이 그대로 역사시대까지 보존되었을 것이라는 추측을 하게 되었습니다. 그러므로 역사시대의 신관의 원형은 수렵시대에서 찾아야 한다고 생각했던 것입니다.

그런데 동이족과 같이 산에서 사냥을 하던 산 숭배 민족은 모두 하늘에서 높은 산꼭대기로 천신이 하강하여 사람을 낳았다는 신관을 발견했으며 강이나 바닷가에서 물고기를 잡는 물 숭배 민족은 물속이나 알에서 사람이 나왔다는 신관을 가지고 있는 점에 유의했습니다.

그 결과 전자의 기마민족은 사람이 죽으면 그 혼|魂|이 자기의 생명의 고향인 하늘로 올라간다는 승천의 신앙을 가지게 되었으며, 한편 후자의 남방민족은 사람이 죽으면 그 넋|魄|이 자기 생명의 고향인 알로 되돌아갔다가 다시 환생한다는 부활신앙을 가지게 되었습니다. 전자의 천신하강과 영혼승천 신앙은 끝까지 농업 또는 유목의 재배경제로 발전하지 않고 사냥만을 고집한 인디언이나 수렵에서 유목으로 발전한 유목문화의 신관이 되었고 후자의 난생신화와 부활신앙은 물을 이용한 쌀농사로 발전한 농경문화의 신관이 되었다고 생각했습니다.

셋째, 중국 문화가 자생적이라고 믿어왔으나 고비사막 근처의 홍문 문화 등 여러 곳의 고고학적 발굴로 황허 문화의 모태인 다른 문화의 유입과 영향을 부정할 수 없게 되었으며 이들 문화의 청동기시대가 기원전 2000년 이전으로 훨씬 소급되었고 그 문화가 바로 동이족 문화라고 단정하게 되었습니다. 그 이유는 여러 가지가 있습니다.

『사기』에 나오는 황제 헌원|軒轅|과 탁록에서 싸운 환웅 치우|蚩尤|가 처음으로 갑옷과 투구를 만들었는데 중국 사람들은 그것을 모르고 치우의 머리는 구리요 이마는 쇠|銅頭鐵額|라고 말했다는 기록|史記/神市本記|이 전혀 근거

없는 것이 아니었으며 이로써 동이족의 문화가 황허 문화보다 먼저 발전된 문화라는 점과 중국이 삼경 가운데 주[周] 및 그 이전의 역사서인 『서경』과 주나라 이전의 민가[民歌]인 『시경』에서는 천제[天帝]라는 표기가 대부분이며 천[치]이라고 기록한 것도 뜻은 모두 천제였으나, 이보다 훨씬 후인 주 문왕이 만들었다는 『주역』에서는 인격신인 천제가 섭리·자연의 개념인 천으로 변한 점, 순임금이 동이족이었다는 점, 주 이후 그 『주역』이 쓰여질 무렵 동이족인 백이숙제가 주 무왕의 쿠데타에 항거하였다가 패배한 후 산 속에서 굶어 죽은 것은 정치적인 의미 외에 신관의 변혁에 대한 순교라고 볼 수 있기 때문입니다. 이로 미루어볼 때 유목민보다 몇천 년 앞선 수렵민족인 동이족의 신관이 하느님 유일신 신관의 원형이라고 보았습니다.

04 | 여호와와 여왜신화는 농경문화의 소산

넷째, 「창세기」의 천지창조와 흙으로 빚은 7일 만의 인간창조 신화는 물과 흙을 숭배한 농경문화인 중국의 여왜[女媧]신화[4]와 꼭 같으며 |그러나 『史記』「三皇本記」에서는 여왜를 삼황(三皇)의 하나로 기록하고 있다|, 이것은 수렵민족이나 유목민족의 신화가 그 원형이 아니라 남방 어렵문화인 난생신화의 발전된 변형이며 이것은 육신부활신화와 맥을 같이하는, 농경문화인 나일강 문화나 인도 문화의 유산이라 보았습니다.

다섯째, 그러나 「창세기」의 아담과 이브의 신화는 『한단고기[桓檀古記]』

---

[4] 여왜라는 이름은 『楚辭』, 「天問」에 처음 보이는데 『초사』는 劉向(BC 77~6)이 편찬한 초나라 屈原(BC 345?~295?)의 노래를 모은 시가집이다. 그다음 기록은 劉安(BC 178~122)의 『淮南子』다. 그렇다면 중국 쪽에서 여왜신화가 최초로 기록된 것은 BC 300년경의 일로 『구약성경』의 여호와신화의 기록 시기와 같다. 그리고 중국 최초로 편찬된 字典에는 "고대의 성신녀로 만물을 만들어냈다"고 했다. "흙으로 사람을 만들었다"는 「창세기」와 여왜의 신화는 농경문화의 소산임은 동일하다.

「삼성기」「三聖記」에서는 인류의 조상은 나반「那般」이며 아이사타「阿耳斯它」에서 아만「阿曼」을 만나 혼인했는데 구환「九桓」의 모든 무리는 그의 후손이라고 기록하고 있습니다. 이로써「창세기」의 기록은 천신하강신화와 난생문화가 혼합되어 있다고 보았습니다.

여섯째, 선생님께서도 동의하신 대로 모세의 신관과 예수의 신관의 다른 점에 주목했습니다. 선생님께서는 예수님 자신은 하느님 아들이라고 말하지 않았다 하나 예수가 하늘의 성령으로 잉태된 사생아라는 점, 제자들이 하느님의 아들이라고 한 점, 예수가 하느님을 아버지라고 한 점 등은 선지자나 메시아 사상과는 다른 점이며 동이족 신관의 원형 바로 그것입니다. 동이족과 구환의 무리들이 군왕을 하느님「桓因」의 아들 또는 아버지라 했으며, 동이의 조상이 신단수 아래로 하강한 한님「桓因」이며 아버지의 어원은 나반이며 어머니의 어원은 아만이라는 것을 보면 알 수 있습니다. 이 점에서 있어서는 묵자는 동이족의 신관을 물과 알과 흙의 문화인 중국 농경문화로 변형시켰기 때문에 유목문화로 변형된 예수의 신관보다도 원형인 동이족 신관에서 멀어집니다.

일곱째, 동이족 신관을 뿌리로 한 묵자의 신관과 유목문화적인 예수의 신관이 너무도 닮았다는 점과 수메르의 유물들이 너무도 우리와 닮았다는 점은 선생님께서 이미 지적하셨습니다.

여덟째, 요셉과 예수가 유목민이 아니고 기술자였으며 동방박사 등 동방과 깊은 인연이 있다는 여러 정황들과 예수의 행동이 유목민들처럼 별에 대한 관심과 그리스의 동물신관에 별 관심이 없다는 점이 이상했습니다. 예수 당시의 동방문화는 메소포타미아에는 없었으며 수메르인들은 북쪽 터키나 동방의 인도로 이동한 때이며 극동으로 이동한 동이족인 묵가들은 유교의 탄압으로 다시 대거 서방으로 돌아가던 때입니다. 그리고 방위신「方位神」은 난생신화 문화인 중국 등이 남방을 숭배하고 우리들은 북쪽을 숭배하듯이 자기 고향 쪽의 방위신을 숭배하는 것이 일반적인데 동방박사는 그 뿌리가 토착 유목문화가 아니라는 단서를 제공했습니다.

 아홉째, 자신들의 조상인 왕이 하늘에서 에리도우로 내려왔다고 하는 수메르의 신화가 우리와 너무도 같으며 우리의 고문서인 『한단고기』 「삼성기」에서는 단군 12지파의 하나가 서방 수메르[須密爾]라고 기록하고 있는 것을 근거로 수메르가 메소포타미아의 원주민이 아니라는 통설과 연결지어 국내 재야 사학자들의 동이족 이동설과 일본의 가지마 노부로의 '동이의 조상이 수메르'라는 학설에 관심이 갔습니다. 그 외에 우리의 삼신설과 삼일신고[三一神誥]는 삼위일체 신앙과 너무도 닮았습니다.

 이와 같이 수메르 신관과 동이족의 신관이 예수의 신관에 깊이 연관되어 있다는 제 생각은 학문적인 검증이 없이 제 나름대로의 막연한 생각이었습니다. 그렇기 때문에 학자들의 연구에 미루었는데 선생님께서 아주 귀중한 단서와 지적을 해주셨습니다. 다음에 또 제 의견을 솔직히 말씀드리겠습니다.

 부디 건강하시기를 축원하옵니다.

3절
인성은 선도 악도 아닌 백지다

05 | 묵자 당시는 하느님을 천자가 독점했다

　존경하는 문익환 선생님! 추운 날씨에 안녕하십니까?
　선생님께서는 묵자의 인성론과 인내천人乃天 사상이 모순된다고 하셨군요. 사실은 까다로운 문제입니다. 그러나 문제의 본질은 인간존중 내지 인간해방에 그 초점이 있다고 생각합니다.
　동이족의 하느님桓因은 인간의 선조, 즉 아버지였으며 사람은 누구나 하느님의 아들이었습니다. 이것을 천민신관 또는 인내천이라 표현하는 것이지요. 그러나 묵자 당시에는 철기의 발달과 기업농화를 축으로 하는 봉건적 농업혁명으로 동이족의 수렵문화에서 중국 문화가 독립된 시기였으며, 인민의 해방신이었던 하느님을 천자가 독점하여 자기의 수호신으로 삼고 인민들의 하느님, 즉 천신天神은 자연의 섭리로 해체되어 운명론으로 둔갑하여 신분적 착취와 억압을 합리화하는 역할을 하게 됩니다.

그리고 남방에서 올라온 쌀과 더불어 남방의 난생신관이 들어와 섞이게 되며 지신(地神)이 숭배되기 시작합니다.

이때 지배계급들 간의 경제전쟁(춘추전국시대)으로 인한 신분질서의 문란을 개탄하고 봉건 지배질서인 엄격한 신분계급 간의 차별을 강조하는 유가들이 이론적 근거로 들고 나온 것이 인성론이었습니다.

맹자가 주장하는 성선설은 요·순·우·탕 등 성군과 성인의 인성이 선천적으로 선한 것임을 주장하기 위하여 인성은 본래 선한 것이고 지배계급인 군자는 그 선단(善端)을 갖고 있으나 노예나 농노계급인 천민은 그것을 버렸다고 설명합니다.[1] 이들 성선설은 인성이란 선험적인 것이고 가치, 즉 선악은 관념이었으며 그 가치의 근원은 인성의 최고자인 천자에게 있다는 것이었지요.

그 후 묵자의 영향을 받아 유교를 개혁한 순자는 더욱 신분적 차별을 강조하되 자본가의 신분이동을 보장키 위하여 덕치(德治)가 아닌 예치(禮治), 즉 법치(法治)주의를 주장하며 그 근거로 성악설을 주장하지요. 그에게는 인성이란 자연적인 것으로 모두 악한 것이며 잘 닦으면 성인이요 못 닦으면 천민이라는 것이죠.

'인성(人性)은 천명(天命)'이라는 공자의 사상[2]을 맹자는 운명적 선험적인 것으로, 순자는 자연으로 해석하여 정반대로 주장한 것이죠.

묵자는 이와 같이 공자가 천명사상, 즉 운명론으로 해체해 버린 해방의 신 하느님을 다시 복원시켜야 했으며, 노예 소유와 계급차별의 근거인 유심주의적 관념론인 선험적 인성론을 깨버려야 했습니다. 그 두 가지를 달성할 수 있는 방도가 바로 경험론적 신관이며 인성론이었던 것입니다.

---

1 人之所以異于禽獸者幾希 庶民法之 君子存之(孟子/離婁 下).
2 天命之謂性 率性之謂道(中庸).

06 | 묵자에게는 선악은 선험적 관념이 아니었다

관념론·유신론, 경험론·무신론의 등식으로 재단하면 묵자의 경험론·유신론의 인성론과 신관은 모순되는 것 같지요. 묵자에게는 인성은 관념이 아니라 경험이었고 가치, 즉 선악은 관념이 아니라 인민에게 이롭고 해로운 것으로서 의^義와 불의^{不義}라는 실천과 경험이었으며 그 근원은 하느님이었습니다.

묵자는 그 하느님도 경험을 통하여 그 존재가 증명된다고 말했습니다. 마음속에 하느님이 깃들인 것이 아니고 살아 있어 귀신을 통하여 주재하는 인격체였습니다. 신은 관념이 아니고 경험으로 인지된다고 주장합니다. 그 경험은 바로 과거와 현재의 인민의 귀와 눈이 보고 들은 것이라고 말합니다. 과거의 인민의 귀와 눈은 역사이며, 현재의 인민의 귀와 눈은 온 인민에게 햇빛을 비추고 비를 내리고 일용할 곡식을 자라게 하는 존재입니다.

또한 가치의 근원은 하느님 한 분뿐이므로 인간은 성왕이든 스승이든 부모든 가치의 근원이 될 수 없습니다. 그러므로 인간의 본성은 선악에 있어 백지입니다. 그것이 사랑과 평등과 평화의 하느님의 뜻으로 물들면 선하고 반대로 하느님의 뜻을 거역하여 물들이면 악한 것입니다.

그러나 백지인 마음을 어떻게 물들일 것인가는 인간 스스로의 책임이며 인간은 하느님의 뜻인지 아닌지, 즉 선인지 악인지를 결정해야 합니다. 그 방법은 과거에 인민에게 이롭게 한 성왕의 역사적 경험과, 실천을 통하여 검증된 실용과, 인민의 귀와 눈을 통한 여론에 따라 판단되어야 합니다. 이렇게 함으로써 인민의 뜻을 현실적으로 하느님의 뜻과 일치시켜 나가는 것이며 이것을 묵자는 대동평화라 했습니다. 따라서 가치의 근원은 하느님이며 가치의 주체는 인민이라는 신관에 가장 합치되는 인성론은 묵자의 소염론^{所染論}, 즉 학습론^{學習論}이라고 생각할 수도 있습니다.

구약에서 인간이 하느님 형상으로 지음 받았다는 것은 평등과 해방을 말하고자 한 것일 뿐 인간의 마음도 하느님과 똑같이 선하다는 인성론을 말한 것이 아니라고 생각됩니다. 인간은 선악, 즉 가치의 근원이 아닌 것은 『구약성서』나 『신약성서』나 묵자와 마찬가지입니다.

다만 가치의 주체가 인간이냐 아니면 가치의 주체도 하느님이냐는 차이가 있을 수 있을 뿐입니다. 그 차이란 인간이 선악과를 따먹은 것이 가치의 책임을 지는 존재로 되는 해방이냐 아니면 죄가 되느냐의 차이입니다.

07 | 선악과를 따먹은 것은 원죄가 아니라 인간의 해방이다

하느님이 가치의 근원이시고 인간이 가치의 주체라면 선악과를 따먹은 것은 원죄가 아니라 바로 인간의 해방입니다.

인간은 선천적으로 선하거나 악한 것이 아니라는 말은 가치의 근원이신 하느님을 따르면 선한 것이고 하느님을 배반하면 악한 것이라는 말일 뿐입니다. 인간이 본래 스스로 선하다면 하느님은 가치의 유일한 근원이 아니며 하느님은 인간과 똑같은 존재에 불과합니다.

다만 선악과를 따먹은 것이 죄라고 말한 것은 인민의 해방신인 하느님을 자신들만의 수호신으로 탈취한 지배자들이 자신들은 하느님의 소명을 받았으므로 하느님을 대리한 선악의 주체가 될 수 있으나, 인간은 본래 하느님의 형상으로 지음 받은 선한 존재이지만 동시에 하느님의 계율을 어기고 선악과를 따먹은 원죄를 지은 죄인이므로 선악의 주체가 될 수 없다는 거짓말이 아닐까요? 아니면 이러한 논리는 예수의 아버지 하느님과는 다르게 인간을 자기의 아들이 아니고 종으로 삼은 또 다른 신의 이야기가 구약에 들어간 것일까요?

하느님은 인간을 자기 형상으로 짓고 선악과를 따먹게 하여 선악의 주체가 되게 하셨고 인간은 본래 선하거나 악한 것이 아니나 하느님의 뜻을 따라 선한 과일을 따먹으면 선한 인간이 되고 하느님을 어기고 악한 과일을 따먹으면 악한 사람이 되는 자유를 준 것이 아닐까요? 그러므로 저는 인간이 선악과를 따먹은 것은 죄가 아니라 책임이며 해방이라고 보는 것입니다.

그렇게 본다면 묵자와 예수의 인성론은 차이가 없으며 오직 인간을 자기의 종으로 삼는 다른 지배의 신들과 신의 이름으로 인간을 지배하는 억압자들로부터 인간을 해방하는 하느님 한 분만이 가치의 근원이시며 그 주체는 인간이라는 것을 말하기 위한 방편일 뿐이라고 생각됩니다.

두서없이 인성론에 대한 제 의견을 말씀드렸습니다. 제 의견에 틀린 점이 있다 해도 선생님께 한 가지 힌트라도 되었으면 좋겠습니다. 곧 또 편지 올리겠습니다. 날씨가 추워지므로 감기 조심하시기 바랍니다.

안녕히 계셔요.

1992. 11. 25
부족한 기세춘 절하며 올림

4절

예수는 노예제도에 대해 침묵했다

08 | 묵자의 성선설 반대는 노예해방을 위한 것이다

존경하는 문익환 선생님!

추운 날씨에 건강하신지요? 지난번의 편지에서 저는 인성론 자체도 인간해방의 시각에서 보아야 한다고 썼습니다. 물론 공맹의 성선설이나 순자의 성악설이 유심론 또는 관념론적이며 묵자의 인성론이 유물적, 경험론적이기 때문에 유신론적인 입장에 서서 보면 공자의 인성론이 옳고 묵자의 인성론이 모순된 것같이 느껴집니다. 그러나 그것은 오늘 우리들의 논리적 범주로 2,500년 전의 그들을 재단하기 때문입니다. 따라서 저는 그들의 인성론은 인간과 신의 관계, 나아가 인간공동체의 질서의 정당화를 위한 교리였음을 말하고자 한 것입니다.

예컨대 공맹의 성선설과 순자의 성악설은 모두 노예 소유의 정당성을 입증키 위해 고안된 것이며, 인성의 선악은 선천적으로 구분할 수 없다는 묵자의 학습론은 노예해방을 위해 고안된 것이라는 점을 간과해서는 안 된다는 것입니다.

제가 묵자와 에세네파를 비교한 것은 저의 잘못일 것입니다. 저는 그 방면에 연구가 부족합니다. 그리고 선생님께서는 에세네파를 NL, 예수를 PD로 비유하셨습니다. 제가 묵자와 예수의 다른 점이라 지적한 것은 바로 계급투쟁이었습니다. 단적으로 말씀드리면 묵자는 계급투쟁을 했으나 예수는 계급문제를 회피했다고 생각했던 것입니다. 수렵, 어렵 경제시대의 씨족 및 부족사회가 농업이나 유목시대의 재배경제로 발전하면서 국가가 생기고 지배부족과 피지배부족 사이에 농경지와 초지의 봉건적 중층 소유제도|지배자와 원소유자인 피지배부족과의 타협에 의한 조세권과 경작권의 분할을 특징으로 하는 봉건제의 소유제도| 정착, 잉여재화의 발생, 이를 바탕으로 한 생산수단|농지와 초지 및 노동력| 쟁탈전, 이로 인한 노예 또는 농노의 탄생 등 일련의 평등사회의 붕괴에 직면한 묵자의 계급투쟁은 신분의 철폐와 전쟁의 반대운동이었던 것이지요.

09 | 예수는 민족해방에 침묵했다

묵자에게는 민족해방 문제는 없었고 오직 계급해방 문제뿐이었습니다. 모든 억압과 착취의 제도적 장치는 신분제, 즉 부와 권력의 세습제도였던 것이며 그 고리는 잉여재화의 소비 형태인 전쟁과 낭비문화였던 것입니다. 그의 계급문제는 오늘날의 계급문제와는 다른 신분계급, 즉 상부구조의 계급문제였습니다.

그러나 예수의 유대나라는 억압과 착취로부터 해방하기 위하여 노예 상태인 민족문제가 우선이었으며 계급문제는 그다음 문제였습니다. 물론 묵자나 예수 당시에는 자본과 노동 관계에서의 인간해방 투쟁인 PD는 존재할 수도 없었고 오직 신분적 착취만이 존재하였습니다. 예수에게 있어 신분적 착취관계란 로마 지배민족과 노예 상태인 이스라엘 민족이라는 민족 간의 모순과 로마의 하수인인 유대의 왕과 종교적 지배자들인 귀족과 피지배계급인 민중이라는 신분적 민족 내부모순이었습니다. 물론 부자와 가난한 자, 이로 인한 채무변제 수단인 노예 등의 문제가 있었으나 이것은 오늘날 신분적 평등사회에서의 자본의 노동지배인 계급모순과는 다른 것이며 오히려 민족모순의 결과였던 것이지요.

따라서 예수 당시에 민족모순을 비켜놓고 가난하고 병든 자를 고친다는 것은 오늘날의 자선냄비 운동이나 불우이웃 돕기 성금을 모집하는 교회의 모습과 다를 것이 없으며 이것은 땅 위에서 인간을 해방하는 투쟁이라고 볼 수 없다는 생각입니다.

10 | 대노예 소유주로 전락한 야훼

사실 이러한 이론적인 논쟁은 소모적일 뿐입니다. 다만 제가 지적하고 싶었던 것은 예수의 노예제도 및 침략자와 침략전쟁에 대한 모호한 태도가 후일 제자들이 |일부 신약의 집필자들까지| 노예제도를 지지하고 해방의 신 하느님을 노예의 나라 로마의 수호신으로 만들어 인민을 억압·착취하는 도구로 전락시켰으며, 중세에는 하느님을 가장 큰 노예 소유주로 전락시켰고 급기야 하느님을 우상으로 타락시켜 인민들을 전쟁터로 내몰아 서로 살육하도록 부추기고 근대에는 장사치의 앞잡이가 되어 식민지 개척의 선봉장으로 인류 문화를 파괴하고 피지배 인민을 노예로 삼는 데 보증인 역할로 기생하면서 병든 자와 가난한 자에게 동전 한 닢으로 천당을 독점판매했던 것입니다.

급기야 오늘날은 죽었다던 신이 겨우 목숨을 부지하면서 물신|物神|의 종이 되어 인민을 억압·착취하는 자본과 전쟁의 수호신이 되어 천국과 복을 팔기에 이른 것입니다.

요즘 PD나 NL이나 모두 인간해방을 외치고 있지요. 하나는 민족 내부의 계급모순을, 하나는 민족 간의 계급모순을 말한 것 뿐이니까요. 다만 무엇이 먼저냐, 무엇이 주요 모순이냐 따지는 것은 전술전략일 뿐이겠지요. 오늘날 우리들 민민운동권이 현실투쟁에서 노선투쟁을 벌이는 것은 있을 수 있으나 서로를 우선 타도해야 할 적으로 보는 것은 잘못이라는 것이 제 소견입니다.

마찬가지로 예수의 현실인식이 민족과 민족 간의 평화보다 민족 내부의 신분적 민족모순의 화해와 평화가 우선되었다고 해서 오늘날 시각으로 비판하는 것은 잘못입니다. 다만 그 후 예수의 참뜻을 왜곡하여 억눌린 자의 해방신이어야 할 하느님을 노예 제국주의의 수호신이 되게 한 것과 그것이 오늘날까지 인간해방에 커다란 장애물이 되어 있다면 어찌 지나칠 일이겠습니까?

11 | 하느님 부활운동, 예수 부활운동이 필요한 때다

참으로 해방의 신 하느님 부활운동, 해방자 예수의 부활운동이 필요하지 않을까요?

저의 소견으로는 인류의 해방신 하느님의 모습이 여러 지방과 다른 문화들과 접촉하여 어떻게 변화하여 하느님 사업을 완성하느냐를 밝혀 보여주어야 하며, 지배자들이 인민의 해방신을 어떻게 자신들만의 수호신으로 우상화해 왔으며 이럴 때마다 선지자들은 이 우상을 깨뜨리고 해방신으로 다시 부활시켜 왔는가를 보여주어 오늘날 우리들의 하느님이 우리들의 참 해방신인지 착취자들의 우상인지를 밝히는 끝없는 종교개혁만이 참 하느님을 수호하는 길이라 믿는 것입니다.

묵자의 하느님이 예수의 하느님을 바로 보게 할 수 있다면 얼마나 좋을까요? 이것이 무례한 말이라면 용서하시기 바랍니다.

저는 오늘날 20세기 문명은 엄청난 혁명과 엄청난 파멸의 곡예를 하는 것 같아 현기증이 난답니다. 이 문명의 파국을 막기 위해서는 엄청나게 큰 종교개혁이 절대 필요하다고 믿습니다. 우리는 오늘날 물신의 종이 된 죽어버린 교회의 하느님을 구원해야만 새로운 문명이 파멸로 치닫는 것을 막을 수 있을 것이라 생각됩니다. 그러기 위해서는 과거 거짓 하느님 우상을 낱낱이 고발해야 한다고 믿습니다. 밤이 너무 늦었습니다. 다음에 또 편지 올리겠습니다.

존경하는 선생님! 부디 건강하소서!

1992. 11. 30
부족한 기세춘 절하며 올림

5절

하느님은 질투와 전쟁신이 아니다

12 | 계약의 신과 아버지 하느님은 다르다

존경하는 문익환 선생님!

박 장로님으로부터 건강하시다는 소식 듣고 얼마나 반가웠는지 모릅니다. 오늘이 벌써 12월 3일입니다. 대선을 며칠 앞둔 을씨년스러운 겨울 날씨에 저는 지난 총선 전 강경대 열사 타살사건과 김귀정 열사 압살사건으로 명동성당 농성 등 그해 여름의 뜨거운 함성을 생각해 봅니다. 이제 그들의 모습은 먼 옛날의 추억인 양 차게 식어버린 재와 같이 제 가슴에 묻어옵니다.

그런데 선생님은 차가운 감옥에서 뜨거운 열기로 저희들을 감동시킵니다. 선생님께서는 질투하는 모세의 신과 예수와 묵자의 아버지 신을 말씀하셨습니다. 사실 저는 전쟁의 신 야훼 하느님과 평화의 신 아버지 하느님을 대비시키려 했습니다. 인간은 하느님의 자손이기 때문에 인종, 국가, 지역에 관계없이 모두가 하느님의 아들이라는 아버지 하느님과, 이와는 달리 인간은 흙으로 빚은 하느님의 피조물이기 때문에 모두가 하느님의 종이라는 야훼 하느님은 다르다는 것을 밝히려 했던 것입니다.

종과 아들은 하늘과 땅만큼이나 차이가 있습니다. 종에게 있어 상전은 무섭고 두려운 존재입니다. 종은 주체적인 인격과 자유로운 인권이 없으며 주인에게 절대 복종해야 하고 경배해야 합니다. 반면 종들의 주인으로서 하느님은 자신의 종들이 다른 신을 섬긴다면 질투할 것은 물론이며 이것은 다른 신들을 섬기지 않고 주인만을 섬기기로 약속한 노예계약에 위반되므로 무서운 진노로 심판을 내릴 것입니다. 또한 종들을 지배하기 위해서는 다른 신들을 이길 수 있는 힘이 있으며 실제로 다른 신들과 전쟁을 불사하여 승리한 무서운 전쟁신이었습니다.

사실 유목민들의 신은 대개 그런 모습이었습니다. 그리고 힘이 있는 신이기 위해서는 신의 모습이 반인반수의 전쟁신일 필요가 있었겠지요. 또한 전쟁의 상대인 다른 신은 반드시 악마여야 합니다. 순한 양을 잡아먹는 이리는 반드시 언제나 악한 동물일 수밖에 없었습니다. 하늘의 모든 별들도 모두 동물의 모양으로 보였습니다. 하늘나라까지도 양들이 사는 천당과 이리 떼들이 사는 지옥이 있어야 했지요.

이러한 신관이 서양의 이분법적인 정과 반과 그 지양인 변증법적인 사고의 틀의 기초이지요. 서양문화의 뿌리는 동물문화(유목문화)이지요. 거기에 '예수의 동방신'이 혼을 넣었지요. 예수의 신은 유목민의 신이 아닙니다. 다만 유목민의 신들에게 영향을 받았을 뿐입니다.

예수는 모세의 전쟁신과는 달리 동이족과 똑같은 '하느님은 우리 아버지'라는 유일신 신관입니다. 하느님은 인간을 낳은 아버지이기 때문에 인간은 신의 종이 아닙니다. 아버지 하느님과 인간의 관계는 계약관계가 아닙니다.

묵자는 인간이 뽑은 통치자와 인간의 관계만이 계약관계라고 했지요. 또한 아버지 하느님은 자신과 겨룰 다른 신이 없었으므로 질투할 필요도 없습니다. 다른 신과 전쟁을 할 필요도 없으며 전쟁에서의 승리의 신도 아닙니다. 그러므로 무서운 신도 아닙니다. 너그럽고 용서하고 평등한 사랑과 자비의 신입니다.

13 | 예수의 신은 유목민에게 멸망한 수메르의 신

수렵민족인 동이족의 신은 그런 모습이었습니다. 수렵민족에서는 양떼나 이리 떼나 마찬가지이며 양은 선이요 이리는 악이 아니었습니다. 그래서 악마도 없었습니다. 천당과 지옥도 없습니다.

그들에게는 인간이 죽으면 그 영혼은 신이 되어 모두 아버지 하느님의 고향이요 또한 자기 고향인 하늘나라로 올라갑니다. 다만 그 영혼이 한이 맺혀 하늘나라로 올라가지 못하면 지상에 떠돌며 한을 풀려 합니다. 그것을 귀(鬼)라 하지요. 한을 풀려고 산 사람에게 못된 짓을 하는 귀는 악마가 아닙니다. 이 귀는 지옥에 가는 것이 아니고 한을 다 풀면 하늘로 올라가 신이 되어 아버지 하느님 곁에 앉을 것입니다.

악마와 천사가 없는 것과 같이 정과 반이 지양되는 변증법이 없고 모순은 바로 운동이며 변화이므로 변화(通)만이 진리였습니다. 이것이 수렵인의 사고의 틀이지요. 그러한 하느님 신관에 남방불교의 영향으로 극락과 지옥이 생기고 서방 예수의 영향으로 천당과 지옥이 생깁니다.

14 | 예수에 의해 복원된 수메르의 유일신

농경민족인 중국인은 주변 민족을 동쪽의 이(夷)족, 서쪽의 융(戎)족, 북쪽의 적(狄)족, 남쪽의 만(蠻)족 등으로 불렀습니다. 이족은 큰 활을 가지고 머리는 사자처럼 산발하고 산에서 사냥하는 수렵민족인 맥(貊)족을 그렇게 부른 것이고, 융족은 초원에서 유목을 하면서 칼로 짐승을 잡아먹고 사는 유목민족을 지칭하고, 적족은 머리에 짐승가죽을 쓰고 설원에서 순록을 사냥하는 북방민족을 말하고, 만족은 물고기를 잡아먹고 사는 남방민족을 지칭하는 것이지요.

우리 민족은 수렵민족인 동이족이며 후에 농경으로 발전한 것이므로 유목민족은 아니었습니다. 따라서 동이족은 유목민의 후예가 아니며 또한 수렵민족인 그들의 신관의 뿌리가 천년 후의 유목민의 신관이라는 추론은 불가능한 것이지요. 다만 수렵족인 수메르인이 메소포타미아에 들어와 농사를 지으면서 유목의 영향을 받았다고는 가정할 수 있겠지요. 그렇다면 수메르 문화의 신관이 유목적 신관은 아닌 것입니다. 유목적인 영향을 받은 것과 유목의 신은 다른 것입니다.

우리들의 신은 우리들과 너무도 가깝습니다. 무당들의 굿을 보면 느낄 수 있습니다. 사람이 죽어서 한이 남으면 요귀가 되므로 모든 한을 다 풀어 하늘에 올라 신이 되도록 씻김굿을 해줍니다. 장가를 못 갔으면 주검들끼리 장가를 보내주고 배고픈 귀신은 먹여주며 살아 생전의 모든 한을 풀어줍니다. 그리고 신을 불러 소원을 비는 굿을 할 때도 그들 신들은 비는 자와 아주 친근합니다. 물론 아버지 하느님 자신은 아닙니다. 하느님의 자손들인 신들이 많기 때문이지요. 우리 민중들이 억압과 질병과 굶주림을 당할 때면 우리는 신을 부릅니다. 마치 너희들 지배자들이나 또는 한을 다 풀지 못한 요귀들보다도 위대한 신이 바로 우리들 민중의 수호신이며 우리와 이렇게 가까운 사이라는 것을 확인하고 과시하는 그런 굿이었습니다. 우리의 신들은 유목문화적인 전쟁의 승리자이거나 질투와 진노의 무서운 신이 아니며 아버지 같은 민중의 수호신입니다.

그런데 예수의 신관은 권능과 질투의 모세의 야훼 하느님보다도 사랑과 용서의 유일신인 묵자의 아버지 하느님에 더 가까운 것은 웬일일까요? 예수는 왜 유목적인 전쟁의 신보다도 수렵적인 평화의 신에 더 가까울까요? 저는 선생님 글을 읽고 느낀 것입니다만 예수는 수렵문화의 '아버지 하느님'이라는 평화의 신관을 이어받아 유목문화의 여러 전쟁신들과 어렵문화의 여러 신들까지 용광로 속에서 녹여 해방과 평화의 인류적인 하느님을 지켜내면서 발전된 것이 아니었을까 합니다. 선생님! 질투의 신에 대하여 생각나는 대로 제 의견을 말씀드렸습니다. 곧 또 편지 올리겠습니다.

   선생님 안녕히 계십시오!

1992. 12. 3
부족한 기세춘 절하며 올림

〈6절〉

묵자는 민중해방 투사였다

15 | 묵자의 생명사랑

존경하는 문익환 선생님! 안녕하십니까?

선생님께서는 의(義)와 생명은 이것이냐 저것이냐의 문제가 아니라고 말씀하셨습니다. 옳은 말씀이십니다. 목숨보다도 귀한 것이 의라는 묵자의 말에 대한 제 설명이 부족했습니다.

"너에게 천하를 준다 한들 네 목숨을 버리겠느냐? 반드시 그렇게 하지 않을 것이다. 왜냐하면 천하보다도 목숨이 더 귀한 것이기 때문이다"라고 묵자와 예수가 똑같은 말을 한 것은 무엇보다도 생명을 존중했기 때문이라는 것도 옳은 말씀입니다. 그러나 묵자는 한 발 더 나아가 외쳤던 것입니다. "그러나 사람이란 말 한마디로 천하보다도 귀한 생명을 서로 죽이지 않느냐? 그러므로 이 세상 모든 것은 의보다 귀한 것이 없다"고.[1]

그러면 의란 무엇입니까? 선생님께서는 예수에게 있어 의는 생명을 짓밟는 것에 대한 분노라고 말씀하셨습니다. 묵자의 의(義)는 인민의 이

익|체|이었습니다.

묵자는 말합니다. "한 사람을 죽여 천하가 보존된다 해도 살인은 천하를 이롭게 한 것이 아니다. 그러나 자기를 죽여 천하가 보존되었다면 자기를 죽인 것은 천하에 이로운 것이다"라고.[2] 묵자가 목숨보다 의가 귀하다고 한 것은 살인|殺人|이 아니라 살기|殺己|였습니다.

그렇다면 생명을 짓밟는 것은 무엇입니까? 예수는 그 대답을 회피합니다. 예수 당시 이스라엘 민족의 상황에서 해방신 하느님 신앙을 지키고 민족을 보전하는 일이 바로 생명사랑의 길이었으며 이를 위해서는 적극적인 분노보다는 피눈물을 삼키는 소극적인 인내였을 것입니다.

그러나 묵자는 말합니다. "천하보다도 귀중한 생명을 짓밟는 것은 전쟁이라는 제도와 부와 귀의 세습이라는 사회제도적 불평등"이라고. 묵자는 생명사랑의 문제가 개개인의 문제가 아니라 사회제도적인 문제이며 이데올로기라는 관념의 우상이 문제라는 것을 발견했던 것입니다. 묵자의 생명사랑은 생명을 짓밟는 것에 대한 자신의 목숨을 던지는 투쟁이었습니다. 즉 묵가들이 목숨을 초개같이 여기며 전쟁 반대 등 혁명투쟁을 한 것은 바로 이 살기|殺己|였던 것입니다. 묵자에게는 불속이라도 뛰어드는 제자가 300명이라고 했습니다.

예수의 질병에 대한 분노와는 달리 묵자는 노예와 천민 등 민중의 입장에서 전쟁과 노예제도 등 구조적인 사회제도에 대해 분노했습니다. 그리고 이러한 제도를 지탱하는 거짓된 의, 즉 지배 이데올로기로 민중을 물들이는 지배문화에 대해 거부했습니다.

1_ 子子冠履 而斷子之手足 子爲之乎 必不爲. 何故 則冠履不若手足之貴也. 又曰 子子天下而 殺子之身 子爲之乎 必不爲. 何故 則天下不若身之貴也. 爭一言以相殺 是義貴於其身也. 故曰 萬事莫貴於義也(墨子/貴義).

2_ 殺一人以存天下 非殺一人利天下也. 殺己以存天下 是殺己以利天下(한 사람을 죽여 천하가 보존되었다 해도 살인이 천하를 이롭게 하는 것이라고 말할 수 없다. 그러나 자기를 죽여 천하가 보존되었다면 자기를 죽여 천하를 이롭게 했다고 말할 수 있다.: 墨子/大取篇).

16 | 묵자는 종교적 신념으로 투쟁했다

지배 이데올로기는 전쟁에서 사람을 많이 죽일수록 의│義│라고 말합니다. 또 지배문화는 의라는 것은 민중들이 잘 모르는 자연의 섭리라거나 하늘이 정해 놓은 원리라는 관념론의 우상으로 민중을 속이고 민중들은 의를 결정하거나 상관할 일이 아니라고 말합니다. 그들의 의는 이미 정해진 영구불변한 것이므로 인민이 결정하거나 바꿀 수 없는 것이었습니다. 오직 지배자들만이 알고 판단할 수 있는 선험적인 관념이 바로 의였습니다.

묵자는 이 거짓 지배 이데올로기를 깨부수는 것이 생명사랑의 길이라 생각했던 것입니다. 묵자에게 있어 오직 의로운 분은 인간을 평등하게 사랑하시고 인간을 서로 이롭게 하시는 하느님 한 분뿐이었습니다. 하느님만이 고귀하고 지혜로운 분이시며 의는 오로지 하느님으로부터 나온다고 설파합니다.[3]

그러므로 의는 하느님의 뜻을 따라 사람을 평등하고 이롭게 하는 것이어야 했습니다. 그에게 있어 의는 민중을 이익 되게 하는 것이므로 선험적인 것이 아니고 민중이 결정해야 하는 것이었습니다. 그래서 그는 외쳤습니다. "의는 민중의 이│利│이며 따라서 평등│兼│이야말로 의로운 정치│義政│며, 차별│別│은 폭력의 정치│力政│"라고.[4]

묵자에 있어 생명보다 귀한 것은 전쟁의 공포로부터 해방이었으며 노예 상태로부터 해방이었으며 굶주림과 헐벗음으로부터 해방이었습니다. 그리고 이러한 의를 실현시키기 위해서는 사람마다 이로운 것, 즉 의가 다를 수 있으므로 통치자를 선출하고 언로│言路│를 열어 개인의 이로운 것이 민중의 이익이 되도록, 즉 개인의 이익│義│이 평등한 사랑과

---

[3]_ 天爲貴且知而已矣 然則義自天出矣(墨子 / 天志 中).
[4]_ 順天意者兼也 反天意者別也 兼之爲道也 義政也 別之爲道也 力政也. 故聖王焉所從事兼 不從事別(墨子 / 天志).

만인을 이롭게 하는 하느님의 뜻에 일치하도록 하는 제도인 화동|和同|의 정치, 즉 민주정치가 실현되어야 한다고 천명합니다.

그는 왕은 천명이라는 유가들의 천자주권설을 반대하고, 군주는 인민과의 계약이라는 사회계약설을 제창하며 인민주권설을 주장하며 지배이데올로기의 거짓을 폭로하고 거부합니다.

17 | 묵자는 민중혁명가였고 예수는 종교적 순교자였다

전번 편지에 제가 묵자는 계급투쟁을 했으나 예수는 계급투쟁을 하지 않았다고 말한 것은 이 때문이었습니다. 예수가 처한 당시의 상황은 가장 시급한 것이 민족해방 문제였으며 그 위에 민족해방은 인류적 해방이 되어야 하는 것이 예수의 아버지 하느님의 뜻이었던 것이죠. 노예해방이나 신분계급 문제는 근본 모순이었으나 그것은 생명이 걸린 민족문제보다 절박한 것이 아니었을 것이라 짐작할 수 있지요. 그러나 묵자에게는 민족모순은 없었으며 당면과제가 계급모순이었던 것입니다. 더구나 묵자는 기술자며 과학자며 경제학자였음을 유의하면 민족 내부의 경제전쟁과 평등사회가 무너지는 그가 처한 상황에서 예수와 똑같은 해방신관과 사상을 가졌다면 당연히 계급투쟁이 그의 투쟁의 전부였을 것은 짐작할 수 있는 일입니다.

그는 해방신 아버지 하느님에 대한 신앙공동체를, 칼날 위를 걷고 불속에라도 뛰어들며 언제든지 목숨을 바칠 수 있는 민중결사체로 조직하여 전쟁을 방지하고 평등권을 쟁취하기 위해서 침략전쟁이 일어나는 곳마다 어디든지 쫓아가 방어전에 참여하는 등 하느님의 뜻과 민중의 힘을 보여주었습니다. 또한 부의 상속과 벼슬의 상속을 반대하여 계급차별을 혁파하는 투쟁을 전개했으며, 노동 중시와 절용문화|節用文化|로의 문화혁명을 제창하고 묵가들 자신이 먼저 실천했던 것입니다.

예수가 자신의 목숨을 던져 지킨 의는 인류의 평등공동체의 근원인 해방신 아버지 하느님을 지키기 위한 종교적 순교로서의 의였다면, 묵자가 평생을 바쳐 투쟁한 것은 그 하느님이 원하는 평등공동체를 이 땅 위에 실현코자 하는 정치적, 경제적 투쟁의 의였다고 말할 수 있습니다. 따라서 묵자의 말을 예수가 다 알고 있었으나 앞 구절은 그대로 인용하면서 끝 구절은 인용하지 않은 것 등은 살벌한 이민족의 압제 아래 신음하던 이스라엘의 긴박한 상황을 말하는 것이겠지요.

예수의 투쟁이 공동체 실현의 구체적 투쟁은 아니었으나 묵자의 평등공동체 실현을 위한 현실적이며 구체적인 투쟁과 그 목표가 다른 것은 아니라고 생각합니다. 어쨌든 묵자와 예수의 말은 너무도 같습니다. 묵자가 예수와 같은 상황에 처했다면 묵자도 예수와 같은 길을 걸었을지도 모릅니다.

이와 같이 묵자와 예수가 같은 것은 비교종교학이나 종교사학적인 연구가 필요하리라 여겨집니다.

오늘은 이만 줄이겠습니다. 선생님 안녕히 계십시오.

1992. 12. 4
부족한 기세춘 절하며 올림

7절 묵자의 반전운동은 하느님 나라 운동

18 | 묵자는 인류 최초의 평화운동가였다

존경하는 문익환 선생님! 안녕하십니까?

선생님께서는 예수의 말씀을 평화의 복음이라고 하시고 묵자의 전쟁반대운동을 거룩하다고 하셨군요. 사실 저도 묵자의 평화운동이 참으로 인상적이었습니다. 묵자는 말했지요. "네 이웃을 내 몸같이 사랑하고, 남의 부모를 내 부모처럼 사랑하고, 남의 나라를 내 나라처럼 사랑하라." 묵자는 인류 최초의 평화운동가이며 평화연구가입니다. 그리고 그의 평화운동은 몇 가지 특색이 있다고 보여집니다.

첫째, 묵자의 평화운동은 제도화된 전쟁반대 의식화 운동이었습니다.
둘째, 묵자는 전쟁을 재화의 소비문화로 파악합니다.
셋째, 묵자는 전쟁을 불평등과 착취의 고리로 보았습니다.
넷째, 묵자는 전쟁을 막으려고 유세를 하고 방어전에 직접 참여하고 방어전술을 개발·보급하는 등 실천가였습니다.

19 | 묵자의 반전운동은 문명개조운동

묵자는 전쟁을 당연하다고 생각하는 사람은 식인종과 다를 바 없다고 비난합니다. 그는 한 사람을 죽이면 죄가 되지만 많은 사람을 죽이면 이롭다고 찬양하는 전쟁이라는 제도는 지배 이데올로기로 물들여진 문화 탓임을 발견했지요.

인류사는 도구를 발명하고 불과 청동기와 쇠를 발견한 이래 그것으로 끊임없이 살상무기를 만들어 침략을 하는 전쟁의 역사였으며, 쇠와 불을 많이 가져 전쟁에 이긴 무리는 지배자가 되고 정복당한 무리는 종이 되거나 추방되지요. 이것이 부족 단위로 일어나면 침략전쟁이지요.

고대사회의 노예는 전쟁의 결과로 생긴 것이지만 그 형태는 그 사회 생산력이 요구하는 노동력의 필요에 따라 다르지요. 수렵사회는 전쟁에 이기면 수렵구역을 차지하고 진 부족을 쫓아낼 뿐 노예노동이 필요치 않았으나|원시공산사회| 유목민족은 전쟁에 이기면|이동이 많아 초지소유권은 발달되지 않음| 가축을 빼앗고 진 자를 죽이거나 노예로 삼았으며|노예제사회| 농경민족이 전쟁에 이기면 농지경작권은 패배한 부족에게 그대로 주고 조세권을 확보하여 반노예|농노|로 삼았지요.|봉건사회|.

국가가 생기기 이전부터 인류는 한 부족이 자연재해로 식량이 부족하면 다른 부족을 약탈하는 침략행위가 있었지요. 특히 자연에 식량자원이 제약된 수렵민족이 농경민족을 자주 침략한 예는 한족을 침략한 동이|東夷|와 북적|北狄|이 있으며 그 증거물이 바로 만리장성이지요. 서양과 근동의 경우 유목민족이 농경민족을 침략한 예는 수없이 많지만 훈족의 침략으로 민족 대이동이 일어난 것은 세계사적인 예이지요.

그 후 국가제도가 정비되자 직업으로 군사를 모집, 조련하고 무기를 생산하여 다른 나라를 침략하는 제도화된 전쟁이 문화로 정착되지요.

묵자 당시는 지배부족이 피지배부족의 농토에 대한 조세권을 가지고 피지배부족은 경작권만 가지는 농노 계약적인 봉건시대였으나 철기 발달과 대대적인 쌀농사로 잉여재화가 축적되자 생산수단인 농토 쟁탈전쟁이 수백 년간 계속되어 봉건제도가 무너져가는 시대였지요.

묵자는 전쟁의 참화를 겪으면서 전쟁의 원인을 연구하고 그 방지에 노력한 과학자이며 혁명가였습니다. 묵자에게 있어 전쟁행위는 경제적인 재화의 소비행위로 관찰됩니다. 맹수를 막으려고 만든 창과 칼을 그 용도를 초과하여 사람을 죽이는 데 사용하는 것이 전쟁이었습니다. 전쟁으로 소비되는 재화는 모두 노동력의 낭비며 착취였습니다.

따라서 전쟁을 막는 길은 노동자가 주인이 되어 인민에게 이롭지 않은 것을 생산하지 않는 일이며 창과 칼이 잘못 쓰여질 때를 대비하여 그것을 방어하는 장비와 기술을 생산·보급하는 일이었습니다. 그래서 묵자는 노동자를 조직하여 전쟁반대운동을 전개한 것이지요. 묵자에게 있어 전쟁의 원인은 첫째, 지배자들의 과시소비, 즉 낭비문화에 있다고 보았습니다. 문화란 원래 잉여재화의 소비 형태이지요. 낭비문화란 인민에게 이롭지 않은 지배자들의 권력의지에 의한 소비문화며 동시에 지배 이데올로기 창출문화라고 말할 수 있겠지요. 둘째, 지배자들이 서로 사랑하고 서로 이롭게 하라는 하느님의 뜻을 속여 전쟁에 나가 사람을 많이 죽이는 것이 하느님의 뜻이며 의롭고 명예로운 행위라고 속이는 전쟁문화 또한 지배자들의 낭비는 아름다운 것이라는 과시소비 문화로 피지배자들을 물들였기 때문임을 알았습니다. 따라서 전쟁 방지는 지배자들의 이데올로기에 물든 인민들을 하느님 뜻에 맞는 절용문화로 물들이는 의식화운동이었습니다.

묵자에게 있어 전쟁의 결과는 지배와 피지배의 원인이며 노예제도 등 불평등의 원인이며 재화의 낭비로 노동력이 착취당하는 원인이었던 것입니다. 그러므로 전쟁이라는 인간의 미친 문명을 개조하는 운동은 가장 중요한 생명운동이었으며 동시에 평등운동이었으며 하나의 중요한 절용문화운동이었던 것입니다.

20 | 묵자의 반전운동은 하느님 운동

묵자의 하느님은 유목민의 신들처럼 전쟁의 승리자가 아니었습니다. 그의 신은 아버지 하느님이었으며 평화의 하느님이었습니다. 묵자의 평화운동은 바로 하느님 운동이었던 것입니다.

이런 점에 있어 예수의 하느님은 모세의 전쟁신과는 다르며 묵자의 평화의 하느님에 더욱 가깝습니다. 그러나 역사적으로는 그런 예수의 하느님도 그 속에 숨었던 전쟁의 씨앗인 심판과 진노의 유목민 신관의 요소가 서양으로 건너가자 더욱 헬라적인 신관으로 변형되어 전쟁신이 되었던 것이지요. 그래서 저는 지배자와 피지배자의 평화를 말하면서 피지배자들 간의 전쟁을 부추기는 제국주의적 자본의 하수인이 된 오늘날 교회의 모습은 우연이 아니라고 생각하는 것입니다. 참으로 예수의 평화의 하느님을 부활시키는 데는 그 원형인 묵자의 평화의 하느님을 먼저 찾아야 할 것으로 여겨집니다.

선생님! 지금까지 묵자에 대한 선생님 글에 대해 제 의견을 솔직히 말씀드렸습니다. 저는 신학자가 아닙니다. 다만 묵자의 신관을 말씀드렸을 뿐입니다.

선생님! 저는 한국 기독교만을 말하는 것이 아니라 신을 죽인 근대문명에 봉사하며 제국주의의 앞잡이 노릇을 하던 교회는 개혁되어야 하며, 더구나 근대문명의 수십 배의 혁명을 거친 오늘날 문명이 폭풍처럼 인류의 운명을 벼랑으로 몰고 가는 이때 종교개혁이 없다면 소경이 거친 바다를 건너는 것과 같을 것입니다.

선생님! 선생님께서 묵자를 발견하신 것이 예수의 신관을 새롭고 분명히 하여 현대문명의 길잡이가 될 수 있는 종교개혁의 단서가 되기를 빕니다.

　선생님 감사합니다. 안녕히 계십시오!

1992. 12. 5
부족한 기세춘 절하며 올림

8절 평등·평화사상은 수메르의 전통이다

21 | 서양문명의 뿌리는 동물문화

존경하는 문익환 선생님! 안녕하십니까?
새해에도 건강하시고 저희들에게 더욱 많은 가르침과 용기를 주십시오!
멀리서 큰절로 세배를 올립니다.

제가 12월 5일 일곱 번째 편지를 올린 후로 선생님께서는 12월 9일자 열다섯 번째 편지에서 네 통만을 받으셨다고 하셨습니다. 그 후로 선생님께서는 1월 5일까지 열다섯 통의 편지를 더 주셨습니다. 이 귀한 편지들을 정리하여 컴퓨터에 입력시켜 놓았습니다.

선생님께서는 제가 유목사회에 대한 편견이 있다고 말씀하십니다. 그리고 유목의 전통과 하비루 전통은 분별해야 하며 유목민은 평화로운 생산자였으나 하비루는 약탈자였으며 다만 약탈자라도 무차별 약탈하는 무리가 있었는가 하면 다윗처럼 약자를 보호해 주는 의적 떼도 있었다고 말씀하십니다. 그리고 평등사상은 유목사회에서 나온 것이라고 결론짓습니다.

저는 어릴 때부터 일본이나 미국이나 모두 침략자라는 유교적 집안 분위기와 아버님의 결단에 따라 서양 교육을 받지 못하다가 해방이 되고 나서 몇 년 후에야 초등학교 4학년 2학기로 편입했습니다. 제가 서당에 다닐 때 학교 교육 가운데 가장 신기한 것이 두 가지가 있었습니다. 첫째는 제가 배운 "하늘 천 따 지"가 신식 교과서에는 "바둑아 바둑아 이리 오너라"로 바뀐 것이었습니다. 둘째는 지구가 평평한 것이 아니고 둥글다는 과학이었습니다. 저는 이 중에서 동물문화는 거부감이 있었으나 과학에는 아주 매료되었습니다. 그러나 중학교에 입학하고 나서는 인간도 동물임을 알았고 농촌이 부흥하려면 목축을 장려해야 한다고 생각하고 4H운동을 열심히 하여 우리 마을을 목축부락으로 키워 전라북도 4H경진대회에서 2등을 한 일도 있었습니다. 그로부터 저는 목축에 대해서 거부감을 느낀 적이 없었는데 선생님의 말씀을 듣고 보니 옛날 기억이 떠오릅니다.

22 | 누구는 옳고 누구는 그른 것이 아니다

얼마 전에 홍근수 목사로부터 옥중편지를 받고 저는 이런 말을 한 적이 있습니다.

"인류의 선조들이 사냥을 하거나 목축을 하거나 어떤 곳에서는 농사를 지었거나 또는 물고기를 잡아먹고 살았는데 그것을 누구는 옳고 누구는 그르다고 말할 수 있습니까? 마찬가지로 하느님이 하늘에서 내려와 자기들을 낳았다고 생각하는 사냥꾼이나, 신은 동물 모양으로 생겼다고 생각하는 목동이나, 사람은 하느님이 흙으로 빚어 만들었다고 생각하는 농사꾼이나, 사람은 알에서 나왔다고 생각하는 어부의 생각은 모두 자연스러운 것일 뿐 누구 생각은 옳고 누구 생각은 그르다고 말할 수는 없는 것 아닙니까?"

그런데 인간이 자기와 다른 생각을 가진 사람은 적이므로 죽여야 한다고 생각하는 포악성은 목동이 이리를 증오하듯이 천사와 악마라는 이분법적 사고의 틀을 갖고 있는 서양의 동물문화가 식물적 자연문화인 동양보다 더욱 극심합니다. 그런 제 생각이 선생님의 눈에 비친 것이 아닌가 생각해 봅니다.

저는 중국에 대한 유목의 영향에 대해서는 전혀 생각도 못한 일입니다. 그러나 선생님께서 의|義|와 미|美|의 글자 속의 양|羊|이라는 글자를 통해 유목의 영향을 추측하는 것은 무리라고 생각됩니다.

유목이라는 것은 기원전 1000년 전후의 일정 기간|긴 인류사에서 아주 짧은 기간 동안| 이동목축이 생산경제의 주종을 이루는 특수한 경우를 말하는 것입니다.|방목은 유목이 아니고 정주 목축임.|

23 | 유목의 기원

유목이라는 것은 인류가 가축을 순치시킨 것|북아프리카에서는 BC 7000년경에 동물의 순화가 이루어졌을 것으로 추측하고 있으며 사하라의 암각화는 신석기시대에 이미 소를 가축화한 사실을 보여준다|과 농경사회에서 부차적으로 하는 목축|식량생산경제인 농경의 시작은 BC 7000~6000년경으로 보며 BC 5000~4000년경에 동구 남부지방에서 소와 말을 길렀다고 본다|과는 아주 다른 것임을 잊기 쉽습니다.

그리고 유라시아에서는 본격적인 유목 이전인 기원전 3000~2000년경 청동기시대의 식량생산경제의 농경과 목축의 복합경제 시대에도 큰 가축들이 먹지 못하는 풀을 먹고 눈 속에서도 풀을 뜯으며 옷감과 젖과 고기를 주는 양을 고귀한 동물로 신성시해 왔으며 우즈벡인들은 양이 하늘에서 직접 내려왔다고 믿어왔답니다.

또 중국인들은 신화적인 기린, 봉황 등과 함께 양을 닮은 '해태'라

동물을 신성시하며 숭상했으며 특히 이 '해태'는 옳고 그른 것을 분간해 내는 의로운 동물이랍니다. 따라서 의|義|에 있는 양|羊|은 목축적인 요소일 뿐 유목적인 요소라고 추측하기는 무리입니다.

유목의 기원에 대해서는 여러 가지 학설이 있었습니다만 몽테스키외|Montesquieu, 1689~1775|, 모건|Lewis Morgan, 1818~1881|, 엥겔스|Friedrich Engels, 1820~1895| 등의 수렵→목축→농경의 순서로 발달했다는 고전학설은 수정된 지 오래이며, 수렵→농경→목축으로 발달했다는 설이 통설이 되고 있습니다.

또한 유목의 발생 조건에 대해서는 '기후변화설|건조화|', 농경민이 힘이 약한 인접 주민을 밀어냈다는 '추방설' 등은 특수한 예외적인 경우 외에는 사실 증명이 불가능한 가설에 불과한 것이며 오늘날의 통설은 채집경제집단이 동물을 순화, 정착하여 농경이라는 생산경제로 발전했으며 잉여곡식을 소유한 농경집단이 노동생산성이 큰 목축업으로 발전하고 건조지대에서 농업에 우선하여 전문화로 발전한 것이 유목이라는 것이며 그 시기는 기원전 1000년 이후라는 것입니다.

24 | 유목은 역사적인 발전단계가 아니다

그리고 유목은 농경민이 목축을 부업으로 하는 복합경제에서 방목|放牧| 혹은 반유목|半遊牧|을 거쳐 발전한 것이며 순수유목은 드물고 반유목이 주류를 이루나 근동의 경우 아라비아, 사하라 등지는 순수유목이 대부분인 반면 북아프리카 팔레스타인, 시리아, 이라크 일부는 반유목입니다. 그런데 순수유목이라 해도 그들의 식생활은 젖, 고기, 피 등등 동물성 외에 대소의 양의 차이는 있으나 모두가 곡식은 반드시 필요한 양식이라는 사실입니다.

물론 유목이라 해도 유라시아형, 근동형, 중동형, 아프리카형, 내륙아시아형 등등 다양성이 있으며 한 모델로 정형화할 수는 없으나 유목이란 자급자족적인 경제체계가 아니며, 사회적 기능에서도 그 자체로 독자적인 내적 법칙을 갖는 체계가 아니며, 발전단계로 보아도 특정 단계의 독특한 사회정치적 체계로 볼 수는 없다는 점은 같습니다.

즉 유목이란 보편적인 인류발달사에서 하나의 특정한 단계가 결코 아니며 뿐만 아니라 오로지 유목민에게만 나타나는 독특한 사회정치적 특징이란 존재하지 않는다는 것입니다. 물론 그들만의 특성이 아주 없다는 것이 아니라 유목사회의 반자급자족성은 정치사회적인 조직도 완전 자족적이지 못하며 문화적으로는 자기 충족적이 아니라는 것이 통설입니다. 예컨대 어떤 지역의 유목민은 다른 지역의 유목민보다는 같은 지역의 농경민과 사회적, 문화적인 공통점이 많다는 것입니다.

어떠한 사회구성체일지라도 생산력과 생산관계에 의해 구성된 생산양식이 존재하며, 각각의 생산양식은 특정한 사회경제적인 여러 관계들을 포섭하며, 나아가 각각의 생산양식은 다른 생산양식과는 질적인 차이가 있다고 주장하는 마르크스주의자들도 지금까지 유목적인 생산양식이 다른 생산양식과 어떻게 다른가를 설득력 있게 보여주지 못했습니다. 그 까닭은 유목이라는 이동목축이 하나의 생산양식이 아니라 경제활동의 독특한 형태에 불과하기 때문입니다.

또 이와 같은 경제결정론과 마찬가지로 어느 사회의 사회정치적인 특성은 환경에 수동적으로 적응하는 것이란 생태결정론도 가망이 없기는 마찬가지입니다. 즉 유목은 수렵, 농경, 어로 등과 함께 배열될 수는 있지만 이른바 아시아적 생산양식, 원시공산사회적 생산양식, 노예제나 봉건제 또는 자본제적 생산양식 등과 등치시킬 수는 없다는 것입니다.

25 | 유목민은 전사와 시인의 얼굴이 있다

정주사회의 도시인이나 농경민이 자유롭게 떠도는 유목민의 평등에 대한 환상적인 동경이나 동시에 식량의 부족으로 약탈과 침략을 일삼는 유목민에 대한 '악마의 현신', '악령의 후손', '신의 채찍', '오랑캐' 등등 야만과 재앙으로 보는 두 가지 측면은 모두 사실과 환상이 뒤섞인 신화적인 요소가 많습니다만 사실 그들의 모습은 두 가지 모습이 있었습니다.

그들은 선한 목자이자 무서운 전사이며, 시인이자 약탈자이며, 침략자이자 역사가, 웅변가였습니다. 그들의 비자급경제 체계에 대한 해결책은 약탈|물론 교역도 있었으나 그것은 오히려 예외였음|이었으며 그러므로 침략과 살육은 그들의 경제행위였으며 아무런 죄의식도 없는 당연한 삶의 방법이었습니다.

또한 그들에게는 도시나 농민에게서 볼 수 없는 자유분방한 점이 있었습니다. 그러나 서구학자들은 유목사회의 평등함에 놀라고 옛 소련학자들은 유목사회의 덜 평등함에 놀란다고 합니다. 사실 유목민은 마르크스|Karl Marx, 1818~1883|가 그린 해방된 인간의 모습인 개성의 다면성, 노동분화의 극복, 역할의 다양성, 한가로운 노동 등을 어느 정도 표상하고 있습니다.

26 | 평등, 평화의 연원은 유목 전통이 아니다

저는 유목사회에 대한 편견으로 유목의 평등성을 부인하려는 것은 아닙니다. 저는 스탈린이 옛 소련지역의 유목민족들에 대하여 '가부장적 봉건단계'라고 규정한|1921년 제10차 소련공산당대회| 혼합설을 무조건 따르거나, 유목이 유목인 채로 원시공산사회, 가부장제사회, 봉건제사회 등 세 가

지 단계를 거쳐왔다는 단계설을 신봉하지도 않습니다.

그러나 본격적인 유목이라는 생활양식이 기원전 1000년경에 비로소 처음 나타나기 시작했고, 공산제적 사회는 기원전 1000년대 초 혹은 중반에는 이미 자취를 감추었으며, 또한 앞서 지적한 대로 유목을 역사적인 한 단계로 볼 수 없기 때문에 평등의 연원을 거기서 찾아서는 안 된다는 것입니다.[1]

그리고 가축의 소유권은 유목이 생기기 이전인 기원전 1000년대 이전에 이미 실현되었고 초지[草地]와 우물의 소유권은 그것의 효율적인 관리의 보상 정도에 따라 점유권 사용권이 분할된 여러 형태가 있었으나 대체로 공유적인 성격이 강합니다. 그러나 그 소유 주체인 공동체는 지역적인 것이 아니라 혈통적인 것으로 최소종족소유 즉 확대된 가족소유제도라 할 수 있을 것입니다.

가축이 밀집하면 초지가 황폐화되므로 소규모 집단으로 공동체를 이루고 다만 침략과 약탈을 위하여 일시적으로 군사적인 결합을 합니다. 이때 우위에 있는 집단의 지도자가 수장이 되며 항구적인 것은 아니지만 계층화된 분절[分節]이 있습니다. 다만 이러한 계층화된 분절들은 생산에 직접 관련된 것이 아니기 때문에 안정된 사회분화로 발전하지 않을 뿐입니다.

일반적으로 유목민들은 가까운 친척공동체는 착취하지 않습니다. 그것은 정주사회에 대한 침략과 약탈을 위한 사회적인 연대가 위태롭기 때문입니다. 그러나 유목국가로 발전하거나 정주국가에 편입되었을 때는 불평등이 심화됩니다. 이 경우도 앞서 지적한 대로 유목에 내재적인 불평등이 아니며 침략으로 정주민들의 농경지를 탈취하거나 항복한 의부집단[依附集團]과 그 정주민을 노예로 착취하므로 불평등이 심화되고 사회적 분화가 강화된 것뿐이지요. 그러나 노예들은 대부분 호위병이나

1_ 필자는 평등의 연원을 시기적으로 유목 이전의 수렵 또는 초기 농업시대에서 찾는다.

군대에 편입시켜 사용할 뿐 유목 생산활동에는 중요성을 갖지 못합니다. 그리고 가축이 한곳으로 집중되는 것은 거의 불가능합니다. 그러므로 유목사회의 재산의 불공평은 잠정적인 것에 불과하고 안정화된 계층화로까지 발전하지 못하므로 불평등은 결정적으로 제한됩니다.

따라서 유목사회 자체 내의 요구가 불평등을 심화시키는 예는 거의 없습니다. 유목은 그 이동성과 낮은 인구밀도로 인해 지도력의 요구가 영속적이지 못하며 앞서 설명한 대로 유목사회의 분화는 대부분 침략으로 인한 정복, 복속|服屬|, 의부|依附| 등 외부 세계로부터의 영향의 결과로서 영속적이지 못하며 개인이나 집단보다 우위의 공적 필요가 적으므로 계속적인 지도력이 존재할 수 없기 때문입니다.

이와 같이 유목사회의 분화는 내적인 발전이 아니라 도시나 정주 농경사회의 관계 즉 침략에서 유발됩니다. 그러나 유목사회가 부정기적인 약탈이나 장기적인 보호의 대가로 받는 공납으로 곡식과 수공업제품을 조달받을 수 있는 조건인 기동성과 군사적 우위는 항상 그런 것만은 아닙니다. 힘이 약하면 정주국가에 종주권으로 인정하고 교역의 기회를 얻거나 정주국가의 용병으로 정주국가의 이방인을 약탈하며 살아가다가 정주국가가 약화될 때는 기회를 놓치지 않고 종주국의 도시나 농민을 약탈합니다. 어쨌든 종속적 의존이거나 복속과 약탈이거나 유목사회와 정주사회 사이는 숙명적으로 강압적 관계라는 것을 누구나 인정하고 또 역사가 증명하는 사실입니다.

그런데 선생님께서는 이와 같은 학계의 공인된 사실과는 대조적으로 유목의 발생을 정주국가로부터 부당하게 쫓겨난 억압받는 민중의 공동체로 보았고 이들의 침략과 약탈을 해방전쟁으로 묘사하며 평등사상과 평화사상이 그들로부터 나왔다고 보고 있습니다. 또한 선생님은 다른 유목민들과 하비루는 생활과 문화가 다르다는 것을 인정하면서 「이사야」 11장의 평화가 살벌한 하비루 전통에서가 아니라 유목민 전통에서 나왔다고 말씀하십니다.

27 | 평등, 평화사상은 수메르의 전통이다

저는 평등사상은 고사하고 더구나 평화사상은 유목 전통에서는 나올 수 없다고 확신에 가까운 믿음을 갖고 있습니다. 평화사상은 수렵이나 유목에서 나온 것이 아니라 유목 이전의 정주사회인 수메르적인 문화 전통에서 나온 것으로 봅니다.

목사님 말씀처럼 하비루가 수렵과 농경과 목축경제를 거쳐 도시생활 까지 발전해 살다가 미개한 유목민에게 멸망하여 도리어 가진 것 없는 떠돌이 유목민으로 전락하여 옛 고향을 수복하려 했다면 이것은 민족 해방전쟁이라 할 수 있으며, 이들 하비루가 평화사상을 갖고 있었다면 그들이 유목민이 되기 이전의 농경과 목축의 복합경제인 자급자족적인 수메르의 경제 체계 위에 이룩된 수메르문화의 평등사상의 전통에서 나왔다고 보아야 할 것입니다. 그러므로 이 평화사상은 농경과 목축 등 생산 형태의 문제가 아니라는 것입니다.

그리고 이 수메르 전통의 평등사상은 기원전 1000년경의 유목이 아니라 그보다 수천 년 앞선 수렵사회인 원시공산제사회의 평등분배 사상에서 배태된 것이라 보았던 것입니다. 그리고 예수의 평화사상은 유목적인 전통이 아니라 이러한 수메르적인 전통으로 보았던 것입니다.

오늘은 이만 줄이겠습니다. 안녕히 계십시오!

1993. 1. 26
부족한 기세춘 세배드립니다.

9절

예수는 평화의 하느님을 부활시키러 오셨다

28 | 유목과 평화사상은 직접적인 관계가 없다

존경하는 문익환 선생님! 안녕하십니까?

지난 편지에서 저는 유목전통에서는 평화사상이 잉태될 수 없음을 말씀드렸습니다. 그것은 선생님의 『히브리 민중사』에서도 웅변으로 증거하고 있더군요. 다만 선생님께서는 유목민 하비루는 다른 유목민과는 다르다는 것을 전제하고 약탈자들인 하비루들의 전쟁신 야훼에게서는 평화사상을 찾을 수 없으므로 평화로운 생산자인 다른 유목민에게서 하비루가 영향을 받은 것으로 가정했습니다.

즉 선생님 주장의 요지는 야훼는 전쟁신이며 평화의 신이 아니다. 그러므로 약탈자인 유목민 하비루에게서는 평화사상은 없다. 그런데 다른 유목민은 평화로운 생산자로 평화사상을 가지고 있다. 이들의 평화사상에 하비루가 영향을 받았다는 것이 됩니다. 이 말씀은 유목이라는 전통 자체에는 평화사상이 없다는 것을 스스로 인정하고 있는 것입니다.

아니면 유목과 평화사상과는 직접적인 관계가 없다는 것을 증명하는 것입니다. 다시 말하면 같은 유목민인데 하비루 유목민은 평화사상이 없고 다른 유목민은 평화사상이 있었다는 것은 유목과 평화사상은 직접적인 관계가 없고 하비루 유목민과 다른 유목민은 그들의 유목 이전의 전통이 다르다는 것을 말하는 것뿐이지요. 그러므로 하비루가 평화사상을 갖고 있었다면 그것은 유목에서 연유된 것이 아니라는 말이며 하비루의 유목 이전의 전통이 평화적이었다는 말이 되는 것입니다.

유목이란 모두가 한결같이 |반유목은 순수 유목보다는 덜하지만 비자급자족적인 것은 마찬가지이며 침략적인 것도 마찬가지입니다| **침략과 약탈이 정당화될 수밖에 없는 비자급사회이며** 하비루의 야훼도 바로 이러한 전쟁의 신임을 선생님께서도 인정하시면서 어떻게 유목에서 |정주 목축업과는 다른| 평화의 사상이 나왔다고 하시는지 납득할 수 없습니다.

29 | 서양화된 유목적인 예수

만약 제가 전쟁신 야훼가 해방신이 된 경우를 예로 들면서 해방의 모습은 **평등**의 실현이요 해방의 결과는 평화이므로 '전쟁의 신'은 동시에 '**평화의 신**'이라고 말한다면 이것은 오늘날 제국주의자들이 침략전쟁을 **해방**전쟁이라고 기만하는 것과 똑같은 것이지요. 이것은 마치 일제의 앞잡이들이 대동아전쟁에 나가는 것이 우리가 해방되는 길이라고 우리를 속이고, 미제와 그 앞잡이들이 베트남전쟁에 나가는 것만이 우리가 공산주의에서 해방되는 길이라고 속이던 논리와 같습니다.

선생님께서도 지적하셨지만 오늘날까지 야훼만을 고수하고 예수의 **평화의** 하느님을 거부한 유대교와 이슬람의 피의 역사가 야훼의 비평화성을 증명하고 있습니다. 그리고 야훼 이외의 모든 신들을 죽여야 하는, 잘못된 서양의 유목적인 예수관이 바로 북미와 남미 그리고 아시아에서의 살육과 말살의 역사를 낳았던 것입니다. 또한 오늘날도 평화의 신 예수의 얼굴로 위장한 피의 야훼가 로마제국주의의 자손인 서양의 물신 제국주의를 잉태한 것이 아닙니까?

물론 저는 과거 역사에서 이스라엘 민족의 출애굽 해방사건을 잊으려고 하는 것은 아닙니다. 그러나 그것은 그때 그곳의 역사일 뿐이며 선생님께서 누누이 강조하는 말씀대로 전쟁을 통한 해방은 예수의 피를 마지막으로 폐기되었어야 함에도 지금까지도 인류 역사를 지배하며 인류를 전쟁으로 몰아넣고 있는 것입니다.

30 | 예수는 평화의 하느님을 부활시키려고 오신 것이다

야훼의 후손들은 예수가 전쟁신 야훼에게 자신의 피를 부어 부활시키기 위하여 왔다고 보는 것입니다. 또는 그들에게는 예수라는 선지자는 야훼를 전파하러 온 것뿐입니다.

저는 예수가 야훼를 위하여 온 것이라고 믿지도 않고 말한 바도 없습니다. 예수는 피 묻은 야훼가 오직 한 분뿐인 하느님이 아님을 알리기 위하여 이 땅에 오신 것이라고 생각합니다. 그렇지 않다면 야훼가 역사하시는 야훼의 땅에 또다시 예수가 오실 이유가 없습니다. 야훼의 역사는 고난에 찬 하느님의 백성 이스라엘의 역사일 뿐 유일한 인류의 역사는 아니며 땅 위에는 다른 고난에 찬 하느님의 백성인 묵자의 역사도 있으며 석가의 역사도 있었던 것입니다.

야훼의 땅에 예수가 오신 것은 유목의 신 야훼가 하느님을 피로 덧칠하여 하느님의 백성들끼리 서로 피를 흘리며 멸망하는 것을 막으려고 온 것이며, 그분이 오시어 그들의 피 묻은 전쟁신 야훼의 역사를 마감하고 사랑과 평화와 온 인류적 하느님의 본래 모습을 몸소 보여 새로운 역사를 연 것이라고 생각합니다.

그러나 불행히도 예수는 전쟁신 야훼의 아들로 전락하고 말았습니다. 과연 예수가 온 이래 인류는 언제 어디서 해방과 평화를 얻었습니까? 예수는 전쟁신 야훼의 아들이 되었으나 오히려 이스라엘의 해방신이었던 기백조차 없고 지배자들의 수호신이 되어 신의 이름으로 살육과 억압과 착취를 정당화해 주고 민중을 좌절케 하여 겸손하게 무릎을 꿇도록 하며 대신 죽은 후의 천국의 열쇠를 팔아 치부했으니 지금은 그렇지 않다고 누가 말할 수 있겠습니까? 그리고 온갖 문명한 인류에게서 자신들의 고유한 삶과 문화와 역사마저 앗아갔습니다. 오직 유목의 역사만이 신의 역사이고 고기 잡고 사냥하고 농사짓던 역사는 마귀나 미신과 우상과 야만의 역사로 전락시켰습니다.

31 | 신의 이름으로 수백만 명씩 죽이는 전쟁과 전쟁신을 증오합니다

저는 유목을 증오하지 않습니다. 사나이답고 낭만적이기도 하여 저는 서부영화를 누구보다 좋아하지요. 그러나 침략과 약탈과 살육은 증오합니다. 저는 전쟁을 증오합니다. 그리고 무엇보다 신의 이름으로 수백만 명씩 죽이는 전쟁을 찬양하는 전쟁신을 증오합니다.

선생님께서는 예수의 하느님이 로마제국주의에 선전포고를 하지 않은 것을 제가 불평한다고 꾸중하셨습니다. 저 같은 소인의 심술궂은 마음이야 꿀떡 같겠지요. 그러나 묵자는 절대로 선전포고에 반대했을 것입니다. 묵자는 "네 이웃을 내 몸같이 사랑하고 남의 부모를 네 부모처럼 사랑하고 남의 나라를 내 나라처럼 사랑하라"고 말합니다. 그리고 분명하게 말합니다. "전쟁을 하는 자는 식인종을 비난할 자격이 없다"고.

그렇기 때문에 더욱 저는 묵자가 로마제국주의 전쟁에 대해서 입을 다물고 있는 예수를 못마땅해 했을 것이라고 생각한 것뿐입니다. 그리고 묵자였다면 전쟁을 반대하기 위하여 로마제국주의에 대한 비폭력적 운동인 세금거부운동을 지지했을 것이라고 생각한 것뿐입니다. 그래서 저는 이스라엘과의 계약신이며 전쟁신인 야훼와는 전혀 다른 예수의 평화의 하느님, 인류의 하느님 사상은 유목민의 전쟁신 야훼의 전통에 대한 혁명이라 본 것이며, 그러한 평화를 통한 해방신 즉 평화의 하느님 사상은 묵자의 평화의 하느님에게서 왔을 것이라고 추측했던 것입니다.

저는 무엇보다도 묵자와 예수의 평화사상이야말로 오늘날 인류가 반드시 높이 들어야 할 횃불이라고 믿고 있습니다. 그러므로 선생님의 꾸지람은 억울합니다.

32 | 인류적 평등만이 평화입니다

평화의 핵심은 평등이라는 선생님의 말씀은 묵자 사상의 정곡을 찌른 것입니다. 불평등으로 인한 가진 자의 폭력이 전쟁보다 더 근원적이란 말씀은 민족모순이 먼저냐 계급모순이 먼저냐처럼 비교될 성질의 것이 아니라 믿습니다. 폭력 중에서도 전쟁이란 다름 아닌 제도화된 합법적인 폭력입니다. 인류가 풀어야 할 가장 악질적인 폭력이지요.

그리고 여기서 말하는 평등은 한 혈통 사이에서만의 평등, 혹은 공동체 안에서의 평등만으로 말해서는 의미가 없습니다. 유목사회는 한 혈족의 공동체 자체 내에서와 같은 혈족의 공동체들끼리는 불평등한 사회분화가 거의 없습니다. 그러나 선택된 자기 혈통계보 외에 다른 종족과는 엄혹하고 무자비하게 불평등합니다. 따라서 유목적인 혈통 내에서의 평등이 아니라 예수의 인류적 하느님 또는 묵자의 천하무인天下無人의 만민평등만이 진정한 평등이라는 것입니다.

이러한 평등만이 동시에 해방이기 때문에 진정한 평화의 기초가 될 수 있기 때문입니다. 따라서 유목의 혈통적인 평등과 선민의식은 인류해방이 아니므로 진정한 평화사상이 아닙니다.

2,500년 전 묵자 당시의 불평등의 고리는 바로 전쟁이었습니다. 앞서 편지에서 유목사회의 사회적 분화와 불평등한 분절의 발생이 침략전쟁에 의한 것임을 말씀드렸습니다. 유목사회에서는 전쟁만이 사회분화의 유일한 원인이지만 어느 사회든 간에 전쟁에 이긴 자는 귀족이 되고 진 자는 죽거나 쫓겨나거나 노예가 됩니다.

그리고 한 공동체 안에서도 전쟁으로 인한 지도력의 필요에 따라 지배계급이 생깁니다. 오늘날에는 생산관계 속에서 자본이라는 물신이 지배자가 되어 노동자를 지배하는 계급사회가 되었습니다만 옛날에는 생산적인 관계에서가 아니고 전쟁에 의하여 신분계급이 생겼으며 따라서 전쟁이 불평등의 원흉이었던 것이며 그러한 도식은 지금도 변하지 않고 있는 사실에 주목해야 할 것입니다. 그래서 묵자는 전쟁을 반대하고 평화의 하느님을 더욱 강조한 것이라 봅니다.

33 | 광기의 낭비문화는 지구를 파괴합니다

선생님께서 '일용할 양식'을 평등과 평화의 의미로 해석한 것은 저에게 많은 깨우침을 주었습니다. 선생님께서 정확히 지적하신 대로 묵자의 평화사상이 바로 그것입니다. 묵자는 일용할 양식, 즉 재화의 부족은 '재화의 본래 목적을 떠난 낭비'[과시소비로 번역]가 그 원인이라고 보았으며 그 대표적인 예로 '전쟁'과 호화로운 '장례제도', 사치한 '문화'[음악], 호화로운 '궁궐', 사치한 '의복' 등을 들며 '절용문화'로의 사회개혁을 주장합니다. 묵자는 전쟁을 불평등구조를 생산하는 원흉이며 재화의 소비행위로 본 것입니다.

오늘날 인류문명은 온 인류를 몇 번씩 죽이고 지구를 통째로 날려보

낼 수 있는 가공할 무기를 생산하기에 광분하고 있습니다.

그리고 지구를 병들게 하면서까지 과잉생산, 대량소비에도 직성이 풀리지 않아 이제는 '소비'가 아니라 '파괴|가장 빠른 소비'에 미친 인간이 되었습니다. 인간은 이제 물신에 신들려 이성도 감성도 없는 권력의지에 도취한 초인이 되었습니다. 묵자의 '절용문화'로의 사회혁명 주장은 이러한 인류의 광기를 예견했을까요?

오늘날 묵자와 예수의 평화사상이 우리에게 어떤 의미를 갖는 것이며 오늘날 전쟁을 하느님의 뜻이라고 선전하고 물신의 승리를 빌어주며 기생하는 종교의 유래는 무엇인가를 밝히는 것은 참으로 긴요한 일이라고 믿습니다. 오늘은 이것으로 줄이겠습니다.

선생님, 안녕히 주무십시오!

1993. 1. 29 밤
부족한 기세춘 절하며 올림

4부
홍근수 목사의 옥중편지

이 글은 홍근수 목사가 기세춘 선생의 「묵자」를 읽고 기세춘 선생에게 보낸 편지와 출옥한 후 문익환 목사와 기세춘 선생의 예수와 묵자에 관한 논쟁의 글을 읽고 보내온 편지다.

1절

진보적 사상가, 운동가인 묵자

1| 동양사상에 단절되어온 빈자리가 늘 부끄러웠습니다

존경하는 기세춘 선생님! 안녕하십니까?

그렇지 않아도 신문의 광고를 보고 꼭 읽어보려고 마음먹고 있었는데 저자께서 친필로 서명한 귀한 책을 받게 되어 영광스럽습니다. 임수경 후원사업회[1]에도 가입하신 것으로 알고 있으며 또 저와는 갑장이어서 가깝게 느껴집니다. 무엇보다도 묵자 연구의 귀한 저술을 펴내어 많은 사람들에게 특히 재야운동의 진보적 인사들과 젊은 후학들에게 크게 유익함을 주어 감사합니다.

그 옛날에 묵자 같은 진보적 사상가이자 실천가가 있었다는 사실에

---

[1] 평양을 방문한 전대협 대표 임수경 씨를 후원하기 위하여 조직한 모임으로, 회장은 편지의 저자인 홍근수 목사다.

놀라울 뿐입니다. 상하권을 다 읽고 기세춘 선생님의 노고에 존경을 표하고 감사를 드립니다. 저는 이 책을 통하여 많은 것을 배웠습니다. 그동안 공자, 맹자 등을 주로 소설화된 작품으로 읽었을 정도일 뿐이며 서구신학을 전공한 저는 그렇지 않아도 우리의 뿌리인 동양사상에 단절되어 늘 빈자리를 의식하고 부끄러워해 오고 있었습니다.

2 | 기 선생의 역사 해석은 다소 어긋납니다

이번 기 선생님의 저서에서 예수와 묵자를 비교하신 부분은 퍽 흥미있고 인상적이었습니다. 다만 예수를 해석하신 부분에 대해서는 신학자인 제가 볼 때 다소 문제가 없지 않은 것 같습니다. 물론 현실 기독교가 내세우는 예수와 또는 복음서에 나타난 예수의 말씀을 더러 인용하셨으나, 그것은 역사적 배경을 고려한 예수 말씀의 해석이 아니며 또한 오늘날 신학계에서 대체로 동의하는 예수와는 다소 어긋난다고 보여집니다.

그러나 기 선생님의 비교는 확실히 신학계에서는 좋은 자극을 주는 것이고, 앞으로 이 두 분에 대한 비교연구 논문이 나올 수 있는 길을 열어주신 것으로 보며 감사드립니다.

여기 여러 가지 바쁘신 중에도 저를 기억하시고 귀한 노작을 보내주신 것을 다시 한번 감사드립니다. 그럼 오늘은 두서없는 글을 여기서 끝내겠습니다. 내내 건투를 빕니다.

1992. 6. 8
홍근수 드림

2절

오늘의 교회는 반통일 세력이다

3 | 우리는 사회악과 불의에 둔감해져 있다

존경하는 기세춘 선생님께

지난 7월 18일자 사신을 감사히 받았습니다. 그 말썽 많았던 TV토론을 보셨으며 또한 격려해 주시니 부끄럽습니다. 워낙 준비 없이 TV에 나가서 정신없이 떠들다가 말썽을 일으켜 그 대가를 지금 치르고 있는 셈입니다.

기 선생님이 잠 못 이루고 괴로운 밤을 번민으로 세우고 계시다는 말씀은 저를 부끄럽게 합니다. 기절초풍할 일들이 매일 꼬리를 물고 일어나는데 저는 이렇게 감옥에서 잠을 자고 있으니 말입니다. 너무나 엄청나고 끔찍한 일들이 매일같이 일어나니 이제 익숙해지고 무디어져서 면역이 생겼는지 보통으로 지나치고 별 놀라움을 느끼지 못하는 제 자신을 돌아보고 깜짝 놀라게 됩니다.

평소에 더위를 잘 참지 못하는 저입니다만, 불볕 더위에 선풍기, 에 어컨 없이도 살아남기 위해 더위에 익숙해지는 저 자신을 발견하고 본능적인 생존의 힘에 새삼스럽게 놀라면서, 이와 같은 생존본능으로 내가 지금 사회적으로 엄청난 불의와 악에 대해서 관용하고 익숙해지며 살아가고 있는 것은 아닌가 다시 한번 되돌아봅니다.

4 | 오늘의 교회는 그 어느 세력보다 반통일적이다

기 선생님의 저서를 읽으면서 기 선생님이 본래 기독교인이 아니었나 하는 생각을 했습니다만 이번 서신을 받아보니 정말 그렇군요.

현실 교회에 대한 의분과 실망은 저도 기 선생님만큼이나 가지고 있습니다. 제가 만일 목사가 되지 않았다면 어떻게 되었을까 생각해 보기도 합니다. 그러나 오늘날 교회의 타락상과 수준 이하의 미신적 신앙으로 인한 사회에 대한 부정적인 기여에도 불구하고, 저는 교회라는 장을 포기해서는 안 된다는 확신으로 목회를 하고 있답니다.

우선 본래 기독교의 건설적인 사회기여를 회복하기 위해서이지만 한편 우리 민족사에 있어서 특히 민족해방과 통일 그리고 민족공동체의 미래의 발전에 장애물로 작용하고 있는 기독교의 현실을 바로잡기 위해서도 교회를 떠날 수가 없다고 생각합니다.

저는 현재의 한국 기독교가 우리 사회의 그 어느 세력보다 반통일적인 세력이라고 보고 있으며, 그래서 교회 내의 통일운동이 전 민족사적 맥락에서 볼 때 급선무라고 생각하고 있습니다.

혹 기 선생님께서 그런저런 이유로 교회를 떠나셨다면 저와 함께 향린에서 믿음의 공동체 삶을 살지 않으시렵니까? 저는 교회를 살리고 사회와 민족을 움직이는 운동체로 만드는 일은 한두 사람의 힘으로 되는 것도 아니고 하나의 큰 운동으로만 가능하리라는 확신을 가지고 있습니다.

이 너무도 작은 지면에 제 생각을 다 밝힐 수가 없습니다. 앞으로 제가 출소한 후 서로 만나 잠 못 이루는 밤을 함께 고민하며 지새울 기회를 기다리겠습니다. 이제 꼭 만 3주 남았습니다. 8월 24일이 만기 출소인데 지난 1년 6개월간의 이곳 생활의 정리에 마음만 괜히 분주하고 약간 들떠 있는 것 같습니다. 그럼 만날 날을 고대하면서 이만 난필을 놓습니다. 건승을 빕니다.

1992. 8. 2
제弟 홍근수 드림

5부
존경하는 홍근수 목사님께

이 글은 홍근수 목사의 옥중편지에 대한 기세춘 선생의 답장이다.

1절 종말론적인 회개가 요구되고 있다

1| 신은 아직 부활하지 못하고 있다

존경하는 홍근수 목사님!
감옥에서 얼마나 수고하십니까?
목사님 편지는 출판사를 통하여 진작 받았으나 답장이 늦었습니다. 처음 편지를 받고 얼마나 감격했는지 얼른 답장을 쓰지 못했습니다. 용서해 주십시오! 저는 평소에 목사님을 좋아했답니다. 언젠가 TV에 나오셔서 마르크시즘은 휴머니즘이라는 요지의 말씀을 듣고 깜짝 놀란 적이 있습니다. 물론 목사님께서 마르크시스트가 아니시며 저 또한 마르크스가 신이거나 마르크시즘이 완결된 이론이나 사상이라고 믿지는 않습니다.
다만 인간을 신으로부터 해방시킨 휴머니즘적 근대정신이 결국 신 대신에 자본이라는 물신에게 다시 인간이 소외되고 지배되는 길로 가서는 안 되겠다는 마르크스의 생각을 휴머니즘적이라고 말씀하신 줄로 이해했습니다.

저는 어려서부터 예수님을 무척 사랑했답니다. 그래서 무슨 무슨 단체를 조직할 때마다 인간 예수의 고귀한 피를 얘기하곤 했답니다.

그러나 오늘날 교회에 대해서는 실망하고 있으며 심지어 니체가 신은 죽었다고 말한 이후 또는 그 이전에 이미 신은 죽었고 오늘까지도 부활하지 못하고 있다고 생각하며 신을 죽인 근대는 이미 갔고 현대가 왔는데도 다시 부활하여 현대라는 역사에 역사하지 못하고 있음을 슬퍼하고 있답니다.

그것은 물신의 힘이 너무도 커서 오늘날 교회가 모시는 물신의 상품인 복을 파는 우상들로서는 이 물신에 반역했다가는 물신의 아랫자리나 또는 그 대리인의 지위마저 잃고 말 것이 두렵기 때문일 것입니다. 그러므로 어떤 목자가 나타나 "이 성전을 헐고 다시 세우리라"는 광야의 목소리가 나올 것을 기대하고 있답니다.

21 | 이 깊은 밤 한없이 울고 싶습니다

목사님! 제가 외람된 말을 한 것 같습니다.

그러나 오늘날 문명은 분명히 벼랑으로 치닫고 있고 교회도 멸망으로 가고 있음을 목사님도 부인하지 못할 것입니다. 그것은 이미 근대가 아닌 현대문명에 살면서도 그것을 인류가 주체적으로 고삐를 잡지 못하고 떠밀려 내려가고 있는 것이 바로 문명의 위기라고 생각하며 그것은 신이 부활하여 인간을 깨우고 그들이 역사의 주인이 되게 하는 새로운 종교개혁과 새로운 문예부흥이 필요하고 또 오려는 징조이며 그러므로 오늘날은 바로 말세가 아니라 종말적인 회개의 때가 아닐까요?

목사님! 저는 이 밤도 잠을 못 이루고 있습니다. 저는 경건한 사람도 아니며 강인한 투쟁력과 실천력도 없습니다. 그래서 더욱 괴로운지 모르겠습니다. 고통 받고 억압받는 이웃들! 분단의 사슬에 묶여 온갖 모순을 잉태하고 재생산하는 조국의 현실! 백화점이 천국이라고 생각하며 더 많이 그리고 더 빨리 소모하고 파괴하라는 물신의 피리 소리에 넋이 나간 현대인들! 굶어 죽어가는 수천만의 아프리카인들! 지구를 파괴하고도 남을 가공할 무기를 더욱 많이 만들어 쌓고 있는 인간들!

목사님! 저는 아직도 방황하고 있어 이렇게 괴로울까요! 저는 이 깊은 밤 한없이 울고 싶습니다. 그러나 울 수도 없습니다. 다만 어느 창녀의 품에 안긴다면 울 수가 있을 것도 같습니다. 그런데도 절간이나 교회는 저로서는 복을 빌 일도 없으며 안겨 울 수 있는 품도 아니어서 어쩌다 들르면 경배만 드리고 맙니다.

저는 아무것도 할 수 없는 절망에서 몸부림치고 있답니다. 더욱 이렇게 혼자 있는 밤이면 저는 한없이 약해집니다.

요즈음은 『중국역대시가선집』을 진보적 시각에서 편찬한다고 옛 시인들의 고뇌에 휩싸여 지냅니다. 이것도 현실을 외면하기 위한 도피가 아닌가 문득문득 반성합니다.

목사님! 지난번 펴낸 『묵자』는 미숙한 점, 아쉬운 점들이 많았습니다. 도움이 되셨다 하니 책을 낸 보람을 모두 보상받은 심정입니다. 그리고 예수에 관한 목사님의 반론이 우리를 더욱 힘차게 했으면 좋겠습니다. 너무 두서없이 장황하게 지껄였습니다. 부디 건강에 유념하시고 다음에는 중국시라도 한 수 적어 보내드리겠습니다. 안녕히 계십시오.

1992. 7. 18 심야에
오늘밤 감옥에서 수고하시는 목사님을 존경하는 기세춘 올림

2절

우리 조상들도 하늘나라에 갔을 것이다

31 | 교도소 학교 졸업을 축하합니다

존경하는 홍근수 목사님!

요즈음 세상 밖은 온통 올림픽 소식으로 들떠 있답니다. 세상의 온갖 짜증 나는 일을 잊고 해방감에 취해 있습니다. 하기야 인간이 늘 당긴 활처럼 긴장감에 살 수만은 없겠지요. 어떤 이는 올림픽이 아니라 '홀림픽'이라고 경고하는 이도 있습니다. 도둑놈들은 어둡고 시끄러운 판이 장날이니까 우리들의 정치 도둑놈들이 올림픽을 홀림픽으로 악용하는 것을 경계하는 말이겠지요.

저는 요즈음은 슬픈 고독에서 벗어나 밤늦도록 인류 가족들의 올림픽 놀이에 머리를 식히고 있습니다. 오늘은 제가 매달리고 있는 『중국역대시가선집』의 출판을 협의하기 위하여 신영복 선생님과 김규동 시인님을 만났습니다. 중국시 이야기와 남북관계 등 여러 가지 이야기 꽃을 피우며 즐거운 시간을 보냈습니다.

그러나 곧바로 재산관계로 분쟁 상대를 만나 언쟁을 하고 나니 기분이 잡치고 즐거웠던 마음이 또다시 서글퍼져 술친구와 쓸데없는 잡담을 하다가 허탈한 마음으로 집에 돌아왔습니다. 그런데 집에 오니 홍 목사님의 편지가 기다리고 있었습니다. 순간 마음이 밝아져 편지를 읽고 또 읽었습니다. 애인의 편지를 받은 듯 즐거워졌습니다. 8월 24일 출옥하신다고요! 교도소 학교 졸업을 미리 축하합니다.

4 | 목사님의 편지와 보프 신부님의 편지를 읽고

그런데 아침에 일어나니 저에게 또 한 통의 편지가 와 있습니다. 《한겨레신문》에 보프[Leonardo Boff, 1938~] 신부님의 편지가 실려 있었습니다. 저는 반가워 읽기도 전에 성당에 나가는 제 집사람을 불렀습니다. 저는 딸에게 소리내어 읽어주었습니다. 오늘 아침은 아주 좋은 아침입니다. 저는 어젯밤의 목사님 편지가 생각났습니다. 봉합엽서를 깨알같이 메우고 부족하여 뒷면에다 쓰시고 그리고 부족하여 옆칸에 쓰신 그 편지가 생각났습니다.

그 편지의 글이 무슨 내용인지 몰라도 좋습니다. 그 편지의 행간에 배어 있는 사랑과 우정이 저를 압도합니다. 그리고 성경에서 여러 지방의 교우들에게 보낸 사도들의 편지를 밤새워 읽던 저의 젊은 시절이 떠올랐습니다. 저는 문득 이 편지들을 사진첩에 넣어두어야겠다는 생각이 들었습니다. 보프 신부님의 편지를 신문에서 오리다가 보니 작은 제목이 「교우들에게 보낸 편지」라고 씌어 있었습니다. 그리고 저는 교우가 아님을 깨달았습니다. 그래도 상관없습니다. 나에게 온 편지가 분명합니다. 왜냐하면 저는 교우가 아니라도 하늘나라에 갈 수 있다고 믿기 때문입니다. 그것은 예수가 오시기 전에 아니 모세 또는 아브라함 이전부터 우리들의 먼 조상들도 그렇게 믿었습니다.

51 나는 지옥에 떨어져 그곳 민중들과 함께하겠습니다

고인돌로 묘지를 만든 조상들은 사람이 죽으면 사람으로 다시 부활하거나 다른 동물로 환생한다고 믿었지만 돌을 쌓아 무덤을 만든 사람들은 사람이 죽으면 하늘나라로 간다고 믿었던 것입니다. 예수님의 부활은 고인돌 마을 사람들의 자연스러운 생각이며, 다시 하늘나라로 올라갔다는 것은 석관묘 마을 사람들의 자연스러운 마음입니다. 사람은 하늘에서 와서 하늘로 돌아간다고 생각하거나 아니면 사람은 알에서 나와 알로 돌아간다고 믿는 것을 민중들은 서로 틀렸다고 싸우지 않았습니다.

옛사람들은 지배자들의 교리와 이념이라는 우상을 위해 다른 인간을 죽이라는 꾐에 빠지지 않는 한 그렇게 옹졸하지 않았던 것입니다. 그래서 우리들의 친구인 예수님의 육신이 죽었다가 다시 육신으로 부활했다고 믿었으며 동시에 영혼만이 다시 하늘나라로 올라갔다고 믿어 두 마을의 생각을 자연스럽게 공유하면서도 이상할 것이 없었습니다.

그러나 물고기를 잡거나 사냥을 하다가 발전하여 이제는 양을 치거나 농사를 짓기 시작하면서부터 하늘나라도 양 떼들의 하늘나라와 이리 떼들의 하늘나라가 있다고 믿게 되었으며 또는 사람이 죽으면 영혼이 땅에 들어가는 넋과 하늘에 오르는 영혼으로 나뉜다고 믿게 되었던 것이므로 오늘날에 와서 너는 나쁘고 나는 옳다고 싸우는 것은 쓸데없는 고집이며 자연스럽지 못한 것입니다. 그것은 마치 우리 선조들이 농사를 짓고 살아온 것은 잘못이며, 양 떼를 치고 살아온 서양 선조들만이 옳다는 것과 같습니다.

그래서 저는 천당과 지옥이 있다 해도 아무렇지도 않습니다. 저는 지옥에 떨어져도 상관없습니다. 지옥에서 고통 받는 예수당이 아닌 인민들 곁에 있어주는 것만도 그들에게 큰 힘이 못 된 저의 조그만 위로일 테니까요.

61 | 육신으로 부활한 예수님도
승천하신 예수님도 부인하지 않습니다

존경하는 목사님!

저는 오늘 아침 보프 신부님의 편지와 목사님의 편지가 교우가 아닌 저에게도 복음이 될 수 있다고 믿습니다. 저에게 있어 복음은 오늘의 이 썩은 세상이 아닌 새로운 세상이 있을 수 있다는 희망입니다.

저는 육신으로 부활한 예수님도 반대하지 않으며 하늘에 오르신 예수님도 반대하지 않습니다. 저는 알에서 깨어난 박혁거세님이나 금빛 나는 알지님을 부인할 생각도 없으며 하늘에 내려왔다가 하늘에 오르신 단군왕검도 부인하지 않습니다. 왜냐하면 오늘날 우리들의 생각의 지평도 그 뿌리에서 완전히 벗어날 수 없고 다만 또 다른 모습의 신화를 창조해 낼 뿐이기 때문입니다.

이것은 신을 위한 것이 아니고 인간을 위한 것이며, 인간이 만들어낸 이념, 교리 등 우상을 위한 것이 아니고 그것들로부터 억압받고 착취당하는 가난하고 억눌리고 소외당하는 민중을 위한 것이어야 한다는 사실을!

저는 요즈음 중국 3천 년의 시와 노래들을 민중적인 시각에서 다시 정리하여 번역하고 있습니다. 수많은 옛 시인들을 접촉하면서 느꼈습니다. 인민을 사랑하고 인민에 다가가 함께한 시인들만이 위대했으며 그들을 위해 핍박받은 시인만이 고귀했다는 것을 알았습니다. 인민들을 사랑했고 인민들의 벗이었기에 핍박받으며 인민의 고통을 표현한 시들은 외면하고, 인민을 억누르는 자의 편에 서거나 현실에 눈을 감고 자연을 노래한 것들만 내세워 그들의 정신을 왜곡했다는 것을 알았습니다. 그러한 왜곡을 바로잡는 조그만 일이 내가 할 수 있는 유일한 속죄라고 믿고 있습니다.

존경하는 목사님! 목사님의 이번 출옥이 더 큰 거듭남이 되시고 우리

인민의 해방을 위한 예비하심이 되길 바랍니다. 다시 만날 날을 기다리면서.

1992. 8. 9 아침
목사님을 위해 축원하는 기세춘 올림

3절 현대문명은 종교개혁을 요구한다

7 | 홍 목사님의 신학적 경향에 감동했습니다

존경하는 홍근수 선생님! 안녕하십니까?

저번 뵈올 때 잠깐 말씀드렸습니다만 『지금은 통일할 때』를 읽고 큰 감명을 받았습니다. 특히 선생님의 글 중에서 「마르크스주의와 기독교의 만남」이라는 글은 제가 얼마나 무식하다는 것을 알게 한 글이었습니다. 에른스트 블로흐 |Ernst Bloch, 1885~1977|와 위르겐 몰트만 |Jürgen Moltmann, 1926~|에 대하여 많은 흥미를 느꼈습니다. 선생님의 글을 읽게 해주셔서 참으로 감사합니다. 저는 그 글을 통해 그런 신학적 경향들을 처음으로 알게 되었습니다.

그리고 선생님의 글을 읽으면 제 마음에 바로 와닿는 것은 마치 그런 글을 누군가가 써주었으면 하는 바람이 제 마음속에 있었기 때문인 듯 느껴졌습니다. 선생님의 글은 어렵게 쓰려고 하거나 복잡한 수식을 하려 하거나 빙빙 돌리거나 하지 않고 직필하여 제 성미에 맞기 때문인지도 모르겠습니다. 특히 선생님의 글은 영어 냄새가 전혀 나지 않고 우리말로 쓰기 때문에 저는 참으로 좋습니다.

선생님! 편지를 쓰는 용건은 잊어버리고 잔소리만 늘어놓았습니다. 선생님은 종교가이십니다. 선생님께서 옥중에서 말씀하신 대로 동이족의 신관을 가진 묵자 사상의 신학적 연구가 필요합니다. 부탁합니다.

묵자의 신관은 예수 나시기 전 5세기의 단순한 것이고 묵자가 종교가가 아니고 사상가 또는 혁명가였기에 정치적인 입장에서 하느님을 말한 것이긴 하지만 그 당시 동양 쪽의 하느님 유일신 신앙을 유일하게 엿볼 수 있다고 믿습니다.

선생님께서 그 짐을 짊어질 분이라고 믿습니다. 다른 분은 너무 연로하십니다. 갑장이신 우리 선생님은 현대문명을 인도할 종교개혁을 하셔야 하기 때문입니다.

8 | 제 무식한 점을 지적해 주시기 바랍니다

그리고 대선이 끝나면 민민운동권에도 새로운 다짐과 새로운 출발이 요청됩니다. 저희들 평화통일연구회는 실제 일꾼인 김낙중 선생이 유고 상태라 발전적 해체가 불가피합니다. 회장단인 김윤환, 이효재 선생님들도 70 고령이시고 일꾼이 없습니다. 임시 모든 문제를 떠맡고 있는 제 생각으로는 회장단 외에 발기에 참여한 박순경, 리영희, 박현채, 강만길, 김진균 선생들과 상의하여 문 목사님과 리영희 선생이 고문으로 있는 반핵평화운동연합 등 몇몇 해방과 통일운동단체들이 통합하는 형식으로 해체하는 것이 주위 형제들에게 바람직한 일이라 믿습니다.

몇 단체가 더 참여할 수 있을지는 모르겠으나 이미 합의한 두 단체만이라도 통합하려 합니다. 이때 새로 통합하는 모임에는 이미 참여한 분 외에 홍 목사님과 신영복 선생도 공동의장단에 참여했으면 하는 것이 저희들의 바람입니다.

문 목사님의 기독교의 시각에서 본 묵자에 대한 편지에 대하여 신학자가 아닌 제 소견도 참고가 될 것 같아 문 목사님께 답신을 보냈습니다. 편지 내용을 동봉하오니 제 무식한 점을 지적해 주시기 바랍니다. 그리고 에른스트 블로흐에 대한 선생의 글을 보내주시기 바랍니다.

존경하는 벗에게 큰일을 감당하게 하소서!

1992. 12. 9
부족한 감장 기세춘 올림

6부

홍근수 목사의 반론

이 글은 홍근수 목사가 출옥한 후, 옥중에서 기세춘 선생에게 보낸 예수론에 대한 반론을 정리 증보한 글이다.

1절 시작하는 말

이 글은 동양사상 연구가인 기세춘 선생과 기독교[개신교] 신학자인 저와의 묵자와 예수에 대한 대화입니다. 기 선생은 그의 『묵자』 상·하[도서출판 나루, 1991년] 머리말에서 묵자의 빛에서 예수를 보고 두 사람을 비교했습니다. 그는 거기서 예수와 묵자 간에는 공통점도 있지만 동시에 상이점이 있음을 지적했습니다. 저는 묵자와 예수에 대한 기 선생의 비교에 대체로 동의하지만, 아무래도 신학자가 아닌 기 선생의 예수 이해는 문제가 있음을 말하지 않을 수 없어 옥중편지로 이 사실을 말했던 것입니다. 기 선생은 이러한 저의 지적을 환영하면서 이 문제에 대하여 앞으로 대화를 나눌 기회를 가졌으면 한다는 뜻을 피력한 바 있습니다. 이번에 마침내 그 기회를 가지게 되어 기쁘게 생각합니다.

기 선생은 다음과 같이 묵자가 '혁명적 사상가'였음을 잘 요약해 소개했습니다.

묵자는 노동자 출신으로 이른바 제1의 물결이 일어나는 전환기적 상황에서 전쟁과 토지사유제에 의한 착취로 도탄에 허덕이는 기층민중 편에 서서, 귀족들의 편에 선 공자를 필두로 하는 유가들의 봉건 지배 이데올로기에 대항하여 혁명을 주장하며 싸운 사상가였습니다.

묵자는 하느님의 평등한 사랑을 설파하여 하느님을 인민에게 되돌려줌으로써 천자주권론에 대항하여 '만민평등론' 과 '군주계약설' 및 '인민주권론' 을 주장하고…….

저는 기 선생의 『묵자』 해석에 대하여 논할 처지는 아닙니다만 동이족과 묵자와 예수의 하느님은 본래 하나이며 나아가 인류의 하느님은 하나라는 것, 묵자·예수·마르크스의 민족민중해방사상은 한 줄기라는 것 등은 저도 동의하는 바입니다. 다만 기 선생의 '예수론'에 대하여 신학자인 저의 견해를 말하려는 것입니다.

먼저 신학자가 아닌 기 선생이 예수에 대한 각별한 관심과 이해를 가지고 있다는 데에 깊이 감명을 받았음을 말하지 않을 수 없습니다. 교회인이 아닌 기 선생만큼이나 예수에 대하여 진지하게 관심을 가지고 있고 알고 있는 기독교인들이 얼마나 있을까 생각하게 되었습니다. 이것을 생각하니 그의 예수론은 더욱 크게 돋보였습니다. 그러나 역시 기 선생은 신학에 관한 한 전문인이 아닌 것이 사실입니다. 기 선생이 예수에 대하여 고의적인 왜곡이나 부정적인 비판을 할 리 없다고 믿는 저는 다만 그의 예수 이해에 오해 또는 편견이 있음을 지적하지 않을 수 없습니다. 이 글을 통한 대화가 저와 기 선생 간에 동지애를 더욱 북돋아주리라는 것을 확신하면서 아래에서 그의 예수론에 대하여 토론해 보고자 합니다.

2절 묵자와 예수의 유사점

❈ 민중 묵자와 예수

　우선 저는 목사요 신학자로서 1세기 때의 중동의 예수와 주전 5세기 때의 중국의 묵자 사이에는 우연의 일치라고 보기에는 너무나 유사성이 많다는 사실에 놀라움을 금치 못합니다. 묵자와 예수는 그들이 탄생하여 활동한 역사적, 민족적 상황의 차이에도 불구하고 양자가 민중해방을 위해 싸웠던 투사들이었다는 점에서 공통점이 있습니다. 기 선생은 묵자와 예수 모두가 하느님의 사랑의 동기에서 민중해방을 위한 투쟁을 전개한 점에서 공통점이 있음을 지적하고 있습니다.

> 묵자와 예수는 모두 기층민중 편에 서서 인간 해방을 설교하고 그것을 위해 투쟁했으며 그 사상적 기초는 하느님의 사랑이었다는 점에서 일치합니다.

　전통적으로 메시아라고 하면 위대한 신, 또는 위대한 황태자나 장군으로 신의 아들을 자칭하고 인간들 위에 군림하는 무서운 카리스마적 존재입니다. 그러나 예수의 경우는 그런 것이 메시아적, 카리스마적 존재가 아니라 낮은 민중 출신이라는 것이 특징입니다. 이 점에서 묵자도 마찬가지로 노동자 출신의 민중이었다는 데 대하여 큰 흥미를 가지게 되었습니다. 묵자보다 500년 이후에 로마제국의 식민지 통치 아래에서 수난당하는 피압박민의 아들로 팔레스타인에서 태어난 예수는 목수 노동자였습니다. 그는 나사렛이라는 이름 없는 한 작은 촌락에서 목수의 아들로 태어났습니다. 그를 나사렛 예수라고 하는 것은 당시 많은 다른 예수들로부터 구별하기 위한 것이었습니다. 아버지가 일찍 죽자 장자인 예수는 공적 무대에 나서기 전까지 많은 가족들을 부양할 책임을 지고 땀 흘리며 일하지 않으면 안 되었던 기층민중의 한 사람이었습니다. 그는 정말 "하찮은 집안에 하찮은 직업을 가졌던 사람"[1]이었습니다.

❈ 통치 이데올로기에 도전한 혁명가

그 자신이 기층민중의 한 사람인 예수는 한편으로는 민중 편에 서서 민중해방운동을 전개했고 다른 한편으로는 민중을 억압하고 착취하던 제도권의 종교와 사회 지도층을 향해 그들의 통치권의 정통성과 합법성을 비판, 그들의 권위에 도전했던 '혁명가'라고 할 수 있습니다. 묵자가 '중국의 민중들을 억압하고 착취하던 지배계층과 그들을 지지했던 유가들의 봉건 지배 이데올로기에 대항했던' 혁명가였다면, 예수 역시 약소민족에 대하여 식민지 통치로 억압하던 로마의 제국주의 이데올로기는 물론 외세를 등에 업고 민중들을 억압하고 착취하던 국내 통치자인 헤롯

---

[1] 안병무, 『갈릴래아의 예수』, 한국신학연구소, 1990. 12(제2판). 21쪽.

의 폭력정치와 그 이데올로기에 도전적이었고 비판적이었던 점에서 혁명가였다고 할 수 있습니다. 뿐만 아니라 예수는 외세의 지배에 협력했던 제도권 종교세력의 지도계층에게 도전했습니다. 이들 제도적 종교의 지배계층은 제사장들, 사두개파 사람들, 율법학자들 등이었습니다. 이들은 로마제국의 지배를 인정하고, 협력하는 조건하에서 종교와 일반 민사에 관하여 제한적이었으나 거의 전적인 자치권을 행사하고 있던 산헤드린을 구성하고 이를 통해서 유대 민중을 지배하고 있었습니다.[2] 또 예수는 외세의 지배를 공식적으로 인정하지 않고 묵시적으로 반대하는 입장을 취하면서 엄격한 율법주의적 종교를 내세워 민중들을 억압했던 바리새파 사람 등을 혹독하게 비판하는 입장을 취했습니다.

예수가 비판한 이 지배세력은 여러 가지 동기와 입장에 따라 각기 독립된 종파와 정파를 이루고 있었던 점에서 구별되고 차별성이 있었으나 민중들을 억압하고 착취하던 민중의 적대세력이었고 예수의 반대세력이었다는 점에서는 모두 같았습니다. 사실 예수는 민중을 편들었을 뿐만 아니라, 나아가 민중을 억압하고 착취하던 그들 지배계층의 죄악을 비판했기 때문이었습니다. 이러한 예수는 철저히 민중의 한 사람으로서 민중의 편에 서서 귀족들의 편에 선 공자를 필두로 하는 유가들의 봉건 지배 이데올로기에 대항하여 혁명을 주장하며 싸웠던 묵자와 전혀 차이를 발견할 수 없다고 저는 믿습니다. "묵자에게는 평등[兼]만이 하느님의 뜻이며 이 뜻을 따르는 통치만이 의로운 것이었으며 차별하는 정치제도는 하느님의 뜻을 배반한 폭력정치였다"고 기 선생은 말하는데, 이것은 예수의 사상이나 입장과 다름이 없는 것입니다. 차별 정치제도를 평등 정치제도로 바꾸기 위해서 목숨을 바쳐 싸웠던 것은 묵자뿐 아니라 예수 역시 그러했기 때문입니다.

---

2 이 산헤드린은 오늘의 사법, 입법의 권한을 행사했던 최고 통치기구였다.

❈ 평화의 투사

기 선생은 "묵자는 평등과 사랑의 하느님에 근거하여 전쟁 반대, 세습·상속 등 신분제적 사회제도 반대, 귀족과 자본가들의 토지사유 반대, 노예제도 반대, 지배자들의 사치 낭비문화 반대, 운명론 등 유교적 지배 이데올로기 반대 등등 기존 지배문화와 제도의 전면적인 개혁을 위하여 제자들을 조직하여 몸소 투쟁했다"고 말합니다.

그러나 기 선생은 예수는 묵자와는 달리 무저항주의적 입장을 취했고 '평등사회는 죽은 후의 일'로 여겼다고 단정하고 이런 점 등을 들어 예수는 묵자와 차별성이 있다고 지적하고 있습니다. 그러나 제가 보기에는 이 점에서도 양자 간의 차이가 없다고 생각합니다. 다만 기 선생이 예수의 입장에 대하여 잘못 알고 있기 때문에 양자 간에 차이가 있다고 결론지은 것일 뿐이라고 생각합니다.

예수 역시 묵자와 그렇게 거리가 멀지 않습니다. 예수는 지상에서의 인간평등 실현을 위해 노력했습니다. 그는 하느님 앞에서 모든 사람은 평등하고 인간의 존엄성을 가지고 있으며 누구도 다른 인간을 억압할 수 없으며 인간의 자유와 주권을 침범할 수 없음을 가르쳤습니다. 그는 특히 가난하고 억압당하는 민중들에게 우선적으로 해방의 복음을 전했고 그것을 실천하는 활동을 전개했습니다. 예수 역시 그의 제자들을 12명|누가복음 9:1~6|, 후에 다시 72명|누가복음 10:1~12|을 각각 조직하고 훈련하여 민중해방의 복음을 전하고 실천적 활동을 하도록 세상으로 파송했습니다. 예수의 해방의 복음의 내용은 화해와 평화, 섬김과 나눔|공유·공용|, 의|정의|와 희생적 사랑이었고 이것이 곧 하느님의 의라고 설교했습니다. 그리고 그는 그것을 생활로 실천했습니다. 이것은 묵자와 매우 유사하다고 봅니다.

❈ 묵자와 예수는 같은 뿌리

 출신성분이 민중이라는 것뿐 아니라 예수와 묵자가 모두 우연한 일치라고 보기에는 너무나도 비슷한 사상과 신앙을 가지고 살았고 활동했다는 것은 놀라운 일입니다. 이에 기 선생은 예수와 모세보다는 예수와 묵자가 더 가깝다고 다음과 같이 지적하고 있습니다.

> 예수의 하느님은 모세의 야훼와는 전혀 다르고 오히려 묵자의 하느님과 가깝다. 묵자의 「천지^{天志}」, 「겸애^{兼愛}」, 「법의^{法儀}」, 「비공^{非攻}」 등을 읽으면 예수의 산상수훈과 제자들의 편지를 읽는 것으로 착각할 정도로 비슷하다.

 이러한 이해에 근거하여 기 선생은 이 두 사람의 관계를 "예수는 묵자의 하느님 사상을 전수받았다"는 중요한 주장을 폈습니다. 그러나 이러한 주장은 중국의 묵자의 제자들과 중동의 예수와의 사이에 교류가 있었다는 역사적 증거를 제시해야 설득력이 있지 않겠습니까? 다만 두 사람의 사상의 유사성에서 그러한 주장을 한다는 것은 문제라고 봅니다.
 기 선생은 묵자와 예수가 이렇게 유사점이 많은 까닭은 묵자와 예수의 '뿌리가 같기' 때문이라고 보았습니다. 기 선생에 의하면, 예수와 묵자는 수렵 기마민족의 신관인 유일신 하느님을 가지고 있다는 점에서 두 사람의 뿌리가 같기 때문이라고 결론지었습니다. 문익환 목사는 기 선생의 견해에 동의했습니다. 두 분은 이러한 결론의 근거로 묵자와 예수의 말 사이에 특히 신관 사이에 서로 같은 것이 많다는 사실을 드는 것 같습니다. 이 문제는 뒤에 가서 다시 더 말씀드릴 기회가 있을 줄 알고 여기서는 더 말씀드리지 않겠습니다.

3절

기세춘 선생의 예수론에 대한 비판

묵자와 예수와는 과연 건널 수 없는 차이가 있는가

1. 머리말

❀ **묵자와 같이 예수도 현실변혁의 메시지 선포**

 그러나 역사적 상황이 달랐던 이 두 사람 간에 차이점이 있다고 하더라도 이는 그리 놀라운 일이 아닐 것입니다. 기 선생은 두 사람 간에는 그들이 '처한 상황에 따라' 차이점이 있을 수밖에 없다는 것을 전제하고, 묵자는 현실투쟁을 중요시하고, 예수는 이에 반해 위로와 희망을 중요시했다고 하면서 다음과 같이 말했습니다.

 묵자는 현실투쟁을 중시했으며 예수는 우선 위로와 희망이 중요했던 것이다. 묵자에게는 목숨보다 귀중한 것이 의였으나 예수에게는 목숨보다 귀중한 것은 없었다. 그래서 묵자에게는 투쟁이 중요했고 예수에게는 인내가 더 중요했는지도 모른다.

그러나 저는 기 선생의 주장에 선뜻 동의할 수 없군요. 예수는 결코 현실변혁 대신 위로와 희망의 메시지만 선포한 것이 아니기 때문입니다. 오히려 그 반대라고 생각합니다. 예수가 "너희는 마음에 근심하지 말고 두려워하지도 마라.[요한복음 14:27]"고 말했던 것이 사실입니다. 이것은 위로보다도 전무후무한 박해를 앞두고 있는 제자들에게 용기를 북돋아주고 격려하는 말이었습니다. 오히려 예수는 "세상이 너희보다 먼저 나를 미워했다는 것을 알라. 너희가 세상에 속했더라면 세상이 너희를 자기 사람이라고 하여 사랑했을 것이다. 그러나 너희가 세상에 속하지 않았기 때문에 세상이 너희를 미워하는 것이다.[요한복음 15:18~19]"라고 말했습니다. 여기서 보는 대로 오히려 세상이 예수에 대하여 적대관계를 가지고 있음을 말하고 있고 예수는 그럴 수밖에 없는 것을 말하고 있습니다. 여기서 세상에 대한 예수의 태도를 볼 수 있습니다. 그는 결코 무관심이나 무행동이 아니었습니다. 그랬다면 세상이 그를 미워하고 적대시할 리 있겠습니까?

그는 어디까지나 그 자신이 이 세상의 빛으로 오셨다는 것을 강조했습니다. 그는 또 그를 따르는 사람들에게 세상의 빛이 되어야 하고 그 빛을 널리 비춰야지 덮어 가려서는 안 된다고 했습니다. 또 그의 제자들과 그를 믿는 사람들이 이 세상의 소금이 되어야 하며 누룩이 되어야 함을 말했습니다. 그는 또 그를 따르는 사람들과 그들의 공동체를 산 위에 세운 동네처럼 되어야 한다는 것도 말했습니다.[1] 이 모든 말은 무엇을 의미합니까? 이 세상을 변혁시켜야 할 것을 말하는 것입니다. 그는 차라리 죽음 후의 세상보다 이 세상에 대하여 더 관심을 가졌습니다. 그는 구세주救世主로

1_ 이 말씀들은 「마태복음」 5장과 6장에 있는 '산상설교' 부분에 있다.

이 세상에 오신 분으로 이 세상을 구원하자는 것이지 '저 세상'|來世|'을 구원하자는 것이 아니며, 그는 산 사람들의 구세주이지 죽은 사람들의 구세주는 아니었습니다.

⑱ 묵자와 예수는 목숨보다 의가 더 귀중하다고 했다

또 기 선생은 "묵자에게는 목숨보다 귀중한 것이 의|義|였으나 예수에게는 목숨보다 귀중한 것은 없었다. 그래서 묵자에게는 투쟁이 중요했고 예수에게는 인내가 더 중요했는지도 모른다"고 말했습니다. 이 문제에 대하여 문 목사님이 잘 말씀했고 저도 거기에 원칙적으로 동의합니다. 그러나 이 문제에서도 묵자와 예수는 다르지 않고 같다고 봅니다. 묵자가 목숨보다 의를 더 중요시했다면, 예수도 같은 말을 했기 때문입니다. 예수는 온 천하를 주고도 목숨을 바꿀 수 없다고 분명히 말했지만, 그러나 동시에 그것보다 하느님의 나라와 그 의를 먼저 구하라고 가르쳤기 때문입니다.

예수는 "목숨을 위하여 무엇을 먹을까 무엇을 마실까 몸을 위하여 무엇을 입을까 염려하지 마라. 목숨이 음식보다 중하며 몸이 옷보다 중하지 아니하냐? 너희는 먼저 하느님의 나라와 그의 의를 구하라. 그리하면 이 모든 것을 더하여 주실 것이다|마태복음 6:23~34|"라고 말했습니다. 여기서 목숨보다 먼저 구하라고 한 '하느님의 나라와 그의 의'는 결국 나 혼자의 목숨을 관심하는 것이 아니고 모든 사람의 목숨을 관심하는 말입니다. 내가 배고픈 것은 생리적인 문제지만 이웃이 배고픈 것은 도덕적 문제이고 신학적 문제라고 말한 사람이 있었습니다만 저는 전적으로 동의합니다. 기 선생도 동의하시리라 믿습니다. 예수는 "사람이 온 천하를 얻고도 제 목숨을 잃으면 무엇이 유익하겠느냐?"고 했고 이어서 "사람의

생명은 온 천하보다 더 소중한 것"이라고 말했습니다. 그러나 위의 예수의 말씀에서 보는 대로 개인의 목숨보다 더 우선적인 것은 모든 인간의 목숨에 관계된 하느님의 나라와 그의 의가 더 앞서는 것이고 중요하다는 것이 아닙니까? 저는 여기에서 묵자와 예수의 차이를 보지 않습니다. 오히려 전적으로 같음을 봅니다.

❊ 기 선생이 보는 묵자와 예수의 차이점

 기 선생은 묵자와 예수 사이에는 유사점이 있음에도 불구하고 건널 수 없는 결정적인 차이가 있음을 지적했습니다. 그러나 묵자와 비교하고 있는 그의 예수 이해가 바른 역사적 증거나 성서적 지식에 근거하고 있느냐는 것이 문제입니다. 기 선생의 예수 이해가 바른 역사적 증거나 성서적 지식에 근거하고 있다기보다 오히려 현실 기독교인들의 왜곡된, 또는 상식적인 예수관에 더 의존하고 있는 것으로 보이기 때문입니다. 만일 예수에 대한 올바른 이해가 있었다면 기 선생이 말하는 묵자와 예수 사이에는 지금 차이점이라고 말하는 많은 점들이 사실은 차이점이 아니고 유사점이 될 수 있다고 봅니다. 하여튼 기 선생의 예수와 묵자의 차이는 다음 몇 가지로 정리할 수 있을 것입니다.

 첫째, 예수는 '황제의 것은 황제에게'라는 정책으로 세속의 모든 제도를 인정하고 황제를 주권자로 받아들여 총독에게 복종할 것과 노예는 주인에게 충성하라고 가르쳤다는 것입니다. 이리하여 기 선생은 "예수는 당시 로마의 전제적 노예제 지배체제를 뒤엎고 자유평등사회를 구현하려 하지 않지만 묵자는 체제혁명을 외치며 행동으로 실천한다"고 양자 간에 차이가 있다고 말했습니다.

 둘째, 예수는 '무저항주의적 투쟁을 외칠' 뿐이었으나, 묵자는 전쟁을

반대하되 전쟁 도발자를 찾아가서 전쟁을 중지시키고 전쟁이 발생할 때에는 어디든지 찾아가서 방어전에 참여했다는 것입니다. 예수는 침략자 로마 제국주의를 위해 기도하고 왼뺨을 때리는 자에게 오른뺨을 내밀었지만 묵자는 왼뺨을 치려는 손목을 잘라버렸던 것입니다. 기 선생은 말하자면 예수를 '평화주의자|Pacifist|' 라고 말하고 있습니다.

셋째, 예수는 죽은 후에 하늘나라의 평등사회를 약속하지만, 지금 땅 위의 불평등을 용납한다는 것입니다. "예수는 아버지 나라|야훼가 지배하는 평등사회|가 다가왔다고 말하며 회개하라고 말할 뿐 지금 이 땅 위의 평등사회를 말하지 않는다. 이에 반해 묵자는 죽은 후의 하늘나라를 약속하지 않고 이 땅에 해방을 실현하고 지금 이 땅 위에 인간의 투쟁으로 평등공동체를 이루어내려고 한다"고 기 선생은 말했습니다.

넷째, 예수는 로마 제국주의 아래 허덕이던 유대민족의 해방운동에 관심하지 않고 로마 절대왕정 및 유대 왕정과의 충돌을 피하고자 했고 뿐만 아니라 더 나아가서 로마제국에 대하여 '타협적' 또는 '협력적' 노선을 취했다는 것입니다. 예수의 '이러한 노선에 따라' 그의 제자들은 로마에 협력했고 이 덕분으로 기독교가 로마의 국교가 되기까지 했다는 것입니다. 이에 반해 묵자는 체제혁명을 외치며 행동으로 실천했다는 것입니다.

다섯째, 예수의 하느님은 자기를 믿지 않는 자들은 쭉정이를 불로 태우듯 가라지를 뽑아버리듯 무서운 심판을 하는 모세적인 징벌의 신임에는 변함이 없으나 묵자의 하느님은 종말과 최후의 심판이나 천지개벽을 예정하지 않으며 다만 하느님의 뜻을 거역하는 자, 즉 인민을 해치는 자에게 오늘 이 세상에서 주벌|誅罰|을 내릴 뿐이라는 것입니다.

기 선생이 본 묵자와 예수의 사이에는 공통점과 상이점이 많으나 기 선생이 중요하다고 본 것은 위의 다섯 가지로 정리할 수 있다고 하겠습니다. 그러면 그것이 모두 타당한가라고 물을 수 있습니다. 저는 그의 견해에 동의하지 못하는 부분이 많기 때문에 예수와 묵자의 비교가 문제라고 봅니다. 결론적으로 말하면 묵자와 예수 사이에는 크게 차이점이 없다고 생각합니다. 위에서 정리한 다섯 가지 차이점이란 것들은 구태여 그것들이 차이점이라면 제가 보기에는 상황에 따른 지엽적인 차이지 본질적 차이는 아니라고 생각합니다. 그것들이 차이점이라고 보이는 것은 '기 선생이 특징짓는 예수론이 옳다면'이라는 전제에서만 차이일 수 있을 것입니다. 그러나 제가 보기에는 기 선생의 예수론이 문제라고 보기 때문에 묵자와 예수와의 차이점이라고 지적된 부분은 '진정한' 차이이거나 '건널 수 없는' 차이는 아니라고 생각합니다.

위에서 지적한 다섯 가지의 문제들은 첫째 문제는 예수와 정치권력의 문제, 둘째 문제는 예수와 평화의 문제, 셋째 문제는 예수와 평등사회의 문제, 넷째는 예수와 민족문제, 다섯째는 예수의 하느님의 문제와 심판의 문제라고 할 수 있습니다. 아래에서 주로 이 다섯 가지 문제들을 중심으로 살펴봄으로써 기 선생의 '예수와 묵자'의 비교론에서 그의 예수 이해가 가지고 있는 문제를 비판해 보도록 하겠습니다.

2. 예수와 정치권력

예수는 '황제의 것은 황제에게'라는 정책으로 세속의 모든 제도를 인정하고 황제를 주권자로 받아들여 총독에게 복종할 것과 노예는 주인에게 충성하라고 가르쳤다든가, 예수는 당시 로마의 전제적 노예제 지배체제를 뒤엎고 자유평등사회를 구현하려 하지 않았다는 기 선생의 주장은 역사적인 근거가 있는가라고 묻고 싶습니다. 기 선생은 여기서 결코 쉽지도 간단하지도 않은 어려운 문제들을 제기하고 있습니다. 예수의 정치권력과의 관계, 당시 헤롯 정권과 로마 정권과 예수의 관계, 예수와 평등사회 구현 등의 문제가 내포되어 있습니다. 예수와 평등사회 구현의 문제는 뒤에 따로 다루기로 하고 여기서는 예수의 정치권력과의 관계 문제부터 생각해 보기로 하겠습니다.

✽ 예수의 민족애

예수는 탄생하자마자 헤롯의 학살[모세 때 바로의 어린이 학살과 대비됨]을 피해 이집트로 피난을 가서 머물다가 다시 나사렛으로 돌아온 것으로 되어 있습니다. 이 이집트 피난에서 돌아온 것을 두고 이것을 이스라엘 민족의 출애굽을 상징한다고 보는 학자들이 있습니다. 예수는 민족해방의 지도자 새 모세를 상징하고 있다고 보입니다. 이것은 예수의 목회와 선교의 성격을 이스라엘 민족의 해방의 실현으로 암시하고 있다고 보입니다. 예수 당시 출애굽 해야 할 현실은 로마제국의 식민지 지배이고 로마제국의 앞잡이인 국내 종속정권의 지배로 이해할 수 있을 것입니다.

그는 이어서 예루살렘을 보고 다음과 같이 한탄했다고 기록되어 있습니다.

> 예루살렘아, 예루살렘아, 예언자들을 죽이고 너를 위하여 보내심을 받은 사람들을 돌로 치는 자여, 암탉이 병아리를 모아 날개 아래 품듯이 내가 몇 번이나 네 자녀를 모으려고 했던가? 그런데도 너희는 원하지 않았다.|누가복음 13:34|.

여기서 예루살렘은 유대 나라의 수도 예루살렘을 의미함은 물론이지만 유대민족 전체를 상징하는 말로도 볼 수 있습니다. 어쨌든 예수가 예루살렘을 보고 토한 한탄의 말을 보면 예수가 예루살렘에 대하여 얼마나 관심과 애정을 가지고 있었는가를 짐작할 수 있게 합니다.

❋ 예수와 헤롯 정권의 관계

먼저 예수와 국내 지배정권이었던 헤롯 정권과 어떤 관계를 가지고 있었는지 봅시다. 예수가 정치권력과 직접 충돌했다는 명확한 성서의 기록이 없지 않느냐고 말할지 모르겠습니다. 그러나 성서의 기자들이 고의적으로 그러한 기록을 누락시켰으리라는 추측이 가능합니다. 실제로 그런 추측을 하는 신학자들이 많습니다. 그러나 작은 구름 틈 사이로 가는 빛줄기가 비치듯 지금의 성서에서도 그런 빛줄기가 전혀 없지 않습니다. 가령 예수와 유대 통치자 헤롯의 관계의 단면을 보여주는 이야기가 복음서에 보전되어 있습니다. 예수의 목회 중반기쯤에 헤롯이 예수를 죽이려고 계획했다는 것이 기록되어 있습니다. 그 정보를 전해 준 바리새파 사람이 예수더러 피신하라고 경고했습니다. 이때 예수는 이렇게 말합니다.

너희는 그 여우에게 가서 이 말을 전하라. 보라, 오늘과 내일은 내가 귀신을 쫓아내고 병을 고칠 것이요 사흘째 되는 날에 나의 일을 완전히 이룰 것이다. 그러나 오늘과 내일과 그 다음날도 나는 내 길을 가야 하겠다. 예언자가 예루살렘 이외의 다른 곳에서는 죽을 리가 없다.|누가복음 13:32~33|

우리가 이 말에서 주목할 수 있는 것은 하느님 나라 운동을 한 예수를 헤롯은 정권에 대한 위협으로 간주했고 그리하여 그를 제거하려고 계획했다는 사실입니다. 이 사실에서 예수가 했던 일이 헤롯의 정치에 장애나 위협이 될 수 있는 요소가 있었다는 것을 암시하고 있습니다. 또 헤롯이 그를 죽이려는 계획을 경고받은 예수의 대응은 너무나 도전적임을 주목할 수 있습니다. 헤롯을 '여우'라고 말하고 있는 데에서 예수의 헤롯에 대한 태도를 읽을 수 있습니다. 이 여우라는 표현은 경멸의 말로서 당시 젤롯 당원들도 헤롯을 그렇게 불렀습니다. 이것으로 미루어볼 때 예수가 헤롯을 얼마나 경멸하고 무시하고 있는가를 추측할 수 있습니다. 동시에 여기서 예수와 헤롯 정권이 충돌을 일으키고 있음을 볼 수 있는데, 이 헤롯은 로마 당국에 의해 갈릴리 지방 통치를 위임받은 유대 내의 통치자였습니다. 그런데 예수는 이러한 헤롯과 일전도 불사하겠다는 결연한 선언을 하고 있지 않습니까?

❈ 예수와 로마 정권과의 관계

그러면 예수가 로마제국 당국에 대해서는 어떤 태도를 취했습니까? 예수가 당시 로마 총독의 직접 통치하에 있었던 유대 지방과 그 수도인 예루살렘에 대하여 어떤 관계를 가지고 있었는가 하는 것은 성서에는 명확

히 나와 있지 않는 것이 사실입니다. 예수는 거의 대부분을 갈릴리에서 활동했을 뿐 예루살렘과는 직접적인 관계가 별로 없었던 것으로 알려져 있습니다. 그러나 예수는 로마의 유대 통치에 대하여 큰 관심을 가지고 있었던 것으로 보입니다. 어떤 사람들이 빌라도가 갈릴리 사람들|아마도 민족 해방전선에 소속된 반로마적 민족독립운동원이었다고 보임|을 살해했다는 소식을 예수에게 전해 주었을|누가복음 13:1~3| 때의 예수의 태도가 이 사실을 뒷받침해 주고 있습니다. 이 사실은 예수가 예루살렘의 로마 당국의 식민지 통치에 깊은 관심을 가지고 있었고 동시에 반로마 세력과 어떤 연결 또는 접촉을 가지고 있지 않았는가라는 추측의 근거가 될 수 있다고 할 수 있습니다. 이 말을 들은 예수는 그들에게 이렇게 알듯 말듯 한 말을 한 것으로 되어 있습니다. "이 갈릴리 사람들이 이런 변을 당했다고 하여 다른 모든 갈릴리 사람보다 더 큰 죄인인 줄 생각하느냐? 그렇지 않다|누가복음 13:2~3|." 빌라도가 이러한 악행을 범했다는 것을 예수에게 귀띔을 해주었다는 사실은 그냥 지나치기에는 너무나 중대한 일이라고 보여집니다. 또 빌라도에게 죽음을 당한 갈릴리 사람이 죄인이 아니라는 것을 암시하는 이 예수의 말은 예수가 빌라도의 악행을 간접적으로 비판하고 있다고 보여집니다.

성서에는 예수가 로마 당국과 충돌했다는 사실을 명시적으로 보도하고 있지 않습니다. 그러지 않으려고 했는지 모릅니다. 그 대신 예수가 유대교 지도자들과 충돌했다는 사실은 많이 보도하고 있습니다. 그런데 유대교는 점령 당국과 긴밀하게 밀착이 되어 있었기 때문에 유대교를 공격하면 이는 곧 반로마적 행동으로 간주되었던 것을 우리는 주목해야 합니다. 유대교는 단순히 하나의 종교가 아니라 민족종교로서 유대민족의 개인적·사회적·국가적 생활 전반을 지배하는 정치체제이고 지배 이데올로기 구실을 했습니다. 이 유대교가 외세에 의해 나라를 빼앗긴 후에는 점령국 당국과 유착되지 않을 수 없었습니다.

비록 예수가 직접적인 반로마적 비판이나 언사를 했다는 기록이 없다고 하더라도 예수가 하느님 나라의 도래를 선포했던 그것만으로도 정치적으로 용납할 수 없는 도전이고 반란적 행동이라고 간주할 수밖에 없었던 상황이 예수가 처했던 상황이었습니다. 하느님의 나라라는 의미는 예수가 쓴 원어로는 '하느님의 통치, 또는 하느님의 주권' 이란 뜻입니다. 로마제국과 같은 절대권력이 지배하고 있는 곳에서 다른 주권이나 정치를 말한다는 것은 용납될 수 없는 불순한 행동일 수밖에 없었습니다. 로마 황제가 곧 신이고 신의 아들이라고 믿고 있는데 그들을 향하여 하느님의 주권이 온다든지 새로운 나라가 온다든지 하는 말을 했을 때 통치자는 그런 자를 불순분자나 혁명분자라고 의심하지 않을 수 없었을 것입니다. 안병무 교수가 "하느님의 나라 선포는 이처럼 잘못된 권력구조에 대한 전면적인 부정과 떼어 생각할 수가 없다"[2]고 한 것은 결코 과장된 말이 아닙니다.

예수가 로마의 통치를 반대한다는 명확한 언급이 성서에 없는 것이 사실입니다. 그러나 그렇다고 하여 그것이 곧 예수가 로마의 식민지를 수용, 묵인, 축복했다고 결론 내리기는 어려울 것 같습니다. 성서는 아는 대로 예수가 직접 쓴 책이 아닙니다. 그의 제자들이 그가 떠난 지 적어도 40년 이후부터 쓰기 시작한 것입니다. 로마제국 아래에서 박해를 받고 있는 상황에서 그들이 반로마적인 예수의 발언이나 태도^{만약 그런 것이 있었다고 가정할 때}를 사실 그대로 기록할 수 있었을까에 대하여는 의문입니다. 아마도 그런 자료들을 제외하지 않았을까 생각해 볼 수 있습니다. 실제로 역사적 예수에 관한 연구가들 가운데 그런 주장을 하는 사람이 없지 않습니다. 그의 가설에 의하면, 예수가 지지하는 군중들의 옹위하에 예루살렘에 입성했을 때 민족해방을 쟁취하기 위한 목적이 있었으리라는 것입니다. 즉 점령군 로마를 몰아내고 민족해방을 실현하는 것이 예수가 예루살렘에 입성한 목적이었다는 것입니다. 그러나 그 혁명 계획은 실패로 돌아갔다는 것, 이에 당황한 예수의 제자들은 실패한 정치운동을 종교로

2_ 앞의 책, 213쪽.

만들었다는 것입니다. 예수의 가르침과 활동에서 정치적 요소를 조직적으로 제거하고 그의 가르침과 활동을 정신화하는 데에 성공했고 그 결과 오늘 우리가 알고 있는 기독교란 종교가 탄생했다는 것입니다. 이 가설을 그대로 받아들이기는 어려울 것이지만, 적어도 한 가지 우리가 생각할 것은 지금 복음서에 나와 있는 예수의 활동에 대한 기록은 전부가 아니고 뽑은 것들이라는 것, 그 선별작업 과정에서 성서 저자의 의도에 따라 많은 자료들이 누락되었을 것이라는 것 등을 인정할 수 있을 것입니다. 이 누락된 부분들 가운데는 로마제국에 대한 예수의 언급도 포함되어 있을 것이라고 추측할 수 있을 것입니다. 예수가 로마제국의 정치범으로 처형된 사실을 생각하면 기독교가 살아남기 위해서는 그들의 신앙의 대상인 예수가 로마제국에 대항하여 반란을 일으킨 정치 지도자라고 해서는 안 될 것으로 여겼을 것은 충분히 추측할 수 있습니다. 그러나 우리는 그러한 추측에 근거하여 예수와 로마제국의 관계를 논할 수는 없을 것입니다.

어쨌든 예수가 당시 민족 내적으로 헤롯 정권이나 민족 외적으로 로마 점령 당국에 대하여 협력하고 위하여 기도하라고 했다는 기 선생의 말은 역사적 증거가 희박하고 설득력이 없다고 보입니다. 예수의 다른 행적들이나 사상으로 미루어볼 때 예수가 로마제국과 협력했다고는 하기 어려울 것 같습니다. '침략자 로마 제국주의를 위해 기도하라'고 권면했다는 것은 역사적 근거나 증거가 전무합니다.

❽ 황제의 것과 하느님의 것

예수와 정치권력의 관계 문제에서 가장 중요하고 어려운 문제는 기 선생이 제기한 예수의 '황제의 것은 황제에게'라는 것입니다. 그러나 이 문제는 일반적으로 알고 있는 그런 단순한 문제는 아닙니다. 아래에서 이 문제를 살펴봄으로써 예수와 정치권력의 관계를 더 깊이 고찰해 보기로 하겠습니다.

① '황제의 것은 황제에게'는 정권에 대한 축복이 아니다

기 선생은 예수의 '황제의 것은 황제에게'라는 말이 로마 정권을 인정, 수용, 협력 또는 축복의 증거라고 보는 것 같습니다. 예수가 세속의 모든 제도를 인정하고 황제를 주권자로 받아들여 총독에게 복종할 것과 노예는 주인에게 충성하라고 가르쳤다든가, 예수는 당시 로마의 전제적 노예제 지배체제를 뒤엎고 자유평등사회를 구현하려 하지 않았다고 하는 기 선생의 주장은 상당히 무리한 주장이라고 생각합니다. 민중해방운동을 전개했던 예수가 어떻게 민중 억압자들을 축복할 수 있단 말입니까? 예수가 민중의 해방자인 한 민중의 억압자였던 당시의 국내 정권과 외세인 로마 당국과 '평화' 관계를 유지할 수는 없지 않았겠습니까? 당시 현존 정권들은 하느님의 나라를 선포하는 운동을 전개했던 예수의 활동과 사상에 대하여 어떻게 문제시하지 않을 수 있었겠습니까? 예수의 하느님 나라의 선포는 헤롯 정권이나 로마 당국에서 볼 때에는 불평불만을 조장하여 사회적 조화와 평화, 안정과 질서, 국가의 기본적 질서를 파괴하는 것으로 보지 않을 도리가 없었으리라는 것은 충분히 짐작할 수 있을 것입니다. 안병무 교수는 다음과 같이 예수의 하느님 나라 운동의 정치적인 성격을 말했는데 저는 전적으로 동의합니다.

> 예수의 선포나 그 운동의 성격으로 보아 당시의 식민지 세력인 로마제국이 일차적인 적수였을 수 있고, 다음은 갈릴리의 봉건영주 헤롯 안티파스를 비롯한 헤롯가[家]일 수 있습니다. 로마제국 또는 헤롯 왕가가 하느님의 주권을 가로채고 민중을 도탄에 빠지게 한 원흉이기 때문입니다. 로마는 국가로서의 이스라엘을 완전히 멸망시킨 민족적 원

수입니다.³

② '황제의 것은 황제에게' 라는 것은 정교분리의 정책이 아니다

'황제의 것은 황제에게'라는 것이 예수의 정교분리의 원칙이나 기독교 정치윤리를 규율하는 말로 이해한다면 저는 동의할 수 없습니다. 우선 이 표어 같은 말이 어디에서 왔는가 하면, 예수의 말 "가이사의 것은 가이사에게 돌리고 하느님의 것은 하느님께 돌려라^{[마가복음 12:17]⁴}"에서 왔습니다. 물론 가이사는 로마 황제를 이릅니다. 예수님이 어떤 계기에 어떤 의미로 이런 말을 했는가를 알아보는 것이 이 말을 이해하는 데 있어서 전제적으로 필요하다고 봅니다. 우선 예수의 적대자들이 "바리새파 사람과 헤롯당의 몇 사람을 예수에게 보내어 말로 책잡으려 했다"는 것, 그래서 어떻게 하든지 예수를 말로 책잡기 위하여 용의주도하게 사전에 모의를 하여 예수를 트집 잡으려 했다는 것, 이에 예수가 이런 대답을 주었다는 것 등등을 아는 것이 예수의 말의 의미를 이해하는 데 필수적으로 요청됩니다. 전후 맥락을 보다 더 잘 이해하기 위하여 성서에 나와 있는 이야기 그대로를 소개해 보겠습니다.

"선생님, 우리는 당신이 진실하시고 아무도 꺼리지 않으시는 줄 압니다. 당신은 사람을 겉모양으로 판단하시지 않고 하느님이 원하시는 생명의 도를 진리대로 가르칩니다. 그런데 가이사에게 세금을 바치는 것이 옳습니까, 옳지 않습니까? 바쳐야 합니까, 바치지 말아야 합니까?" 예수께서 그들의 질문이 얼마나 간교한가를 아시고 "왜 나를 얽으려 드느냐? 데나리온 하나를 가져다 보여다오." 그들이 그것을 가져

3_ 앞의 책, 229~230쪽. 안병무 교수가 그의 책에서 갈리래아, 헤로데, 유다, 바리사이파 등으로 표기한 것은 이곳에서는 용어 통일을 위하여 갈릴리, 헤롯, 유대, 바리새파로 바꾸었다.

4_ 여기서 '가이사'는 '시저'라고도 하는데 이는 Caesar란 말을 다르게 표기한 것일 뿐으로 모두 로마 황제를 의미하는 같은 말이다.

오자 예수께서 말씀하셨습니다. "이것이 누구의 초상이고 누구의 기호냐?" "가이사의 것입니다" 하고 그들이 대답했습니다. 예수께서 말씀하셨습니다. "가이사의 것은 가이사에게 돌리고 하느님의 것은 하느님께 돌려라|마가복음 12:13-17|."

예수와 그를 함정에 빠뜨리려는 적대자들의 논쟁이라는 맥락을 떠나서 이 말을 따로 떼어내어 이해할 수 없습니다. 또 예수가 세금을 낼 것이냐 말 것이냐의 질문에 대한 대답으로 이 말을 했다는 점을 명심해야 한다고 봅니다.

많은 사람들이 생각해 온 대로 기 선생도 예수의 이 말을 기독교 정치윤리의 원칙이나 정책을 규율한 것처럼 이해하고 있는 것 같습니다. 그러나 그렇게 이해하는 것은 문제가 있다고 봅니다. 왜냐하면 예수가 정치문제와 관련하여 정치윤리적 원칙을 규율한 말로 한 것이 아니기 때문입니다. 여기서 하느님은 종교를 대표하고 가이사는 로마의 황제로서 정치를 대표하고 있는 것이 사실입니다. 그래서 보통 사람들이 이 말을 가지고 예수가 정치와 종교의 관계를 규율한 것이라고 보고 정교분리의 원칙|정치와 종교의 분리원칙|의 근거로 받아들이는 경향이 있습니다. 그러나 기억해야 할 것은 예수는 그런 뜻으로 말한 것이 아니었다는 것입니다. 이 말은 어디까지나 세금 납부 여부의 구체적인 질문, 그것도 악의를 가지고 한 질문에 대하여 여러 가지 의미를 담고서 대답한 것일 뿐입니다. 예수의 이 말을 정교분리의 원칙을 규율한 말로 이해하려는 사람은 주로 지배계층이나 지배민족에 속한 교회들인 경우가 대부분입니다. 이들은 성서를 아전인수 격으로 이해하고 이용하여 자신들의 지위와 이해관계를 보호하는 데 사용하고 있습니다. 이것은 말할 필요도 없이 잘못된 동기로 성서를 읽고 해석하고 있는 것입니다.

③ '황제의 것은 황제에게'라는 것이 꼭 로마 당국에 납세하라는 말인가

또 예수의 이 말이 납세 여부의 질문에 대한 대답이라고 하더라도 예수가 이 말로 무엇을 뜻했는가 하는 문제는 보이는 것처럼 그렇게 단순한 것도 아니라는 것을 알 필요가 있습니다. 예수가 납세할 때 사용하는 동전[5]을 보여달라고 했습니다. 예수와 그의 일행은 그런 돈을 가지고 있지 않았다는 사실을 알려주는 데 이 사실은 아주 중요하다고 생각합니다. 또 그 돈에는 월계관을 쓴 로마의 티베리우스 황제[Tiberius, 재위 14~37년]의 흉상과 함께 '황제 티베리우스, 신적인 아우구스투스의 존엄한 아들'이라는 글자가 새겨져 있고, 그 뒤쪽에는 '최고의 사제' 그리고 신들의 보좌에 앉은 황태후 리비아[Livia]가 있고 올리브 나뭇가지가 있어서 그녀를 천상적인 평화의 화신으로 나타내고 있습니다. 이 돈은 권력의 상징입니다. 그래서 누구든지 황제가 되면 먼저 그의 초상화가 새겨진 화폐를 주조하여 통용케 했습니다. 그 초상화가 "가이사의 것이라는 대답을 질문자의 입으로부터 받아낸 다음 예수는 가이사의 것은 가이사에게 바치라, 그러나 하느님의 것은 하느님에게 바치라"고 말합니다. 여기서 후반부, "하느님의 것은 하느님에게 바치라"라는 말을 생략하고 전반부만 말하는 것은 잘못된 것입니다. 오히려 여기에 초점이 있을 뿐 아니라 이 후반부 말의 내용이 이 말의 전체를 조건 짓고 있기 때문입니다.

어쨌든 이 말의 뜻이 무엇입니까? 이스라엘인들은 하느님의 것과 가이사의 것이 무엇인지를 알고 있었다고 할 수 있습니다. 땅과 거기에 있는 모든 것은—사람을 포함하여—하느님의 것이라는 신학을 유대인들은 가지고 있습니다. "이 세상과, 그 안에 가득한 것이 모두 야훼의 것, 이 땅과 그 위에 사는 것이 모두 야훼의 것[시편 24:1]"이라는 것이 구약성서의 말씀이고 유대인들의 공통된 신념이었습니다. 이에 의하면 가나안 땅의 지주는 야훼 하느님이고, 그 땅뿐 아니라 그 땅에 사는 모든 사람들

5_ 납세할 때에는 꼭 로마의 주화 데나리온이란 은전을 사용해야 했다.

과 그 땅의 소출과 모든 것은 모두 하느님의 것이라는 것입니다. 그러니까 가나안 땅에는 도대체 가이사의 것, 가이사에게 속한 것은 하나도 없다는 것입니다. 이것이 또한 예수의 생각이었다고 보입니다. 이러한 맥락에서 볼 때, 이 말은 실상 가이사에게 바칠 세금이라고는 유대인들에게는 없다는 것을 의미할 수 있습니다. 실제로 예수가 이런 의미로 말했을 것이라고 해석하는 신학자들이 없지 않습니다. 그랬다면 언어의 표현 그대로는 예수가 로마제국에 세금을 내는 것을 거부하거나 거부하라고 하지 않은 것이 되지만 실제로 세금을 낼 필요가 없다는 말이 될 수 있을 것입니다. 적어도 유대인 청중은 그렇게 알아들었을 가능성이 높다고 보입니다.

④ 납세 여부의 질문은 예수를 함정에 빠뜨리기 위한 질문이었다

예수의 적대자들은 이 질문에 대하여 예수가 어떻게 대답을 하든지 함정에 빠질 수밖에 없다고 생각하고 질문을 한 것입니다. 그들 생각에는 예수는 피해 갈 길이 없이 진퇴유곡에 처했다고 보았습니다. 만일 세금을 내는 것이 옳다고 말하게 되면 친로마파인 헤롯 당원들과 로마 점령 당국은 만족하겠지만 철저한 율법주의적 야훼 하느님 종교인들이었던 바리새파 사람들이나 유대 민족주의자들은 분개할 것입니다. 하느님에게만 돌려야 할 충성을 이방 황제에게 돌리는 것은 도저히 용납할 수 없는 것으로 종교적으로 야훼 불신앙의 행위요 민족적으로는 반민족적인 처사로 간주될 수밖에 없었기 때문이었습니다. 그리고 이것은 율법을 그 뿌리에서부터 흔드는 것이어서 예수를 종교적으로 정죄할 수 있는 충분한 이유가 되는 문제로 보입니다. 만일 세금을 내는 것은 옳지 않다고 말하면, 바리새파 사람들은 만족할지 모르지만 헤롯 당원과 로마 당국자들의 견지에서 보면 이는 대역죄에 해당하는 것으로서 예수는 반역죄로 사법당국에 의해 체포될 것이 확실한 상황입니다.

⑤ 로마 당국에 납세하는 문제는 곧 종교문제

피지배 식민지민이 로마에 세금을 내는 것은 당연하다고 생각할 것입니다. 유대인이 아닌 오늘 우리들에게는 그것이 왜 문제가 될 수 있는가라고 의아하게 생각할지 모릅니다. 그러나 유대인들에게 이 문제는 단순한 행정적인 문제 같은 것이 아니었습니다. 이 문제는 실상 그 시대에 유대인들에게 최대의 정치적인 문제이자 종교신앙의 문제였습니다. 로마 당국에 세금 내는 문제를 유일신 하느님을 믿는 유대인들은 생사의 문제로 여기기까지 했습니다. 그랬기에 그들은 목숨을 내걸고 세금을 내는 것을 반대하고 봉기하고 반란을 일으키기까지 하고 수천 명이 십자가에서 처형당하는 운명을 감수했던 것입니다. 예수가 탄생할 때 호구조사가 있었다는 역사적 증거가 있습니다. 성서에는 보도되어 있지 않습니다만, 그때 수천 명의 유대인들이 호구조사 거부를 내걸고 로마 당국에 대항하여 봉기를 일으켰다가 모두 십자가에 집단적으로 처형된 끔찍한 비극이 있었다는 역사적 기록이 전해 오고 있습니다. 왜 그랬을까요? 당시 새 총독이 부임할 때마다 실시했던 호구조사는 바로 세원(稅源)을 파악하기 위한 것이었습니다. 유대인들은 이를 결사반대했습니다. 그들이 호구조사조차도 결사반대한 것은 그들의 유일신 야훼 하느님에 대한 절대적인 충성이란 맥락에서만 이해할 수 있습니다.

로마인들이 이해할 수 없었던 유대인의 납세거부의 옹고집과 '반란적' 본성은 그들의 독특한 유일신 종교신앙과 사상에서 온 것이었습니다. 유일신 야훼 종교신앙은 도대체 외국인의 유대 지배 그 자체를 인정하지 않습니다. 그들은 야훼 이외의 어떤 왕이나 지배자도 인정하지 않기 때문입니다. 외국 지배자나 정부에게 세금을 내는 것은 다른 피식민지에서는 문제가 되지 않는 것입니다. 그러나 유대인에게는 이것이 생사의 문제가 되는데 이것을 로마인들은 이해할 도리가 없었습니다. 그러나 유대인에게 이 문제는 단순히 납세문제가 아니고 종교문제였습니다. 팔레스타인 땅과 거기서 나는 모든 소출은 전부 하느님 것으로서 이것을 이방나라와 지배자에게 바치는 것은 하느님께 대한 불충성의 죄가 되는 것이기 때문입니다.

이 문제와 관련하여 우리가 간과할 수 없는 것은 예수의 반대자들이 예수가 납세거부를 선동했다고 고발하고 있다는 사실입니다. 그들은 예수를 빌라도에게 끌고 와서 "우리는 이 사람이 우리 백성을 그릇되게 하여 가이사에게 세금 바치는 것을 반대하고 자칭 그리스도 왕이라고 하는 것을 알게 되었습니다.|누가복음 23:2|"라고 고발했습니다. 이것은 예수가 "가이사의 것은 가이사에게, 하느님의 것은 하느님에게"라는 말이 납세거부를 암시했다는 추측을 뒷받침해 주는 것이라고 할 수 있습니다.

이렇게 볼 때 예수가 '황제의 것은 황제에게, 하느님의 것은 하느님에게'라는 정책으로 로마에 대한 세금거부운동에 동참하지 않았다고 한기 선생의 단정은 사실과 다르다는 것을 알 수 있을 것입니다.

예수가 살았던 시대에는 아무리 종교적인 운동가라고 하더라도 그가 진정한 유일신 야훼 하느님 신앙의 철저화를 주장하는 사람이라면 정치당국과 충돌하지 않을 수 없는 상황이었습니다. 그것은 유대교가 국교이고 '오직 야훼 하느님만이 우리의 통치자이어라'라고 내세우는 유대민족의 신정정치하에서 철저한 종교신앙은 외세의 식민지 지배를 반대할 수밖에 없는 상황이었습니다.

3. 예수와 평화

기 선생은 "예수는 '무저항주의적 투쟁을 외칠' 뿐이었으나, 묵자는 전쟁을 반대하되 전쟁 도발자를 찾아가서 전쟁을 중지시키고 전쟁이 발생할 때에는 어디든지 찾아가서 방어전에 참여했다"고 했습니다. 기 선생은 또 "예수가 묵자와 달리 '생명을 짓밟는 것'이 무엇인가에 대하여 '대답을 회피'했다"고 말했습니다. 그 이유를 기 선생은 나름대로 다음과 같이 설명했습니다.

> 예수 당시 이스라엘 민족의 상황에서 해방신 하느님 신앙을 지키고 민족을 보전하는 일이 가장 생명사랑의 길이었으며 이를 위해서는 적극적인 분노보다는 피눈물을 삼키는 소극적인 인내였을 것이다.

기 선생의 주장을 간추려 보면, 첫째 예수는 비폭력주의자 또는 평화주의자였다는 것, 둘째로 예수는 유대민족에 대한 로마제국의 식민지 통치를 수용 내지 협력하고 그들을 위하여 기도하라고 했다는 것, 그것은 야훼 하느님 신앙과 민족의 보전 때문이었다는 것, 셋째 예수는 결과적으로 묵자처럼 평화를 위하여 적극적으로 투쟁하는 일은 하지 않고 회피했다는 것, 이렇게 세 가지로 보는 것 같습니다. 그러나 제 생각에는 예수는 그렇지 않았다고 봅니다. 아래에서 이 문제를 살펴보겠습니다. 두 번째 문제, 즉 예수와 로마제국의 관계 문제는 앞에서 이미 언급했습니다만, 부득이 다시 더 말해 보려고 합니다.

⊗ 예수는 평화주의자였는가

우선 예수가 평화주의자였느냐는 문제를 생각해 봅시다. 예수는 기 선생이 지적했듯이 분명히 "누가 네 오른편 뺨을 치거든 왼편 뺨을 돌려 대라"라고 말했습니다. 이 말의 전후관계를 인용하면 다음과 같습니다.

> "눈은 눈으로, 이는 이로 갚으라"고 하신 말씀을 너희는 들었다. 그러나 나는 너희에게 말한다. 너희에게 악을 행하는 사람에게 보복하지 마라 |마태복음 6:38~39|.

이 말만 가지고 원칙주의적인 평화주의자라고 규정할 수 없다고 생각합니다. 만일 '평화주의|pacifism|'를 '전쟁이나 조직적인 무력의 채용은 정당화될 수 없다고 믿는 사람들의 신념이나 행동[6]'이라고 이해한다면 예수는 평화주의자임에 틀림없다고 하겠습니다. 또 비폭력적 저항을 투쟁의 방법으로 내세우는 사람들을 '비폭력 저항주의자'라고 한다면 예수는 그들과 크게 다르지 않으리라 봅니다. 그러나 '무저항주의자'라고 말하기는 어려울 것으로 봅니다.

예수가 "왼뺨을 때리는 자에게 오른뺨을 돌려 대라"고 말한 것은 사실이었지만, 이것은 어디까지나 보복을 하지 말라는 교훈에서 온 것임을 명심할 필요가 있습니다. 보복 금지의 교훈으로 주어진 이 말을 예수가 유대민족을 억압하는 외세인 로마제국에 대해 그들의 지배를 묵인, 수용, 협력하라고 한 말로 이해할 수는 없다고 봅니다. 확실히 여기서 예수는 보복의 하느님, 징벌의 하느님 대신에 사랑과 화해와 용서의 하느님을 소개하고 있습니다. 악한 자에게 지금 당장 주벌을 내리라고 했던 묵

---

[6] Alan Bullock and Oliver Stallibrass ed., *The Harper Dictionary of Modern Thought*(N.Y., Harper and row, 1977), p.451.

자의 하느님은 구약에 나오는 권위주의적인 하느님과 비슷하다고 할 수 있으나 모세의 출애굽의 하느님, 민중해방의 하느님과는 거리가 멉니다. 이런 점에서 볼 때 예수의 사랑의 하느님은 확실히 묵자의 하느님과는 다르다고 믿습니다. 유대교의 하느님은 유대민족의 '선민주의적', 즉 '시온주의|Zionism|'의 하느님입니다. 그러나 예수의 하느님은 민중의 하느님이지 유대 민족주의의 하느님은 아닙니다.

또 실제문제로 왼뺨을 치는 자에게 오른뺨을 돌려 대는 대신 왼뺨을 치려는 손목을 잘라버리는 대응을 하라고 가르쳤던 묵자의 대응이 반드시 평화를 더 사랑하는 것이라고 말할 수 있을까요? 본래 '눈은 눈으로, 이는 이로'는 과잉보복 금지의 원칙으로 널리 시행되었던 것이 아니었습니까? 그러나 예수는 당시 법과 도덕의 원리였고 특히 형법의 정의였던 '눈은 눈으로, 이는 이로'라는 원칙마저도 넘어서야 한다고 보았습니다. 이것은 끝없는 피의 보복의 고리를 끊어야 비로소 진정한 평화가 가능하다는 취지에서 그런 교훈을 주었다고 생각합니다. 폭력적 보복은 끝없는 폭력과 피의 악순환을 가져올 것이기 때문입니다. "칼을 쓰는 자는 칼로 망한다"는 예수의 교훈 역시 이러한 맥락에서 이해될 수 있다고 생각합니다.

그러나 이러한 사상이나 가르침에도 불구하고 예수는 원칙주의적 평화주의자는 아니었던 것 같습니다. 여러 가지 근거를 댈 수 있지만 몇 가지만 대보면 다음과 같습니다. 우선 예수는 그의 제자들이 칼을 가지고 다니는 것을 사전에 알면서도 묵인했던 것 같습니다. 뿐만 아니라 적극적으로 무장하라고까지 말했던 것이 사실로 되어 있습니다. 「누가복음」에 보면 예수가 제자들에게 겉옷을 팔아서 칼을 준비하라고 이렇게 말했습니다.

"이제는…… 검이 없는 사람은 겉옷을 팔아 검을 사라……." 제자들이 예수께 말했습니다. "주님, 보십시오, 여기 검 두 자루가 있습니다." 예수께서 대답하셨습니다. "그만하면 넉넉하다|누가복음 22:36~38|."

예수가 이 말을 한 것은 시기적으로는 그가 체포되기 직전이었습니다. 그리고 실제로 예수가 체포되는 장면을 보면 예수의 제자들이 칼로 무장을 하고 있었고 또 무력으로 저항을 시도했던 것을 말하고 있습니다 |누가복음 22:47~51|. "겉옷을 팔아 검을 사라"는 이 말 때문에 많은 기독교인들은 당황하고 혼란을 느끼기도 하는 것이 사실입니다만, 그렇다고 우리는 이 말에서 칼을 정신화시켜서 쇠칼이 아니고 다른 어떤 영적인 칼을 의미한다고 해석할 수는 없습니다.

예수와 민족해방전선 젤롯당

그다음으로 예수와 젤롯|Zealot| 당원의 관계를 잠시 살펴볼 필요가 있습니다. 우선 예수는 젤롯당의 본거지였던 갈릴리 지방에서 소년기와 청년기를 보냈습니다. 이 갈릴리의 분위기는 민족해방투쟁이었습니다. 젤롯당은 기원후 6년에 갈릴리에서 조직된 것으로 그 본부가 또한 갈릴리에 있었고 그 지도자가 갈릴리 출신의 유다였습니다. 이때는 남쪽 유대지방은 국내 지배자 헤롯 아케라오스가 추방되고 로마 총독의 직접 통치하에 들어갔던 때였습니다. 이들은 강력한 유일신 야훼 신앙적 동기에 근거하여 이방·외세를 반대하는 강력한 유대민족주의를 내세워 외세의 지배와 외세에 세금을 납부하는 것 등을 죽음으로 반대 항거하고 폭력으로 로마 당국과 그 국내 협력자들을 암살하고 테러를 일삼던 일종의 종교적·정치적 조직체였습니다. 젤롯당의 창시자뿐 아니라 그 당원이 대부분 갈릴리인들이었고 그 본부가 갈릴리에 있었기 때문에 갈릴리인 하면 젤롯 당원으로 통할 정도였습니다. 이들은 유대의 야훼 유일신 신앙에 근거하여 외세인 로마제국의 세력을 팔레스타인에서 무력으로 몰아내고 유대민족의 해방과 독립을 쟁취하려는 목적을 내걸고 폭력적 테러와 게

릴라전을 벌였던, 말하자면 '유대민족해방전선'[7]이었습니다. 이들이 활동하던 갈릴리에서 예수가 자라났습니다.

그런데 매우 놀랍게도 예수는 그의 제자들을 불러모을 때 젤롯 당원을 포함했습니다. 이름이 알려진 그의 열두 제자들 가운데 적어도 두 사람은 명백하게 젤롯 당원이었습니다. 시몬과 가룟 유다가 그들이었습니다. 특히 시몬에 대하여 「마가복음」에서는 가나안 사람이라고 했습니다. 이 말은 아랍어였습니다만, 혁명당원이란 그 정체를 감추기 위한 말일 뿐 실제는 젤롯이라는 의미입니다[마가복음 3:18]. 그런데 「누가복음」은 분명히 '젤롯 당원이라 불렸던 시몬[누가복음 6:15]'이라고 그의 정체를 밝히고 있습니다. 마르틴 헹엘은 이들 외에도 번개의 아들들이라고 불리던 세베대의 아들들과 베드로도 젤롯 당원이 아니었나 추측하고 있습니다.[8] 이들이 과거에 젤롯당에 가입했다가 예수 운동에 가입했을 때에는 탈퇴를 했는지 모릅니다. 그러나 그런 명시적인 말은 없습니다. 예수의 제자들 가운데 몇 사람이라도 젤롯당원이 끼여 있었다는 것은 우리를 놀라게 합니다. 우리는 그것을 어떻게 보아야 할까요? 여기에 대하여 브랜던[S.G.F. Brandon, 1907~1971]은 이렇게 말합니다.

> 그의 제자들 가운데 젤롯이 있다는 것은 예수가 의도적으로 젤롯당에 가입한 사람을 사도로 선택했다는 것을 의미한다. 그 사실은 젤롯당원의 원칙과 목적을 고백하는 것이 예수의 선교에 친밀하게 참여하는 것과 양립될 수 없는 것이 아니라는 것을 의미한다.[9]

7_ Martin Hengel, *Was Jesus a Revolutionist?* (Philadelphia : Fortress Press, 1971), p. 10, p. 12, p. 37. Cf ; Keun Soo Hong, *The Political Implications of Jesus in reference to the Current Korean Political Situation*(1976), Unpublished, p. 62.

8_ 앞의 책, pp. 8~9.

9_ Brandon, *Jesus and the Zealots*, p. 355.

물론 저는 예수가 젤롯 당원이었다거나 젤롯당과 협력했다든지 연대했다고 말하는 것은 아닙니다. 그러나 젤롯 당원 또는 젤롯 당원 출신을 제자로 선택했다는 것은 적어도 예수는 여러 가지 사상과 주의를 가진 사람들이 그의 제자가 될 수 없는 것이 아니었다는 것을 말합니다. 이 사실은 예수는 이데올로기 면에서 그렇게 편협한 분은 아니었다는 사실을 말해 주는 것이 아닐까요?

예수는 사회정의를 설교하고 불의에 대하여 비판적이었습니다. 예수는 부자들과 권력자들을 혹독하게 비판하고 그들의 지배체제와 현상질서에 의해 억압과 착취를 받고 있는 피해자들인 가난한 자들, 힘없는 자들, 소외된 자들 등 민중들과 한편이 되고 그들의 생존권과 인권을 옹호했습니다. 독일 신학자 쿨만|Oscar Cullmann, 1902~1999|은 "예수는 그의 선포에서 그의 시대의 사회적 불의를 가장 혹독하게 정죄했다"[10]고 서술했습니다.

❀ 진정한 평화와 가짜 평화

그다음으로 예수를 평화주의자라고 말하기 어려운 것은 그의 다음과 같은 말 때문입니다. "내가 세상에 평화를 주려고 온 줄 생각하지 마라. 평화가 아니라 검을 주려고 왔다|마태복음 10:34|." 다른 곳에서는 칼이란 말 대신에 '불' 또는 '분열'을 일으키러 왔다고|누가복음 13:49-51| 되어 있습니다. 여기서 칼이나 불이나 분열은 모두 같은 뜻으로 폭력적 분쟁이나 갈등, 또는 전쟁을 의미하는 말들입니다. 예수의 이 선언은 확실히 많은 기독교인들에게 거리낌이 되고 있습니다. 그러나 이것은 예수의 말입니다. 그러나 예수가 도대체 무슨 의도에서, 무슨 뜻으로 이렇게 말했는가를

10_ Oscar Cullmann, *Jesus and the Revolutionaries*, p. 24.

물어보아야 합니다. 그가 의미하는 것은 분명합니다. 그것은 정의에 근거하지 않은 평화란 적나라한 정글의 상태일 뿐으로 그러한 상태는 평화라고 볼 수 없다는 것입니다. 그것이 가짜 평화일 뿐입니다. 그런 가짜 평화가 '지배하는' 곳에 예수의 진정한 평화의 복음이 선포될 때 거기에는 필연적으로 분열과 싸움이 일어날 수밖에 없음을 의미하는 것입니다.

정의가 없는 곳에 평화가 없습니다. 마찬가지로 자유가 없는 곳에 평화가 없습니다. 로마제국의 평화란 바로 정의와 자유가 없는 가짜 평화로서 순전히 강압적인 칼에 의한 평화, 법, 질서, 안보라는 이름으로 사람들을 억압하고 착취하면서 불평불만과 저항을 폭력이란 강압적 수단으로 억제하여 사회를 조용하게 만드는 것, 그것을 평화라고 선전하고 있으나 실상 그것은 평화가 아닙니다. 예수의 해방과 정의의 복음은 곧 이러한 가짜 평화에 도전합니다. 그리고 이를 위협합니다. 그렇기 때문에 예수의 해방과 정의의 복음, 사랑과 평화의 복음이 처음으로 전파되는 곳마다 칼, 분열, 싸움이 일어났고 혁명이 일어났던 것입니다. 불의한 통치자들은 어디에서나 어느 시대에나 이러한 예수의 복음이 그들에게 위협이 되는 것을 잘 알았습니다. 그래서 그들은 기독교를 박해했던 것입니다. 예수는 군대의 힘으로 세계를 잠잠하게 하는 것을 평화라고 보지 않았습니다. 예수가 말하는 평화, 곧 팍스 크리스티|Pax Christi|는 로마제국이 말하는 평화, 곧 팍스 로마나|Pax Romana|와 근본적으로 다른 것입니다. 예수가 "내가 주는 평화는 세상이 주는 평화와 다르다|요한복음 14:27|"고 말했는데 여기서 말하는 세상이 주는 평화란 바로 강압적인 힘에 의한 억압적, 불평등한 가짜 평화를 의미한다고 할 수 있습니다. 그러므로 예수가 로마제국의 강압적인 식민지 통치를 인정했다거나 그것과 협력했다는 것은 물론, 그것을 위해 기도했거나 기도하라고 가르쳤다는 것은 상상조차 하기 어려운 일이라고 생각합니다.

예수는 평화의 메시아로 이 세상에 왔다는 것이 성서가 일관되게 주장하는 것입니다. 특히 성탄절 메시지가 그렇습니다. 그는 산상설교에서 평화를 위하여 일하는 사람의 축복을 말했습니다. "평화를 위하여 일하는 사람은 복이 있다. 하느님이 그들을 아들[딸]이라 부르실 것이다"[마태복음 5:9]라고 했습니다. 그는 진정으로 이 땅 위에 평화를 주려고 오셨습니다. 다음과 같은 예수의 말씀 역시 평화에 관한 말로 볼 수 있습니다.

너희도 아는 대로 이방의 통치자들은 백성을 강제로 지배하고 고관들은 세도를 부린다. 그러나 너희는 그래서는 안 된다. 너희 중에 위대하게 되고자 하는 사람은 남을 섬기는 사람이 되고 으뜸이 되고자 하는 사람은 모든 사람의 종이 되어야 한다. 사람의 아들은 섬김을 받으러 온 것이 아니라 섬기러 왔고 많은 사람을 위하여 대속물로 자기 목숨을 내주러 왔다[마태복음 20:25~28].

이러한 말은 로마제국의 힘의 정치 이데올로기를 그 근저에서 흔들어 놓는 혁명적인 선언입니다. 기 선생은 예수는 전쟁을 방지하는 전쟁이나 투쟁을 하는 '적극적인 분노보다는 피눈물을 삼키는 소극적인 인내'의 자세를 취했다고 하는 그 이유를 '해방신 하느님 신앙을 지키고 민족을 보전하는 일이 가장 생명사랑의 길이었다'고 믿었기 때문이었으리라고 추정했습니다. 이 말은 쉽게 삼킬 수 있는 말이 아닙니다. 물론 예수는 정치인이 아니었지만, '해방신 하느님 신앙을 지키는 것'이 곧 '민족을 보전하는 일'이라고 믿었을 것은 거의 틀림없었다고 믿습니다. 그러나 그 때문에 전쟁이나 이와 유사한 악의 세력에 의한 불의에 대하여 '적극적 분노'를 발하지 않았다고 단정할 수 있을까요?

기 선생은 갈릴리의 국내 통치자 헤롯에 대한 예수의 태도에 대하여 어떻게 생각합니까? 그 헤롯이 예수를 죽이려고 계획했습니다. 정치적 비판과 민중운동을 하면서 민중의 세력을 등에 업고 불의를 강력하게 비판했던 예언자 요한을 목 베었던 헤롯이 그 일이 있고 얼마 되지 않아서 다시 예수를 죽이려고 했다면 그럴 만한 이유가 없지 않았을 것입니다.

그것은 구체적으로 밝혀지지 않았으나 예수는 분명히 로마제국의 앞잡이였고 허수아비왕이었던 헤롯의 악정을 비판했을 것입니다. 헤롯 편에서는 예수가 그의 통치에 걸림돌이 되고 위협이라고 판단했을 것입니다. 그랬기에 예수를 죽이려고 계획했을 것입니다. 이 사실을 귀띔받은 예수는 헤롯을 '그 여우'라고 부르기까지 하지 않았습니까? 헤롯이 로마제국의 지지를 등에 업고 그 앞잡이로 통치하고 있었을 때 예수는 그것에 대하여 비판적이었습니다. 예수는 결코 현상질서를 인정, 옹호, 협력했다고 할 수 없습니다.

⊗ 예수, 평화의 메시아

예수는 진정한 평화를 실현시키기 위해 이 세상에 온 평화의 메시아라고 할 수 있습니다. 그의 생애의 마지막 주간에 그는 지지자들과 제자들을 이끌고 예루살렘으로 들어갔습니다. 그때 그는 사람들로부터 이스라엘의 왕으로, 메시아로 환영을 받았습니다. 성서는 그때 사람들이 예수를 '야훼의 이름으로 오시는 이' 또 '이스라엘의 왕'이라고 부르고 '호산나'를 외쳤다고 기록했습니다. '호산나'라는 말은 '지금 구원하소서'란 의미이고 또 만세라는 말과 같습니다. 이 표현들은 예수가 메시아라는 것을 명시적으로 의미하고 있는 것입니다.

그런데 그는 나귀를 타고 가는 매우 초라한 모습이었습니다. 나귀를 탄 사람, 별로 보잘것없이 평범하게 차린 시골 사람, 그가 유대인의 왕이란 말입니다. 나귀를 탄 것은 『구약성경』「스가랴」서의 인용에서 온 것인데 거기에는 이렇게 되어 있습니다.

수도 시온아, 한껏 기뻐하라.

수도 예루살렘아, 환성을 올려라.
보아라, 네 임금이 너를 찾아오신다.
정의를 세워 너를 찾아오신다.
그는 겸비하여 나귀, 어린 새끼 나귀를 타고 오시어
에브라임의 병거를 없애고, 예루살렘의 군마를 없애시리라.
군인들이 메고 있는 활을 꺾어버리시고 뭇 민족에게 평화를 선포하시리라.
이 바다에서 저 바다까지, 큰 강에서 땅 끝까지 다스리시리라 |스가랴 9:9-10|

여기에서 우리는 분명히 평화의 왕의 모습을 봅니다. 군마를 타고 오는 위대한 장군이나 정치적 영웅이 아니라 나귀를 타고 오는, 다시 말하면 비무장의 평화의 왕입니다. 그런데 그 평화의 왕이 '군마'를 없애고, 병기인 활을 꺾어버리고 '뭇 민족에게 평화를 선포할' 메시아라는 것을 시사하고 있습니다. 우리는 지난 냉전시대의 정치와 외교의 철학과 원리였던 힘의 균형의 이론을 익숙하게 들어 알고 있습니다. 그러나 그것으로 평화가 실현된 일이 있습니까? 나귀를 타고 온 평화의 메시아만이 병기와 군마를 없애고 영구적인 평화를 실현할 수 있다는 것을 성서는 비전으로 제시하고 있습니다. 이것은 또한 힘으로, 칼로, 핵무기로 진정한 평화는 불가능하다는 것을 말하는 것입니다.

"칼을 쓰는 자는 칼로 망한다. 그러므로 칼을 도로 칼집에 꽂으라"는 말, "이방인들은 강압으로 사람을 다스리지만 너희들은 그렇게 해서는 안 된다"는 말, "으뜸이 되고자 하는 자는 낮아지고 남을 섬기는 사람이 되라"는 등의 예수의 말들은 이런 평화의 사상에 관한 가르침입니다.

저는 기 선생이 「누가복음」 19장을 읽어보시기를 권합니다. 거기에 기록된 것을 보면 "예수가 예루살렘 가까이 왔을 때 그 도성을 바라보고 우시며 탄식했다"고 했습니다. 이때 예수가 울면서 했다는 말을 주의하여 읽어볼 필요가 있습니다.

네가 오늘이라도 평화에 이르는 길을 알았다면 좋았을 터인데! 그러나 지금 그 길이 네 눈에 가려 있구나. 때가 올 터인데 그때에 네 원수들이 진을 치고 너를 에워싸고 사면으로부터 공격하여 너와 네 안에 있는 네 자녀들을 멸망시킬 것이다. 그리고 돌 하나도 다른 돌 위에 포개놓이지 않게 될 것이다. 이것은 하느님께서 너를 찾으신 때를 알지 못했기 때문이다.|누가복음 19:41~44|

이 말을 읽고 나서 기 선생의 주장을 고쳐야 하겠다고 생각하지 않으십니까? 예수가 전쟁에 대한 대답을 회피한 것이 아닙니다. 예수는 묵자처럼 전쟁의 원인을 사회학적으로 분석한 일은 없는 것 같습니다. 적어도 그런 것이 있었다고 전해 오지 않습니다. 그러나 예수는 위의 인용의 말을 미루어볼 때 '평화의 길'이 어떤 것인지에 대하여 전해 오지 않는 것뿐입니다.

예루살렘 시민들, 유대인들은 예수의 평화의 복음을 듣고 그것을 받아들이지 않았습니다. 그 대신 무력으로 로마에 대항하는 전쟁을 일으키려 하므로 그렇게 되었을 때 예루살렘이 멸망할 것을 내다보고 예수는 그렇게 탄식했다고 할 수 있습니다. 물론 학자들 가운데는 이 장면은 예루살렘의 멸망을 미리 내다본 예수가 실제로 한 말이 아니라 주후 70년의 유대·로마 전쟁을 겪은 후에, 그 목격자들이나 후대의 교회가 그것을 마치 30~40년 전에 예수가 미리 내다보고 예언한 것으로 기록했을 뿐이라고 보는 견해도 없지 않습니다. 묵자가 "천하보다 귀중한 생명을 짓밟는 것은 전쟁이라는 제도와 부와 귀의 세습이라는 사회제도적 불평등이다"라고 말했다는 것은 놀라운 일입니다. 묵자의 이 말과 같은 말을 예수에게서 찾던 기 선생이 그것을 발견하지 못해 실망이 큰 것이 사실이지만, 저는 예수는 진정한 평화의 길이 무엇인가, 다시 말하면 전쟁을 막는 길이 무엇인가에 대하여 말했으리라고 봅니다. 그러한 가능성은 위에서 인용했던 예수의 예루살렘을 향한 한탄에서 엿볼 수 있다고 봅니다.

기 선생이 「베드로서」 등을 인용했는데 이는 우선 예수의 생각이나 그것을 그대로 반영한다고 말하기 어렵습니다.

예수는 결코 나이브하고 나약한 사상가도, 상아탑 속의 철학자나 이론가도 아니었고 더더구나 거룩한 성전 속의 성직자도 아니었습니다. 그는 투쟁하는 사람이었습니다. 그는 하느님의 나라를 선포하고 그것을 실현시키기 위해 투쟁한 메시아입니다. 그가 예루살렘으로 올라간 것은 연례행사에 참여하러 간 것은 물론 아닙니다. 그가 죽음의 굴로 제 발로 들어간 것도 아니었다고 봅니다. 그는 하느님 나라의 실현을 위해 반민족적, 반민중적인 로마 권력의 본거지인 예루살렘으로 들어가서 최후의 대결을 하기로 한 것 같습니다. 우리 기독교인들은 예수가 인류의 죄를 대속하기 위하여 십자가에서 순교하기 위해 예루살렘이 들어갔다고 믿고 있습니다. 기독교인이라면 예수의 죽음이 중생을 구원하기 위한 대속적인 죽음이란 성격을 부인할 수는 없을 것입니다. 그러나 모든 정황을 살펴볼 때 에른스트 블로흐의 다음의 말은 예수의 십자가 사건의 의미에 대한 무비판적인 생각을 반성하게 합니다.

예수는 십자가에 달려 죽었기 때문이 아니라 십자가에 달려 죽었음에도 불구하고 메시아다.

4. 예수와 평등사회

묵자가 그 옛날에 중국에서 평등사회를 실현하기 위해 투쟁했다는 사실에 대하여 감탄하고 감동하지 않을 사람이 없을 것입니다. 그러나 예수 역시 그러했습니다. "예수는 죽은 후에 하늘나라의 평등사회를 약속하지만, 지금 땅 위의 불평등을 용납한다"거나 "예수는 아버지 나라|야훼가 지배하는 평등사회|가 다가왔다고 말하며 회개하라고 말할 뿐 지금 이 땅 위의 평등사회를 말하지 않는다"는 기 선생의 말에 대하여 저는 이의를 제기할 수밖에 없습니다. 우선 예수가 이 세상에 온 목적은 이 지상의 해방과 정의와 평화의 실현이라고 할 수 있을 것 같습니다.

❀ 예수의 메시아 취임사

우선 예수는 그가 이 세상에 무엇을 하러 왔는가, 또는 그가 이 세상에서 무슨 활동을 할 것인가라는 매우 중요한 내용을 담고 있는 선언을 공적 무대에 등장하여 활동을 시작하기 직전에 다음과 같이 했습니다.

주의 영이 내게 임하였도다.
주께서 내게 기름 부으심은 가난한 자들에게 기쁜 소식을 전하게 하심이라.
주께서 나를 보내심은 포로된 자들에게 해방을 선포하고 눈먼 자들에게 눈 뜨임을 선포하며 눌린 자들을 놓아주고 주의 은혜의 해를 선포하게 하심이라.|누가복음 4:18~19|.

이 말을 보통 메시아 취임사라고 부릅니다. 그가 메시아로서 앞으로 어떤 목회와 선교활동을 전개할까 하는 대강령을 선포했다는 의미에서 그렇게 말하고 있습니다. 미국의 신학자들 가운데는 이 말을 비정치화하고 정신화 또는 영성화하여 예수가 정치적, 사회적, 경제적으로 위에 기록되어 있는 활동을 하려 했거나 한 것이 아니라고 여기기도 합니다.[11] 그러나 이러한 해석은 모두 미국이 약소국가를 지배하는 현실을 정당화하는 일에 봉사하고 있다는 것을 주목할 필요가 있습니다. 예수의 목회활동이 여러 가지가 있었지만, 그 모든 것은 위에 천명하고 있는 목적과 직접 관련된 것이고 이것을 실천하는 것임을 주목할 필요가 있습니다. 예수의 목회는 해방이라는 것을 예수 자신이 명확하게 선언하고 천명한 셈입니다.

❀ 총체적 해방과 대희년 평등공동체의 선포

그러나 예수의 목회를 정치적인 해방이란 면에서만 볼 수 없습니다. 심리적, 정신적 해방은 물론 경제적, 사회적, 문화적 해방을 포함하는 총체적 해방이란 사실을 기억해야 합니다. 그것이 특히 마지막 구절, 즉 "주의 은혜의 해를 선포하게 하심이라"는 말에 잘 나타나 있음을 주목해야 합니다. 이 마지막 구절의 의미와 중요성에 대하여 기독교인들이 별로 주목하지 않는 경향이 있는 것이 사실입니다. 그러나 이것은 매우 중요한 의미를 가지고 있고 이것을 제대로 이해함이 없이는 예수를 제대로 이해할 수 없다고 하겠습니다. 여기 '주의 은혜의 해'란 기 선생도 지적했지만 『구약성서』에 규정되어 있는 소위 '희년'을 의미하는 것입니다.
여기서 '주의 은혜의 해'라고 되어 있는 말은 '하느님이 기뻐 받으실

11_ Robert McAfee Brown, *Theology in a new Key* (The Westminster Press, 1978), pp. 82ff.

만한 해'란 뜻으로「레위기」25장에 기록되어 있는 '대희년'을 말합니다. 이스라엘 사람들은 매 7년마다 안식년을 가지는 제도를 두고 있는데, 이 안식년이 되면 농토를 놀리고 사람도 일을 하지 않고 쉽니다. 이 안식년이 7번을 지난 후 50년째가 되는 해는 '대희년'이라고 부르고 이때에는 모든 채무가 탕감되고, 모든 노예들이 해방되어 자유인의 몸이 되며, 모든 사람들이 자기들의 조상의 기업[전답과 집]에 돌아가는 것이 실현되는 것을 내용으로 하고 있습니다. 이것은 말하자면 사회적, 경제적, 정치적 해방과 평등사회가 실현되는 혁명을 의미합니다. 이것은 곧 혁명에 의한 평등공동체의 실현입니다. 이것은 폭력에 의한 혁명이 아니라 평등사회를 실현하기 위한 제도적 장치에 의한 혁명인 것입니다. 예수가 이 세상에 메시아로 와서 실현할 메시아적 선교 내용에 바로 이 대희년의 프로그램이 포함되어 있다는 사실은 참으로 중요한 일로서 우리가 주목해야 할 일입니다. 이런 점에서 볼 때 예수가 현세의 평등사회를 실현하기 위하여 일한 것이 아니라 내세의 평등을 말했다는 기 선생의 말은 성립하기 어렵다고 생각합니다.

 예수는 또 이 평등을 실천하는 믿음을 강조했다는 의미에서 그가 평등사회를 '지금 여기에서[이 지상에서]' 건설하기 위하여 노력했다고 말할 수 있습니다. 그는 부자들에게 재산을 팔아서 가난한 사람들에게 나누어주라고 명하였고 탐욕을 경계하면서 부자들은 하느님의 나라에 들어갈 수 없다고 강조했습니다. 그는 또 가난하고 연약한 민중을 억압하고 착취하는 지배계층을 향하여 신랄한 비판을 집중적으로 하고 있습니다. 특히「마태복음」23장에는 예수의 이러한 비판을 모아놓았습니다. "위선자인 율법학자들과 바리새파 사람들아! 너희에게 화가 있으라!"라고 혹독하게 비판합니다. 예수는 또 이렇게 말합니다.

 너희는 선생이라는 칭호를 듣지 마라. 너희의 선생은 한 분뿐이요 너희는 모두 형제[자매]이다. 또 너희는 지도자라는 칭호도 듣지 마라.

너희의 지도자는 그리스도 한 분뿐이시다. 너희 중 가장 훌륭한 사람은 남을 섬기는 사람이라야 한다. 자기를 높이는 사람은 낮아지고 자기를 낮추는 사람은 높아질 것이다 |마태복음 23:8~13|.

여기에서 당시 계급사회를 그 뿌리에서 뒤흔드는 예수의 혁명적인 평등사상을 볼 수 있지 않습니까? 또 예수는 말합니다.

> 위선자인 율법학자들과 바리새파 사람들아! 너희에게 화가 있으라! 너희가 박하와 회향과 근채의 십일조는 드리면서 율법 가운데서 가장 중요한 정의와 자비와 신의를 소홀히 하고 있다. 맹인이면서 남을 인도하는 자들아! 너희가 하루살이는 걸러내고 낙타는 삼키는구나 |마태복음 23:23~24|.

여기서 예수가 말하는 것은 하느님은 종교적 의식이나 율법의 개별 조문에 얽매이는 것보다 사회정의와 사랑과 신의를 지켜야 한다는 것이고 이것이 더 중요한 율법정신이라고 하는 것입니다. 위의 인용들에서 분명히 볼 수 있는 대로 예수는 현세에서 사회정의와 평등을 실현하라고 가르쳤던 것입니다.

✾ 갈릴리 공동체의 창설

예수는 불평등을 비판하고 정의와 평등을 요구했을 뿐 아니라 그 자신 그것을 실천했습니다. 이 사실이 더 중요합니다. 그 자신이 이러한 정신에 따라 갈릴리 공동체를 창립하고 생활로 실천했다는 사실을 주목해야 합니다. 갈릴리는 당시 유대에서 민중의 땅을 의미했습니다. 예수는 하느님 나라 운동을 할 때 혼자서 한 것이 아닙니다. 그는 민중들과 더불어서 했습니다. 그때 그는 새로운 공동체를 창립했습니다. 그것을 갈릴리 공동체라고 할 수 있습니다. 그들은 완전히 공동생활을 했습니다.[12]

하느님의 나라가 임박했다는 종말론적 선언과 해방과 사랑의 하느님의 나라 복음 선포에 호응하여 모인 갈릴리 민중들이 중심이 되어 형성한 공동체가 갈릴리 공동체였습니다. 이 공동체는 사제도 지도자도 없는 평등공동체였다고 할 수 있습니다.

예수가 하느님의 나라 운동을 할 때 그의 운동에 합세했고 예수와 동행했던 사람들은 민중들이었습니다. 이 민중들이 언제나 예수와 함께 있었고 이들이 그의 주위에 있었습니다. 이들 민중을 성서에는 희랍어로 '오클로스|ochlos|'라고 했습니다. 이 오클로스는 당시 가난한 사람들로 무교육자, 피억압자, 죄인, 병자, 목동, 여자와 어린아이 등 사회에서 소외되었던 계층의 사람들을 뜻합니다. 당시 갈릴리인의 거의 대부분이 오클로스에 해당되는 사람들로 예수가 표현한 '지극히 작은 자', '수고하고 무거운 짐에 허덕이는 자'이며 세속적으로 하느님의 축복으로부터 소외된 사람들이었습니다. 바로 이들에게 예수는 관심했고 그들 편이 되었던 것입니다.

이들 갈릴리의 민중들이 예수를 중심하여 형성한 이 공동체를 하나로 매는 줄은 믿음과 사랑과 희망의 줄이었습니다. 믿음은 민중해방자 예수에 대한 믿음이고 사랑은 하느님에게서 오는 아가페적 사랑이며 희망은 하느님의 나라가 이 지상에 도래한다는 데 대한 희망이었습니다. 이 공동체는 예배공동체가 아니고 모든 것을 함께 나누고 공동생활을 영위하는 생활공동체였으며, 상류층이나 중산층의 친교 모임이 아니라 억압받고 소외당한 민중들의 해방공동체이고 평등공동체였으며 민주공동체였

---

[12]_ 안병무 교수도 그런 주장을 합니다. 그러나 그는 그 공동체가 예수 부활 후에 갈릴리에서 시작되었다고 보고 있습니다. 그렇지만 저는 부활 이전에 이미 그런 공동체가 창설되어 있었다고 봅니다.

습니다. 이 공동체의 회원들은 예수를 포함하여 모두 민중들이었음을 주목할 필요가 있습니다.

갈릴리는 민중의 땅이고 갈릴리 사람이라면 가난한 사람을 의미했습니다. 기껏해야 어부이고 농부며 땅에 몸 붙여 사는 소작인들, 임시 노동자들, 교육받지 못하고 사회적 지위라고는 없는 사람들로서 사회의 변두리로 밀려났고 밑바닥에서 짓밟혀 살고 있던 주변 인간들이었습니다. 예수는 가난한 사람들에게 하느님 나라의 복음을 전파했는데 이에 호응한 사람들은 이들 민중들이었음은 당연한 것이었습니다. 이들은 현체제 아래서는 더 이상 잃을 것도, 기대할 것도 없는 자들로서 오직 새로이 동터오는 새 세계를 염원했던 것입니다. 이런 의미에서 이 갈릴리 공동체는 종말론적 희망의 공동체였습니다.

예수 이외의 다른 어떤 권위나 힘이나 지위를 허용하지 않고 어떤 계층이나 계급이나 지위의 차이나 어떤 특권층도 허용하지 않는 완전한 평등 공동체였습니다. 이 공동체는 예수와 12명의 남자로 된 배타적이고 폐쇄적인 공동체였다고 볼 수 없습니다. 여자들도 있었고 외국인들도 참여하고 있었을 가능성도 배제할 수 없습니다. 실제로 복음서에 보면 이방인들도 |요한복음 12:20~26|, 여자들도 |누가복음 8:1~3| 예수와 함께 지냈음을 비치고 있기 때문입니다.

❀ 사랑의 공산주의 공동체의 출현

예수가 이 지상을 떠나자 기독교라는 새로운 종교가 역사의 무대에 등장합니다. 이 기독교가 예수가 처형된 그 실패와 치욕과 원한의 도시 예루살렘에 출현했다는 것이 주목됩니다. 그런데 예루살렘에 출현한 기독교 교회는 바로 갈릴리 공동체의 확대판이었음을 우리는 주목하지 않을 수 없습니다. 성서는 예루살렘에 출현한 처음 교회의 생활 모습을 기록하고 있는데 그 내용은 매우 충격적일 만큼 공산주의 그것이었습니다.

모든 사람들은 다 함께 지내면서 모든 물건을 공동으로 소유하고 재산과 물건을 팔아서는 모든 사람에게 필요한 대로 나누어주었습니다. 그리고 날마다 한마음으로 성전에 모이기를 힘쓰고 집에서는 떡을 떼며 기쁨과 순진한 마음으로 음식을 같이 먹고……|사도행전 2:43~46|.

믿는 무리가 다 한마음과 한뜻이 되어 누구 하나도 자기 소유를 자기 것이라고 말하는 사람이 없었으며 모든 것을 공동으로 사용했습니다. 그들 가운데는 가난한 사람이 하나도 없었습니다. 땅이나 집을 가진 사람들은 그것을 팔아서 그 값을 사도들의 발 밑에 갖다 놓았습니다. 그리고 각 사람의 필요에 따라 나누어 주었습니다|사도행전 4:32~35|.

이것이야말로 공산주의적 삶의 실천이 아니고 무엇입니까?

이것을 사회학의 아버지인 막스 베버|Max Weber, 1864~1920|는 '사랑의 공산주의'라고 특징지었습니다.

그런데 이러한 최초의 기독교 교회의 공동체 삶의 스타일이 어디에서 왔을까요? 물론 예수와 그를 따르던 사람들이 이루었던 갈릴리 공동체에서 왔다고 해야 할 것입니다. 그러면 갈릴리 공동체는 어디에서 왔습니까? 에른스트 블로흐는 이러한 기독교 공동체의 뿌리는 그때로부터 1,300여 년 전의 출애굽 해방공동체의 공산주의적 공동체 역사에까지 거슬러 올라가서 거기서 기원한다고 보았습니다. 이 예루살렘 교회의 공산주의적인 생활공동체의 삶의 스타일이 어디에서 나왔겠습니까? 그들 주님이라고 고백하고 따랐던 예수의 사상과 정신, 그의 가르침, 그의 생의 감화와 영향이 그대로 그러한 평등공동체를 실현할 수 있게 한 것이 아니겠습니까? 예수가 떠난 직후에 창립한 공동체가 예수의 생생한 임재를 느끼면서 그가 남긴 뜻을 살려 현실로 옮겼으리라는 것은 능히 짐작할 수 있을 것입니다. 이런 점에서 볼 때에도 예수가 평등공동체를 이 지상에서 실현한 것이 아니고 무엇이겠습니까? 예수가 그러한 평등공동체를 내세에만 약속했다는 말은 전혀 설득력이 없다고 생각합니다.

5. 예수와 민족

기세춘 선생은 예수가 로마제국의 유대 식민통치를 받아들이고 유대민족의 해방운동에 관심하지 않았으며 오히려 로마제국에 대하여 '타협적' 또는 '협력적' 노선을 취했다고 주장했습니다. 예수의 '이러한 노선에 따라' 그의 제자들은 로마에 협력했고 이 덕분으로 기독교가 로마의 국교가 되기까지 했다는 기 선생의 주장은 역사적 근거를 가지고 있다고 보기 어렵다고 생각합니다. 아래에서 이 문제를 살펴보도록 하겠습니다.

❁ 예수의 민중해방운동

예수는 요한이 투옥되었다는 소식을 듣고 곧 그가 투옥된 갈릴리로 가서 하느님의 나라 운동을 전개했습니다. 이것은 요한처럼 체포되어 죽음을 당할 각오로 하는 일이었습니다. 하느님의 나라 운동이란 실제로는 민중해방운동이었다고 할 수 있습니다. 모세가 억압받던 노예 민족을 해방하는 소명을 받고 이집트에 갔듯이 예수 역시 억압받는 민중의 해방자로 갈릴리로 가서 해방운동을 전개했습니다. 이 운동은 결코 개인의 영혼을 구원하기 위한 종교적 영적 운동이 아니었습니다. 예수가 갈릴리로 갔다는 것, 그가 그곳에서 하느님 나라 도래의 선포운동을 전개했다는 것, 그것은 바로 억압받는 민중들에게 새로운 세상의 도래를 선포한 민중해방운동이었다 것 등 이러한 사실을 알지 못하고는 기독교를 바로 이해할 수 없습니다. 안병무 교수는 "예수의 해방자로서의 소명은 정치경제적인 맥락에서만 이해될 수 있다"[13]고 말했습니다. 지당한 말입니다.

예수가 선교활동을 시작했고 대부분의 활동을 한 곳, 또 그의 지상의 선교를 마감했던 곳이 어디입니까? 갈릴리입니다. 그곳은 바로 해방을 갈망하고 있던 민중들의 땅이었습니다. 이 사실을 알지 못하고는 예수의 소명과 활동을 이해할 수 없습니다.

예수의 민족해방운동

갈릴리는 민중의 땅인 동시에 혁명의 땅이었습니다. 예수의 민중해방의 목회가 민족해방의 목회로 연결될 수밖에 없었습니다. 그가 공적 생과 활동을 거의 전적으로 보낸 곳은 바로 이 갈릴리라는 곳이었습니다. 이곳은 민중들의 땅으로서 민중해방이 우선적으로 요구되었지만, 이 민중해방은 근본적으로 국내 억압 정권을 뒷받침하고 지지하고 있던 외세의 추방 없이는 불가능했던 것이었습니다. 그래서 이곳 갈릴리에 민족해방전선 본부가 있었던 것입니다. 갈릴리라고 하면 반란의 본거지였고 갈릴리인이라고 하면 불순분자, 반란자 또는 혁명분자라는 말로 알아들을 만큼 갈릴리는 반역의 땅이었습니다. 예수가 그러한 민중의 땅으로 가서 하느님 나라의 복음을 선포했다는 것은 무엇을 의미합니까?

> 예수는 민중을 해방하는 메시아로서 그가 갈릴리로 간 것은 폭정으로부터 민중을 해방하기 위함이었다는 것은 복음서의 저자들이 증언하는 바이다.[14]

13_ 안병무, 앞의 책, 90쪽.
14_ 앞의 책, 99쪽.

하느님 나라의 운동은 예수가 전개한 가장 대표적인 활동, 또는 그의 활동을 한마디로 요약하는 표현이라 할 수 있을 것입니다. 그의 선포는 하느님의 나라가 도래했다는 것이고 그의 가르침의 중요 부분은 하느님의 나라에 관한 것입니다. 하느님의 나라가 구체적으로 무엇을 의미하는 가 하면 한마디로 하느님의 나라는 완전한 민주적 공동체이고 평등공동체라고 할 수 있을 것입니다. 대대로 강대국의 식민지로 시달려왔고 그 때도 로마제국의 압제 밑에서 착취와 수모를 당하고 있는 민족에게 예수가 와서 온 천하 사람들이 모여 밥상을 함께 나누는 하느님의 나라를 선포하는 운동을 전개했다는 사실은 매우 중요한 암시라고 생각합니다.

갈릴리는 유대 민족해방전선인 젤롯당의 본거지가 있던 곳으로 옛날 우리 민족사로 말한다면 만주 북간도와 같은 땅이었습니다. 갈릴리 사람들은 정치권과 재물을 독점하다시피 하고 있는 예루살렘 사람들로부터 소외되고 멸시와 천대를 받고 있는 사람들이었습니다. 그런데 이곳은 동시에 민족주의적이고 따라서 반외세적인 분위기가 지배적이었습니다. 이들이 중앙권력에 대하여, 그리고 외세의 식민지 억압에 대하여 비판적이거나 불신하는 태도를 가진 것은 매우 자연스럽다고 할 것입니다. 예루살렘 시민들은 로마 식민지 지배를 받아들이고 협력했던 데 반하여 갈릴리 사람들은 외세의 지배를 배척하고 반대해 왔습니다.

> 갈릴리라고 하면 반란, 갈릴리 사람 하면 반란자와 동의어처럼 사용된 것은 반드시 젤롯당의 지도자들이 갈릴리 출신이 여럿 있었기 때문만이라고 할 수 없고 갈릴리인들의 원한의 적이 예루살렘에 거점을 둔 기득권자들이었기 때문이라고 볼 수 있다. 갈릴리 지역에서는 봉기가 그치지 않았기 때문에 갈릴리 사람이라면 모두 젤롯당으로 간주하기에 이르렀다. 다시 말해서 갈릴리 사람 하면 무조건 불순분자로 몰렸던 것이다. 예수와 그 무리가 갈릴리 사람으로 통했던 것은 그 때문이다.[15]

❁ 귀신 축출운동, 예수의 민족해방운동의 구체적인 형태

예수의 하느님 나라 운동에서 크게 두 가지 대표적인 활동은 하느님 나라 도래의 선포이고 다른 하나는 귀신 축출이라고 할 수 있습니다. 성서가 예수의 활동을 요약할 때 이 두 가지를 함께 말하고 있습니다. 그런데 귀신 축출운동에 대하여 우리는 별로 관심을 기울이지 않았습니다. 기껏해야 정신질환자를 치유해 준다는 것으로 이해해 왔습니다. 그러나 오늘에 와서 신학자들은 그의 귀신 축출행위는 단순히 한 개인의 정신병 치유가 아니라 사회적, 정치적 의미가 내포되어 있다는 것을 보기 시작했습니다. 특히 예수의 귀신 추방운동은 민족해방운동이라고 보는 신학자들 가운데 한국의 안병무 교수가 있습니다. 그는 우선 귀신 들리는 병의 원인이 식민지 지배와 밀접한 관계가 있음을 다음과 같이 주장합니다.

> 귀신 들렸다는 것은 사회적·정치적 긴장, 좌절 등의 상황이 오래 계속되는 곳에서 많이 일어나는 현상이었다. 경제적 착취에 뿌리를 내린 계급 간의 적대감, 전통사회가 이질문화에 의해 붕괴되어 감으로 일어나는 갈등의 반영[홀렌바흐, Paul Hollenbach] 등을 생각할 수 있는데, 이러한 현상의 가장 전형적인 형태는 바로 식민지 지배하에 있는 사회에서 볼 수 있다.[16]

안병무 교수는 예수의 귀신 축출은 민중해방운동과 민족해방운동과 불가분의 관계에 있고 따라서 이는 다시 반로마적 민족·민중해방운동적 성격이 있다고 보았습니다.

15_ 앞의 책, 96~97쪽.
16_ 앞의 책, 165쪽.

예수의 귀신 축출이 그의 활동의 중대한 비중을 차지하고 있다. 이것은 단순히 한 개인의 정신병을 치유한 것으로 보는 경향이 일반적이지만, 적어도 오늘의 신학적 연구는 그것이 단순히 개인의 정신병 치유의 수준을 넘어가는 중요한 정치적 관련이 있다는 것을 말해 주고 있다. 예수의 귀신 추방운동은 반(反)로마적, 민족·민중해방운동적 성격이 있다고 이해하고 있다.[17]

이러한 주장의 한 대표적인 실례로 안병무 교수는 유대 땅이 아닌 게라사 지방의 공동묘지에 살고 있던 악령 들린 사람에게서 악령을 추방한 예를 들고 있습니다. 이것은 아주 흥미 있는 것으로 자세히 살펴볼 필요가 있습니다. 이 이야기에서 악령의 정체는 매우 흥미롭게도 '군대 귀신'이라고 되어 있습니다. 안병무 교수는 이 정신병자는 바로 로마 세력과의 모순 속에서 고뇌하는 인간상을 나타내는 것이며, 악령으로부터 해방받았다는 것은 로마 군대를 추방함으로 그가 자기를 다시 찾았다는 이야기로 해석합니다. 예수의 이러한 행동은 로마제국과의 투쟁을 반영한다는 것입니다. 이야기의 끝부분에 가면 이 동네 사람들이 예수를 그 동네에서 떠나도록 요청하는 장면이 나옵니다. 이것은 바로 그 동네 사람들은 로마제국의 군대로부터 보복을 받을까 봐 두려워했기 때문이라는 것입니다. 이 이야기의 분석의 결론으로 안병무 교수는 예수의 민중운동은 곧 로마제국과의 대결이라는 성격이 있다고 주장했습니다.

귀신 들림은 바로 로마제국에 점유되어 고통을 당하고 자기분열을 일으킨 현상이며, 따라서 귀신 들린 자는 그 귀신을 추방함으로써 비로소 자기를 되찾을 수 있었다. 이러한 사건은 결국 로마제국 자체가 귀신임을 의미한다.[18]

17_ 앞의 책, 165~170쪽.

예수의 악령추방에 대한 이러한 해석은 일반적으로 받아들여지고 있는 통설은 아닙니다. 그러나 안병무 교수의 이러한 해석과 같은 해석들이 권위 있는 학자들에 의해 주장되고 있습니다. 저는 안 교수의 의견에 동의하고 있습니다.

❈ 예수는 체제에 위협적인 혁명가

로마 당국이 예수를 제국의 적대자로 규정하고 십자가에 처형한 것은 이 귀신 추방활동만이 아니었을 것으로 봅니다. 그의 많은 가르침이 제국의 질서와 평화에 대하여는 불순하고 위험한 것이라고 판단했기 때문이었을 것으로 쉽게 추측할 수 있을 것입니다. 사실 식민지 통치 아래에 있던 유대 사회에서 국내 정권을 비판하는 것이나 지배계층이나 종교적 권위에 대한 비판까지도 로마에 대한 도전으로 보이지 않을 수 없었던 것은 그 모든 것들 배후에 로마 당국이 있었기 때문이었습니다.

결국 예수는 로마제국과의 충돌에서 구속되고, 재판받고, 기소되고 유죄가 확정되어 십자가에서 정치범으로 처형되었습니다. 그러나 성서는 이 사실을 밝히지 않으려는 경향을 가지고 있습니다. 아마 의도적인 것 같습니다.

당시 유대민족 사회의 최고 통치조직이었던 산헤드린과 예수의 관계 역시 좋지 않습니다. 산헤드린에서 예수를 로마 당국에 넘겨주기로 결정한 것은 예수가 산헤드린에 직접 적대적이 아니었다 하더라도 그의 활동과 사상이 산헤드린으로서는 받아들일 수 없는 현 체제에 대한 도전으로 판단되었기 때문이었다고 생각됩니다.

18_ 앞의 책, 168쪽.

로마 당국이 산헤드린을 '정부, 원로원 또는 예루살렘 시민' 등의 명칭으로 부르고 있다는 사실만 보더라도 유대 지배계층이 로마제국에 종속되어 있었다는 것을 드러내는 것이라고 할 수 있을 것입니다.

당시 산헤드린은 유대민족 사회에서 비록 로마제국의 식민지 통치 아래에서 제한적이나마 행정과 사법의 최고기구로 인정받고 있었습니다. 유대민족의 지도자들 70인으로 구성되어 있는 이 산헤드린의 구성원은 사제계층, 장로 그리고 서기관 등의 종교 지도자들이자 민족 지도자들이었습니다. 이 산헤드린에서 예수를 제거하기로 합의하고 그를 사형에 처할 죄수로 로마 당국에 이송한 것으로 성서에 보도되어 있습니다.

이러한 사실들을 볼 때 예수가 민족이나 정치체제에 대하여 전혀 무관심했다고 생각하는 많은 기독교인들의 생각은 다분히 객관적이지 못하다고 하지 않을 수 없을 것 같습니다.

예수는 모세의 민족해방의 역사와 전통에 서 있는 메시아라는 사실을 성서가 증언하고 있습니다. 예수의 십자가 죽음을 출애굽이라고 성서는 성격 짓고 있습니다|누가복음 9:31|. 출애굽은 이집트에서 노예민이었던 이스라엘 민족의 조상들이 민족해방을 일으킨 민족사적으로 출애굽의 사건이라고 특징짓고 있다는 사실을 우리가 간과할 수 없습니다.

또 예수는 이스라엘 민족사에서 위기가 올 때마다 출현했던 정치적 예언자들의 전통에 확고하게 서 있는 메시아였습니다. 예수를 이들 예언자와 분리하여 생각할 수 없습니다. 특히 예수의 목회 활동과 그의 예루살렘에서의 활동을 놓고 예수가 모세와 엘리야와 협의했다는 성서의 보도|누가복음 9:30|는 당시 유대인들이 예수를 민족해방자 모세나 또는 정치적 예언자 중 가장 위대하고 대표적인 엘리야라고 보았다든가, 혹은 얼마 전에 죽은 요한이 부활했다고 보았다든가 하는 등에서도 이 사실을 반영하고 있다고 볼 수 있습니다. 예수는 이러한 예언자들과 분리하여 생각할 수 없습니다. 그런데 이들 예언자는 모두가 거의 예외 없이 정치적 비판자들이었고 재야 지도자들이었습니다. 이러한 예언자적 전

통에 서 있는 메시아로서 예수가 정치문제에 대하여 무관심했다는 것은 결코 생각할 수 없습니다.

예수의 활동의 핵심은 하느님 나라의 선포였다고 할 수 있습니다. 그가 선포했던 하느님의 나라는 바로 하느님의 주권 또는 하느님의 정치라는 의미입니다. 예수가 선포한 하느님의 정치는 결국은 인간의 정치의 상대성과 유한성, 그리고 불완전성을 더욱 극명하게 부각시키는 것이었습니다. 정치권력에 대한 예수의 비판은 성서에 기록된 대로 하면 직접적이라기보다 간접적인 것이라고 할지 모르겠습니다. 그러나 그것은 근본적인 것이고 과격한 것이었습니다. 그것은 다음과 같은 그의 말에서 잘 나타나 있습니다.

> 너희가 아는 대로 이방 사람들의 집권자로 알려진 사람들은 백성들을 강제로 지배하고 또 고관들은 세도를 부리고 있다. 그러나 너희는 그래서는 안 된다. 너희 가운데 누구든지 크게 되려고 하면 남을 섬기는 자가 되어야 하고 누구든지 주인이 되고자 하면 모든 사람의 종이 되어야 한다. 사람의 아들이 온 것은 섬김을 받으러 온 것이 아니라 섬기러 온 것이고 또 많은 사람을 위한 대속물로 자기 목숨을 내주러 왔다. |마가복음 10:41~45|.

여기서 '이방 사람들'이라고 되어 있는 말은 원어상으로는 '이방 민족들'이란 말로 되어 있습니다. 이것은 로마제국의 힘의 정치를 비판하고 있는 것이고 이와 관련하여 예수의 정치철학 내지 사상을 피력했다고 할 수 있습니다. 말하자면 예수는 이 말을 자신이 세상에 온 목적과 제자들과 세상과의 관계를 천명하는 형식으로 말하고 있습니다. 이것은 한편으로는 그의 강한 현실정치 비판이고 다른 한편으로는 정치의도나 윤리를 피력하고 있다고 보여집니다. 대체로 다음 세 가지 근본적인 원리 또는 사상이라고 할 수 있습니다.

첫째, 정치는 지배하는 것이 아니고 섬기는 것이다. 통치자는 모든 사람의 종이 되어야 한다. 통치자가 세도를 부린다는 것은 있을 수 없다.

둘째, 더 이상 통치자와 피치자의 관계는 지배와 복종의 관계, 높은 자와 낮은 자의 관계가 아니다. 계층이나 계급의 질서는 무너져야 한다.

셋째로 정치는 피치자에 대한 강압적 지배에 의해서는 안 되고 설득과 자발적 봉사에 의한 것이어야 한다.

이것들은 비록 부드러운 말로 표현되었음에도 불구하고 적어도 당시의 절대군주 시대에서는 가히 혁명적인 사상이 아닐 수 없습니다.

위에 인용한 말이 예수의 진정한 말인 한 예수가 정치에 무관심했다는 주장은 역사적, 성서적 근거를 가진 주장이 될 수 없다고 생각합니다. 이러한 예수의 현실정치 비판과 정치윤리의 선포가 당시 유대와 로마의 정권자들에게 용납될 수 없었을 것임은 물론입니다. 그들의 정치권력의 정당성과 기반 자체를 뒤흔드는 것이기 때문입니다.

> 이처럼 위계질서와 나아가서는 가치질서를 완전히 전복시켜 버리는 예수가 로마·헤롯 정권에 어떻게 용납될 수 있었겠는가?[19]

예수가 체포되어 유죄판결을 받았던 그의 생애 마지막 때를 제외하고는 그가 식민지 지배세력인 로마 당국과 충돌했다는 기록이 복음서에는 없습니다. 그러나 그의 목회활동의 초기에 이미 바리새파와 헤롯당이 동맹하여 예수를 살해하려는 음모를 꾸몄던 사실[마가복음 3:6]과 그가 로마제국에 의해 정치범으로 유죄판결을 받고 처형되었다는 사실에서 볼 때 예수는 그들의 정치와 기득권에 무척 위협적인 인물이고 큰 장애였다고 판단된 것이 틀림없고 예수가 그렇게 의심받을 만한 활동을 한 것이 틀림없다고 보지 않을 수 없습니다. 로마제국의 식민지 통치 아래에서는

19_ 앞의 책, 239쪽.

무엇이나 모두 로마제국의 지배와 관련되어 있었습니다.

❈ 종교적 권위에 대한 도전은 곧 로마제국에 대한 도전

복음서에서 예수는 주로 당시 종교문제에만 관심하고 또 민중을 억압하는 종교권위에 도전하는 것으로만 묘사하고 있는 듯합니다. 그것이 사실이었을까요? 그것이 사실이었다고 하더라도 당시 사회적, 정치적 상황이나 종교적 상황을 볼 때 그것은 순수한 종교적인 영역에만 국한될 수 없는 것이었습니다. 그것은 종교가 정치적 권위와 직접 관계되어 있고 또 로마 당국에 의해 종교가 지배 또는 조종되고 있었던 시대였기 때문이었습니다. 그러므로 예수의 종교적 권위에 대한 비판이나 도전, 예수가 예루살렘에 입성시위를 벌인 것, 예루살렘 성전을 힘으로 공격하고 그것을 장악했던 것 등의 사건은 결국 로마 당국의 입장에선 로마에 대한 직접적인 도전으로밖에 달리 생각할 수 없는 행위들입니다. 당시 제사장은 로마 당국에 의해 임명되거나 그들의 승인을 받은 것으로 되어 있었던 점이나 성전 내에서의 상업행위 역시 로마 당국이 개입되어 있는 것이었습니다.

국내 정권에 대한 비판 역시 로마제국에 대한 비판으로 간주될 수밖에 없었습니다. 예수 운동이 단순히 종교적 운동만이 아니었고 민중봉기운동의 일환이었다고 보는 입장도 있습니다. 그런 입장의 주장자는 영국의 교회사학자인 브랜던입니다. 그는 예수가 해방절이란 때를 택하여 예루살렘에 잠입하여 민중들과 합세하여 예루살렘 성전을 힘으로 숙청하고 성전을 접수했던 것이 그가 바로 민족해방을 위한 민중봉기를 목표로 삼았다는 증거라는 것입니다.

민중은 경제적, 정치적으로 피억압민이고 통치자들의 밥입니다. 이들은 외세인 로마제국의 억압, 착취로 가장 크게 피해와 희생을 당하고 있던 기층민중들인데 예수가 그들과 '동맹' 하고 하느님 나라 운동을 일으켰다는 것은 통치자들에게는 그들이 현 지배체제를 뒤집어엎으려는 정치적 혁명운동으로, 따라서 체제와 정권의 위협으로 간주할 수밖에 없었을 것입니다. 이것은 유대의 국내 통치세력과 로마 당국의 공통된 인식이었을 것입니다. 산헤드린에서의 다음과 같은 말이 그것을 뒷받침하고 있습니다.

> 대제사장들과 바리새파 사람들이 의회를 소집하고 말했습니다. "이 사람이 많은 기적을 행하고 있으니 어떻게 하면 좋습니까? 이 사람을 그대로 두면 모두 그를 믿을 것이요 그렇게 되면 로마 사람들이 와서 우리의 땅과 민족을 빼앗아갈 것입니다|요한복음 11:48|."

또 「누가복음」에 보면 유대 지도자들이 예수를 빌라도에게 고발하고 있는 말 가운데 주목할 만한 내용들이 있습니다.

> "우리는 이 사람이 우리 백성을 그릇되게 하여 가이사에게 세금을 바치는 것을 반대하고 자칭 그리스도 왕이라고 하는 것을 알게 되었습니다"하고 증언했습니다. 그래서 빌라도가 "네가 유대인의 왕이냐?" 하고 예수께 물었습니다. "네가 말한 대로다" 하고 예수께서 대답하셨습니다. 그들은 더욱 강경하게 "그 사람은 온 유대를 두루 돌아다니며 그의 가르침으로 백성을 선동하기를 갈릴리에서 시작하여 여기까지 왔습니다" 하고 말했습니다|누가복음 23:2~5|.

유대인의 왕이라는 것을 예수 자신이 긍정한 것으로 되어 있습니다. 이것이 그대로 예수의 죄명이 되었습니다|마가복음 15:2|. 유대인의 왕이라는

것은 그가 유대민족의 메시아라는 것을 자칭했다는 말입니다. 이것은 유대 민족해방운동의 두목이라는 말과 같은 말입니다. 그러므로 그것은 도저히 용납할 수 없는 것입니다. 메시아 운동은 곧 민족해방운동이었습니다. 예수는 이러한 민중세력과 제휴하여 메시아 운동을 전개했습니다. 이것은 로마 당국이 볼 때에는 심각한 위협으로 간주하지 않을 수 없는 충분한 이유가 되었던 것입니다. 예수의 죄목은 유대인의 왕이라는 것이었고 이 죄목으로 그는 체포, 재판, 처형되었던 것입니다.

유대교에서는 메시아란 단순히 종교적 의미보다도 정치적 의미를 더 크게 가지고 있었습니다. 사실은 종교와 정치가 분리될 수 없는 신정정치 체제를 가지고 있었던 민족이었으니까 더 말할 것도 없었다고 하겠습니다.

예수가 정치적 운동을 한 것이 아닌데 로마 당국이 오해하여, 또 빌라도가 오판하여, 또는 빌라도는 예수의 무죄를 믿었지만 민심을 얻기 위하여, 있을 수 있는 반란을 예방하기 위하여 등의 이유로 예수를 정치범으로 처형했다는 주장은 별로 설득력이 없다고 봅니다. 빌라도가 왜 예수를 처형했겠습니까? 빌라도는 무서운 통치자로 알려져 있습니다. 그는 잔인한 데가 있었고 매우 교활하고 기민하고 야심에 찬 '유능한' 정치인으로 알려져 있던 인물이었습니다.

예수의 죄명을 유대인의 왕이라고 한 것과 그를 식민지 정치범에게만 적용하던 십자가에 처형했다는 사실 자체가 로마제국이 그의 처형에 책임이 있음을 말하고 있습니다. 안병무 교수는 로마 당국이 예수를 정치범으로 십자가에 처형한 이유는 오직 한 가지 민중소요로 인한 현 체제 전복에 대한 불안밖에 없다고 단정적으로 결론 내리고 있습니다.[20]

20_ 앞의 책, 262쪽.

6. 예수의 하느님과 심판

 기 선생은 예수의 하느님이 어떤 하느님이었는가를 묵자의 하느님과 비교하여 보았습니다. 여기서 예수의 하느님은 무서운 징벌의 신이라고 다음과 같이 말했습니다.

> 예수의 하느님은 자기를 믿지 않는 자들은 쭉정이를 불로 태우듯 가라지를 뽑아버리듯 무서운 심판을 하는 모세적인 징벌의 신임에는 변함이 없다. 묵자의 하느님은 종말과 최후의 심판이나 천지개벽을 예정하지 않으며 다만 하느님의 뜻을 거역하는 자, 즉 인민을 해치는 자에게 오늘 이 세상에서 주벌(誅罰)을 내릴 뿐이다.

 위의 인용의 말에서 볼 수 있듯이 기 선생은 많은 신학적 문제들을 제기하고 있습니다. 여기서는 예수의 하느님이 누구냐는 문제와 최후의 심판에 대하여만 생각해 보도록 하겠습니다.

❈ 묵자의 하느님과 예수의 하느님

 기 선생은 여기서 예수의 하느님은 묵자의 하느님과 달리 전쟁과 징벌의 하느님이었고 이 점에서는 모세의 하느님의 요소를 가지고 있다고 말했습니다. 그리고 예수는 묵자에게서는 찾아볼 수 없는 역사의 종말과 최후의 심판 사상을 가지고 있음을 지적했습니다. 여기서 먼저 기독교의 하느님에 대한 기 선생의 이해에 대하여 좀 생각해 보고자 합니다. 또한 기 선생은 문익환 목사님에게 보낸 편지에서 "예수의 하느님은 '모세의 전쟁신'과는 다르고 동이족의 '하느님은 우리 아버지'라는 유일신 신관과 같다"고 말했습니다.

① 동이족의 신관에서 유래된 예수의 하느님

또 기 선생은 「묵자의 종교사상」에서 '하느님의 아들'이란 말을 '인간은 하느님의 혈손'이라는 동이족의 이른바 천민신관 天民神觀 으로 이해하고 있음을 보여주고 있습니다.

수렵 기마민족인 동이족은 하느님을 그들의 선조로, 또 그들의 군장이며 아버지로 믿고 있었고, 따라서 동이족은 인간은 누구나 하느님의 아들로 믿었다는 사실을 알려주었습니다. 이러한 동이족의 하느님은 "인류가 발견한 최초의 인격신이었으며 유일신이었다"라고 말했습니다.

기 선생은 동이족의 한 지파인 수메르 문명으로 전해진 하느님은 유대민족의 고대 신관을 낳고 다시 모세의 야훼로 변했으며 또다시 예수의 하느님으로 변했다고 볼 수 있다고 말했습니다. 유일신 하느님 사상은 모두 수렵 기마민족의 신관에서 나왔으므로 묵자나 예수의 하느님이 근본적으로 동일하다고 설명했습니다. 또 채취경제에서 자연을 극복하는 농업, 목축 등 재배경제로 발전하면서 모든 인간은 하느님의 아들이란 사상이 변천하는 과정을 밟게 되었다고 설명했습니다. 농업, 목축 등 재배경제시대로 들어오면서 하느님의 아들이란 말은 다만 임금이나 특정한 초인에게만 적용되게 되었고 통치자의 신성을 의미하는 말로 변천되었다는 것입니다. 이것은 결국 하느님이 인간에게서 멀어지며 초월자가 됨과 동시에 한 종족의 조상신으로서의 하느님이 민족이 분할되면서 이제 여러 민족, 즉 인류의 하느님이라는 보편성이 요구되었을 것이며 조상신의 이미지가 소멸되었을 것이라고 설명했습니다.

기 선생은 유대교의 하느님인 야훼 하느님 역시 이러한 변천 과정을 거쳐서 형성되었다고 설명했습니다.

당초 동이족인 수메르 신관에서 배태된 이스라엘의 하느님도 당초에는 동이족과 같이 신정체제의 군장이면서 동시에 아버지이며 조상신이었을 것으로 추측할 수 있는데|이사야 2:1~5| 그러한 조상신은 본래는 배타적인 신이 아니었을 것이나 타민족의 압제에서부터 출애굽의 역사를 계기로 이스라엘만의 하느님, 즉 유대 종족의 수호신으로 되면서 배타적인 신이 되었다|출애굽기 19:4~6|.

기 선생은 성서에서 예수를 '하느님의 아들'이라고 한 데 대하여 이것을 '동이민족만의 천민신관|天民神觀=人乃天恩想|'을 반영하는 것이라고 단정하고 특히 동이족의 지파인 수메르족 신관의 유산일 것이라고 추측했습니다. 그리고 하느님의 아들이란 의미가 변질되어 '이스라엘의 지배자' 혹은 '왕 중 왕'을 뜻하게 되었다고 했습니다. 만약 이것이 동이족의 하느님으로 이해하고 한 말이라면 '사람은 누구나 하느님의 아들'이므로 이 경우 '하느님의 아들'이란 말은 특별한 의미가 없고 다만 아버지 하느님을 강조한 말일 뿐이며 예수는 그런 의미에서 말했을 것이라고 추측했습니다. 성서에서 또 예수를 하느님의 독생자라고 말하고 있는 점이나 예수가 요셉의 아들이 아니고 '성령으로 잉태한 사생아라 한 것'[21] 등을 볼 때 유대 민중들은 동이족의 아버지 하느님의 아들을 메시아적인 '왕 중의 왕'의 뜻으로 이해했다고 추정했습니다.

이러한 역사적 조사연구에서 기 선생은 중요한 결론을 내렸습니다. 예수 자신은 '묵자의 인류적 하느님의 영향을 받아' 하느님을 '다시 인류적 평화의 하느님으로 보편화'시켰을 것이라고 추정했습니다. 즉 예수

21_ '사생아' 신화는 중국 주나라 시조인 후직(后稷)이 하느님의 성령으로 잉태되었다는 것과 같이, 지배자의 탄생의 신비성을 강조하여 인민들과의 차별성과 우월성을 강조한 일반적인 현상이었다. 즉 사생아 신화는 인민으로부터 하느님을 빼앗아 지배계급 자신들만의 수호신으로 만들고 지배자들만이 하느님의 아들인 '천자'라고 속이기 위한 중국 절대왕조의 종교였던 것이라고 말한다.

자신은 '하느님의 아들'이라는 표현으로 '인간은 누구나 하느님의 아들 이라는 수메르족의 천민신관의 평등사상을 설파하려고 했다'는 것입니다. 그러나 이스라엘 민중들이나 예수의 후예들은 예수를 자기들이 기다리던 절대군주로 받아들였고 성서 역시 그런 뜻으로 예수를 하느님의 아들이라고 이름 붙이게 되었다고 추론했습니다.

이러한 결론은 매우 중요한 결론입니다. 저는 이 분야에 문외한이기도 하지만 이 문제를 비교종교론적으로나 인류학적으로 논하려는 의도는 없습니다. 다만 문제를 몇 가지 제기하려고 합니다. 첫째, 예수의 '하느님의 아들' 이해가 묵자의 영향을 받았다는 역사적 증거가 있느냐는 것입니다. 단순히 묵자가 예수보다 500년이나 먼저 살았고 활동했다는 사실, 우연히 예수가 묵자와 같은 사상을 가졌다는 사실 등이 바로 예수가 묵자의 영향을 받았을 것임에 틀림없다는 결론은 좀 문제라고 생각합니다. 당시 중동과 중국 간에 문화적, 종교적 교류가 있었다고 단정하는 것은 역사적으로 의문이 아닐 수 없습니다.

② 유일신관의 의미

기 선생의 '유일신관'이란 개념과 '하느님의 아들'이라는 개념의 이해에 문제가 있다고 봅니다. 우선 기독교에서 쓰는 유일신관은 일반적으로 문자가 표현하는 의미로 이해하고 있는 의미와 다릅니다. 유일신관을 이 우주에 오직 한 신만이 존재하고 다른 신은 존재하지 않는다는 의미로 이해하는 경우가 일반적인 경향입니다. 그러나 기독교에서 말하는 유일신관은 그런 것이 아닙니다. '오직 야훼만'의 사상, 이것을 '모노야훼니즘[Mono-Yawehism]'이라고 합니다. 이 말은 출애굽 공동체에서 처음으로 하느님으로부터 계명을 받을 때 나온 말로 '오직 하느님만이 우리의 왕이어라'는 표현입니다. 그것은 어쩌면 종교적인 의미라기보다도 정치적인 의미라고 볼 수 있습니다.[22]

우선 유일신관의 성서적인 근거인 십계명의 제1조를 보더라도 유일신관이란 표현의 의미가 일반적으로 생각하고 있는 것과는 다르다는 것을 알 수 있습니다. 제1계명은 "너는 나 외에는 다른 신들을 네게 있게 하지 말지니라"라고 되어 있습니다. 여기서 명백히 볼 수 있는 것은 이 세계에 한 신만 있는 것이 아니고 여러 신이 있다는 것을 전제로 하고 있습니다. 이때에만 이 계명은 뜻이 있는 것이 아니겠습니까? 한 신만 존재한다면 이 계명은 의미가 없기 때문입니다. 이 계명의 의의는 하느님이 노예민을 이집트에서 해방해 낸 역사적 맥락에서만 이해할 수 있고 또 의미가 있습니다. 그러므로 이 계명을 근거로 한 '유일신관'이란 사상은 일반적으로 이해하고 있는 것과는 다르다는 사실을 알 필요가 있습니다. 사실은 '유일신관'이란 말은 정확한 번역이라고 보기 어려운 점이 있습니다.

③ 하느님의 아들의 의미

또 하느님의 아들이라는 칭호의 의미입니다. 이 칭호는 예수님이 자신을 가리켜서나 다른 사람을 가리켜서나 말한 일이 없었습니다. 다만 후대 그의 제자들이나 후대 교회가 예수를 종교적 숭배의 대상으로 삼기 위하여 하느님의 아들이라는 표현을 썼다는 것이 신학계의 거의 일치된 의견입니다. 하느님의 아들이란 말이 본래 어떻게 생겨났고 본래 의미가 어떠했으며 어떤 변천의 과정을 거쳤느냐는 데 대하여 기 선생의 설명은 상당히 설득력이 있다고 생각합니다만, 저는 이 분야에 문외한이어서 뭐라고 말하기 어렵습니다. 본래 모든 사람들이 하느님의 아들들이란 뜻이었다든지 또 그 말의 본래의 의미가 모든 인간이 신성을 가지고 있다는 뜻이었느냐는 등의 문제에 대하여 저는 알지 못할 뿐입니다.

그러나 기독교에서 쓰고 있는 '하느님은 우리 아버지'나 '하느님의 아

22_ 당시는 신정정치 형태여서 종교와 정치가 하나로 되어 있던 시대였던 만큼 이 둘을 구별할 수 없었을 것이다.

들'이란 표현은 기 선생이 말하는 의미는 아닙니다. 기 선생의 설명은 신관이 어떻게 변천되어 왔느냐에 관한 것인데 그것이 사실인지 아닌지는 알 수 없으나 오늘은 물론 예수 당시에도 그런 의미로 사용하지 않았다는 것입니다. 기독교에서 하느님을 '우리 아버지'라고 부를 때 그 의미는 우리의 존재 근원이 하느님에게서 왔다는 것과 그가 우리의 통치자라는 뜻입니다. 또 기독교에서 예수를 하느님의 아들이라고 하는 것은 그가 인간과 다른 하느님이고 그를 인간을 구원할 수 있는 분으로서 숭배할 대상으로 보고 있다는 의미입니다.

④ 모세의 하느님과 예수의 하느님

예수의 하느님은 모세의 하느님과 같다고 했는데 그것은 사실이라는 것을 인정합니다. 그러나 그것이 예수를 비판할 이유가 되지 않는다고 생각합니다. 모세의 하느님에 대한 기 선생의 이해에 문제가 있으므로 기 선생의 예수의 하느님에 대한 이해 역시 문제가 있을 수밖에 없다고 생각합니다. 모세의 하느님은 어떤 하느님입니까? 출애굽의 하느님입니다. 약소민족, 노예민족을 제국주의의 발톱에서 해방해 내신 하느님입니다. 이 하느님은 징벌의 하느님이나 전쟁의 하느님이 아니라고 믿습니다. 물론 문 목사님은 모세의 하느님이 전쟁의 신임을 인정했습니다. 그러나 기 선생과는 다른 이유로 설명했습니다. 문 목사님은 아브라함의 신, 이삭의 신, 야곱의 신이 모든 강자였다면 "이 신들도 모든 전쟁신이었을 가능성이 있다"고 했습니다. 그러나 이 전쟁의 신은 "약탈을 하는 전쟁신이 아니라 약자를 지켜주는 전쟁신이었다"고 했습니다. 문 목사님은 모세의 하느님과 예수의 하느님은 같았다는 기 선생의 의견에 반대하여 이 두 신은 "분명히 달랐다"고 다음과 같이 말했습니다.

모세의 하느님과 예수의 하느님은 분명히 달랐습니다. 모세의 하느님이 노예들의 해방에 발벗고 나선 '전쟁의 신'이었다면 예수의 하느님은 철저하게 평화의 왕국을 세우려는 '평화의 신'이었습니다.

그러나 문 목사님은 모세의 하느님이나 예수의 하느님이나 모두 '고난 받는 노예들'에게 해방을 주려고 추구했던 점은 같다고 말했습니다. 그리고 고난 받는 노예들에게 주려는 해방의 의미는 평화였다고 보았습니다. 예수가 로마와 예루살렘의 이중적 착취로부터 민중을 해방시킬 것을 추구했던 점에서 모세와 같았다고 보았습니다. 그는 "예수가 추구한 평화 또한 로마와 예루살렘의 이중 착취에 아래서 고난 받는 갈릴리 민중의 해방을 의미하는 것이었다"고 했습니다.

문 목사님은 예수의 하느님은 모세의 하느님과 분명히 다르다고 했는데 저는 거기에 동의하지 않고 오히려 그 반대 견해를 말한 기 선생에게 동의합니다. 그러나 기 선생이 내세운 이유, 즉 모세와 예수가 내세운 하느님이 모두 전쟁신이었다는 이유 때문만은 아닙니다. 예수의 하느님은 모세의 하느님과 같은 하느님입니다. 모세가 이스라엘 민족에게 소개한 하느님은 인간의 역사상 전적으로 새로운 하느님이었습니다. 그 하느님은 해방의 하느님으로서 제국주의 강대국에 의해 학대받고 노예로 신음하던 약소민족을 해방한 하느님이라는 것입니다. 모세의 하느님은 동시에 율법을 주신 하느님이기도 합니다. 이 점에서 다소 부정적인 선입견을 가지는 이들이 있습니다. 율법이라는 것은 인간의 자유를 제한하고 인간에게 멍에를 씌우는 것을 의미한다고 생각하여 그렇게 보는 것 같습니다. 그러나 모세의 하느님의 경우는 그렇지 않았습니다. 하느님이 본래 계명과 율법을 주신 것은 해방해 낸 노예민족의 집단적 삶, 민족적 삶에서 전적 민주주의와 전적 사회주의를 내용으로 하는 질서를 규정하고 사회에서 약자의 생존권과 인권을 보호하도록 하기 위해 '약자 보호법'으로 주신 것이 바로 율법이기 때문입니다. 물론 후에 강자들이 그 율법을 빼앗아 자신들의 이데올로기의 도구로 삼았던 것이 사실입니다만, 이것은 본래 하느님이 율법을 주신 취지와는 전적으로 어긋나는 것일 뿐입니다. 또 대부분의 신학자들은 성서는 예수를 제2의 모세로 소개하고 있다고 보고 있습니다. 민중해방의 하느님, 민중의 보호를 위해 율법을 주신 하느님이 모세의 하느님이고 이 하느님은 곧 예수의 하느님입니다.

⑤ 예수의 하느님은 출애굽의 하느님

에른스트 블로흐는 구약성서에서 두 가지 다른 종류의 하느님이 등장하고 있음을 말합니다. 그 두 하느님이란 창조의 신과 출애굽의 신이라는 것입니다. 창조의 신은 부자와 권력자들, 정착민들과 지배계층의 신이고, 현상질서와 현 집권세력을 옹호하는 하느님으로서 인간의 자유를 박탈하고 억압하는 권위주의적 신이라고 했습니다. 이러한 신은 '위에 있는 신'이라고 특정지었습니다. 여기에 반하여 출애굽의 신은 푸른 초장을 찾아 헤매는 유목민의 하느님이고 가난한 자, 피압박민들의 하느님이고, 현상질서와 현 집권세력 아래 억압당하는 인간을 해방하고 그들을 미래의 유토피아를 향해 이끄시는 하느님이라는 것입니다. 이 하느님은 '위에 있는 신'이 아니고 '앞에 있는 신'이라고 특징지었던 것입니다. 그리고 바로 이 출애굽의 하느님이 예수의 하느님이라고 결론지었습니다. 저는 여기에 동의합니다.

❋ 심판에 대한 예수의 가르침

심판과 관련하여 우리는 여기서 세 가지 문제를 다루어보고자 합니다. 첫째는 무서운 심판을 하는 예수의 하느님은 결국 모세의 징벌의 신이고 무서운 신임을 말하는 것인가? 둘째는 종말론|천지개벽에 대한 희망의 사상|이나 최후의 심판 같은 사상은 닫힌 역사관이고 역사 결정론을 의미하는 것인가? 셋째는 역사의 최후에 있다는 심판은 결국 불의에 대한 징벌을 연기

하는 것인가?

① 만약 역사에 심판이 없다면

기 선생은 예수의 하느님이 징벌의 하느님이라고 부정적으로 보는 것 같습니다. 그 까닭은 심판이 복수가 아니냐는 것 때문인 것 같습니다. 그러나 예수의 하느님은 복수의 하느님이 아니고 심판의 하느님입니다. 만일 역사에 심판이 없다면 어떻게 될까요? 심판이 없는 역사는 추수가 없는 농사와 같은 것으로 보입니다.

이 세상에 악과 악의 세력이 판치고 있는 현실에 대해 더 설명할 필요가 없을 것입니다. 다만 이 악에 대하여 심판이 필요하냐는 문제에는 이견이 없는 것이 아닙니다. 그러나 심판이 있다는 것이 성서적, 기독교적 신앙이고 희망입니다. '지금 당장 주벌'도 심판입니다. 그러나 예수의 하느님은 이러한 심판을 원하지 않습니다.

만일 이 세상이 생과 역사의 전부이고 이것이 끝이라면 어떻게 될까요? 기 선생은 이런 세상을 상상해 보셨습니까? 아마 적나라한 정글의 법과 약육강식의 법만이 이 세상을 지배하게 될 것입니다.

심판사상은 결코 닫힌 폐쇄적인 역사관, 또는 역사 결정론을 말하는 것이 전혀 아닙니다. 오히려 열린 역사관입니다. 심판사상은 역사는 무한한 순환적 반복이 아니고 일정한 목표점을 향하여 운동하고 있다는 것, 불의와 악은 반드시 심판받고 의와 선이 지배하는 새 세상이 시작되는 때가 온다는 것 등을 의미합니다. 이런 점에서 심판사상은 유토피아적 역사관과 통한다고 볼 수 있을 것 같습니다.

예수의 하느님 나라에 관한 비유적 가르침에서 밀과 가라지 비유라는 것이 있습니다. 농사꾼이 주인에게 가서 밀밭에 가라지가 났다는 사실을 보고하고, 또 그 가라지를 뽑아버릴지를 묻습니다. 이에 주인은 "가만두어라. 가라지를 뽑으려다가 밀까지 뽑을 위험성이 있다. 그것을 추수 때까지 함께 자라도록 내버려두어라. 추수 때에 내가 추수꾼에게 가라지를 뽑아 단으로 묶어 불태워 버리고 밀은 곳간에 거두어들이라고 하겠다"고 합니다. 밀밭에 난 가라지를 지금 당장 뽑아버릴 것인가 말 것인가 하는 문제입니다. 이 비유에서 지금 당장 가라지를 뽑는 것이나 추수 때에 그것을 뽑아서 단으로 묶어 불태워 버리는 것은 모두 심판을 의미합니다. 이 비유에서 예수는 세 가지 사실을 말하고 있습니다. 농사에서와 마찬가지로 인생과 역사에는 악이 존재한다는 것, 심판은 반드시 있다는 것, 그러나 그 악을 지금 당장 심판하지 않는다는 것입니다. 다만 마지막 심판 때까지 유보한다는 것입니다. 그러나 종말에 가서는 심판이 반드시 있다는 것입니다.

② 하느님은 인간의 회개를 기다리신다

예수는 이 비유를 통해서 지금 당장 심판하자는 사상을 거부합니다. 이것이 바로 심판이 보복과 다른 점이라고 할 수 있습니다. 여기에 대하여 기 선생은 유쾌하게 생각하지 않을지 모르겠습니다. 하느님의 뜻을 거역한 자에게 이 세상에서 당장 주벌을 내릴 것을 주장한 묵자에게 찬성하는 기 선생은 벌을 연기하는 것을 좋게 생각하지 않을 것입니다. 이 세상에 악이 횡행하고 무고한 수많은 사람들이 고난을 당하는 것을 보는 사람마다 단칼에 주벌을 내리는 것을 보면 통쾌할 것입니다. 그러나 예수는 그것을 역사의 마지막까지 지연, 또는 보류시켜야 한다고 보고 있습니다. 이것이 못마땅한 것은 이해할 만합니다. 그러나 예수의 하느님은 사랑과 자비의 하느님으로서 악인들이 그 마음을 돌이키고 그 생각을 바꾸어 '새사람'이 되기를 기다리는 하느님입니다. 많은 혁명론자들이 불의를 혁명의 칼로 지금 당장 응징하고 정의로운 정치를 시작해야 한다는 주장을 합니다. '지금 당장'의 심판을 요구합니다. 물론 혁명의 상황이 무르익어서 혁명을 해야 할 순간이 도달할 때가 있을 것입니다. 저는 혁명을 무조건 부인하거나 정죄하지 않습니다. 그러나 많은 혁명 주창자들은 자기의 自己義와 교만에 도취되어 그 결정적인 혁명의 때를 자의적으로 인위적으로 아전인수 격으로 규정할 때가 많음을 지적해야 합니다. '혁명마다 그가 낳은 자식을 잡아먹는다'는 정치학의 격언이 있음을 보더라도 모든 혁명이 반드시 진정한 혁명이 아님을 알 수 있습니다.

③ 심판의 기준 : 민중 사랑이냐 무관심이냐

심판은 내세적인 것이 아닙니다. 이 역사상에서 일어나는 사건이고 이것이 역사의 정점을 이룹니다. 기독교의 심판사상은 특이한 것이라고 봅니다. 그것은 보복이나 응징이 아닙니다. 심판이란 반드시 명백한 악행에 대한 응징만도 아닙니다. 심판의 기준 역시 아주 특징적입니다. 예수는 하느님의 심판에 대하여 여러 번 가르쳤는데 특히 그의 하느님 나라의 비유는 대부분이 역사의 심판을 말하는 것입니다. 그러나 특별히 「마태복음」 25장에 나와 있는 염소와 양의 비유는 최후의 심판에 대한 사상을 담고 있습니다. 염소가 들으면 억울하다고 하겠습니다만, 이것은 당시 사람들의 짐승 선호 경향을 반영할 뿐입니다. 종말에 가서 심판이 있고 심판이 시행되면 목자가 양과 염소를 구별하듯이 심판 주는 모든 인간을 두 종류로 구분하여 한편의 사람들은 그의 오른쪽에, 또 다른 한편의 사람들은 그의 왼쪽에 앉혀두고 재판을 벌인다는 것입니다. 그러고서 오른쪽의 사람들에게 이렇게 선언합니다.

> 내 아버지의 축복을 받은 사람들아, 와서 창세 때부터 너희를 위하여 준비한 이 나라를 차지하여라. 너희는 내가 주렸을 때에 먹을 것을 주었고, 목말랐을 때에 마실 것을 주었으며, 나그네 되었을 때 영접했고 헐벗었을 때 입을 것을 주었고 병들었을 때에 돌보아주었고 감옥에 갇혔을 때에 찾아주었다 하고 말할 것이다.

이 비유에서 심판의 기준은 모든 사람을 놀라게 하는 일입니다. 그것은 "여기 내 형제[자매] 중에 지극히 보잘것없는 사람 하나에게 한 것이 곧

내게 한 것이다|마태복음 25:40|"라고 한 것입니다. 또 그 반대는 '지극히 보잘 것없는 사람 하나'에게 하지 않은 것입니다. 그리고 이것이 '곧 내게 하지 않은 것'입니다. 그리고 이것이 심판의 기준이고 축복과 저주의 갈림길입니다. 여기에 보복을 찾아볼 수 있습니까? 민중을 사랑했는가, 억압하고 착취했는가 이것이 최후의 심판의 기준이라는 것이 아닙니까? 이런 심판이 없을 때 어찌 생과 역사가 바로 서겠습니까?

　2,500여 년 전의 동양의 묵자가 유일신 하느님 신앙과 사상을 가지고 있었을 뿐 아니라 그가 믿었던 하느님은 '평등'의 하느님이라는 것, 하느님의 뜻인 평등을 실현하는 통치만이 '의로운' 정치이고 그렇지 않은 정치는 '하느님의 뜻을 배반한 폭력정치'라고 규정하기까지 했다는 것 등, 이것은 동양사상 연구가요 묵자 연구가인 기세춘 선생이 제게 가르쳐준 것입니다. 당시 절대군주 시대에 천자주권론에 대항하여 혁명적 사상인 주권재민의 민주주의 정치철학을 주장하기까지 했다는 것 등의 사실을 기 선생의 묵자를 통해 알게 되면서 저는 깊이 존경과 감사를 표해 마지 않습니다.

　이 책을 통하여 기 선생은 동양사상가라고는 공자나 노자 정도를 귀동냥으로 알고 있는 일반인들에게 이들 못지않게 위대한 묵자가 살았다는 것, 묵자는 공자와 동시대인으로서 사회주의적인 혁명적 사상가요, 실천가였다는 사실을 저에게 알려주었습니다.

　기 선생이 묵자와 예수의 비교에서 오늘의 현실 기독교가 믿는 하느님과 예수에 대하여 애정 어린 비판을 해주셨음을 감사하는 바입니다. 기 선생의 '신학'과 '예수론'은 현실 기독교가 밀고 내세우고 있는 하느님과 예수를 비판한 것입니다. 그런 점에서 저는 기 선생의 신학과 예수론에 대하여 대체로 동의한다는 것을 말했습니다.

　그러나 지금까지 제가 말씀드리려고 했던 것은 현실 기독교는 예수의 가르침과 꼭 일치하는 것이 아니라는 사실이었습니다. 신학자로서, 특히 예수를 공부하고 있는 저로서 성서에서 만나는 예수를 기 선생과 나누어

보고 싶었던 것입니다.

  그러나 여러 가지 사정 때문에 기 선생이 제기했던 많은 문제들은 취급되지 않은 채로 남겨졌습니다. 또 저의 토론에 대하여 기 선생의 의견 개진의 기회가 없이 이 대화가 끝나게 되었음을 아쉽게 생각합니다. 이런 의미에서 기 선생과 저의 대화는 열린 채로 일단 여기서 중단하게 되었습니다. 앞으로 다른 방식으로 묵자와 예수에 대한 대화를 계속할 수 있기를 희망합니다. 다시 한번 기 선생께 존경과 감사를, 뜨거운 애정과 지지의 박수를 보내면서.

북한산 아래 우거에서
제弟 홍근수